프랜차이즈 트렌드 2018

뜨고 지는 창업아이템 '투자형 점주'는 알고 있다!
프랜차이즈 트렌드 2018

초판 1쇄 2017년 11월 15일
2쇄 2018년 2월 5일

지은이 노승욱, 나건웅
펴낸이 전호림
책임편집 권병규
마케팅 박종욱 김혜원
영업 황기철

펴낸곳 매경출판㈜
등록 2003년 4월 24일(No. 2-3759)
주소 (04557) 서울시 중구 충무로 2(필동1가) 매일경제 별관 2층 매경출판㈜
홈페이지 www.mkbook.co.kr **페이스북** facebook.com/maekyung1
전화 02)2000-2631(기획편집) 02)2000-2645(마케팅) 02)2000-2606(구입 문의)
팩스 02)2000-2609 **이메일** publish@mk.co.kr
인쇄·제본 ㈜M-print 031)8071-0961
ISBN 979-11-5542-759-0(03320)

이 도서의 국립중앙도서관 출판예정도서목록(CIP)은 서지정보유통지원시스템 홈페이지(http://seoji.nl.go.kr)와
국가자료공동목록시스템(http://www.nl.go.kr/kolisnet)에서 이용하실 수 있습니다.
(CIP제어번호: CIP2017027659)

뜨고 지는 창업아이템 '**투자형 점주**'는 알고 있다!

프랜차이즈 트렌드 2018

노승욱, 나건웅 지음

매일경제신문사

🎙 들어가는 글

창업 트렌드 책을 펴낸 지도 어느덧 3년째다. 책을 쓰면서 '기자라서 참 다행이다'란 생각을 여러 번 했다. 트렌드를 잘 아는 오피니언 리더를 만나 얘기를 듣고, 그 내용을 많은 사람들에게 알리기에 기자만 한 직업이 없기 때문이다. 이 책은 국내 유명 프랜차이즈 대표와 임원, 창업 컨설턴트, 다점포 점주, 경영·경제학 교수, 유통·미식 전문가 등을 만나 묻고 들은 이야기들의 묶음이다. 특히 이번에 심혈을 기울여 취재한 건 크게 두 가지다. 우리나라 자영업 시장의 선진화 방법과 글로벌 창업 트렌드다. 두 주제만큼은 아니지만, 4차 산업혁명 시대 자영업자의 대응법도 계속 관심을 갖고 지켜보는 주제다. 이 책에선 '무점포 창업', '무인 영업'에 대해 다뤘다. 4차 산업혁명은 한창 현재진행형이니 《프랜차이즈 트렌드 2019》에서 더 자세히 다룰 계획이다.

나는 2016년에 쓴 《노기자의 창업 트렌드》부터 국내 자영업 시장의 구조적 문제점을 계속 얘기해왔다. 자영업 시장에 대한 정부의 무관심, 프랜차이즈 본사의 갑질, 기업의 저고용과 '푼돈 연금' 탓에 떠밀려 온 자영업자들의 '묻지마 창업', 정보공개서의 부실한 창업 정보 등등…. 각 경제 주체들의 잘못된 대응이 겹쳐 총체적 난국을 불러왔다. 2017년 상반기까지만 해도 이런 양상은 변함이 없었다. 19대 대선 후보 토론회를

6차까지 모두 시청한 이들이라면 알 것이다. 5인의 대선 후보들이 경제, 사회, 문화, 외교, 안보 등 국정 전반에 대해 총 12시간 동안 토론하면서도 자영업자를 위한 정책에 대해선 단 한마디도 묻지도, 답하지도 않았다는 것을. 대한민국 자영업자는 무려 600만 명에 달하지만 이익집단이 아니고 파편화된 탓에 늘 정책의 우선순위에서 밀려 찬밥 신세였다.

2017년 하반기 들어 희망의 빛이 보이기 시작했다. 문재인정부가 출범한 후 김상조 공정거래위원장의 연이은 프랜차이즈 개혁 행보는 자영업 시장의 적폐 청산을 위한 첫 단추를 끼웠다. 나 또한 물 만난 물고기처럼 매경이코노미 기사와 라디오, 프랜차이즈협회 토론회 등에서 나름의 대안을 제시했다. 프랜차이즈 경쟁 패러다임을 '가맹점 수'와 '점포당 매출'에서 '다점포율'과 '면적당 매출'로 바꾸자는 게 대표적인 예다. 다행히 공정거래조정원의 화답으로 2017년에 발표된 정보공개서부터 면적당 매출 기재가 의무화되는 성과를 거뒀다.

하지만 갈 길이 멀다. 공정위발(發) 국내 자영업 시장 개혁은 아직 두 번째 단추도 끼우지 못했다. 프랜차이즈는 전체 자영업자의 5%도 채 안 된다. 수면 아래 있어 드러나지 않는 빙산의 몸통을 깨려면, 국민을 자영업으로 내모는 기업의 저고용과 푼돈 연금, 천정부지 임차료(월세) 인상, 그리고 자영업자의 전문화 등의 숙제를 풀어야 한다.

특히 무분별한 임차료 인상은 젠트리피케이션(상권 이동)을 유발해 임차인의 생계를 끊고, 상권을 망가뜨리는 사회적 문제다. 충북 광혜원에서 어머니가 하시는 식당도 2014년 임차료 70만 원에 시작했지만,

2016년 120만 원으로 2년 만에 2배 가까이 올랐다. 이에 비하면, 시간당 1,060원 오른 최저임금은 애교로 느껴질 정도다. 실제 경제협력개발기구(OECD)의 '2017 기업가정신 한눈에 보기' 보고서에 따르면 한국의 자영 노동자(고용원 없는 자영업자·1인 자영업자) 수는 398만 2,000명으로 전체 자영업자의 약 70%에 달했다. OECD 회원국을 비롯한 주요 38개국 가운데 4번째로 많은 수준이다. 직원이나 아르바이트생을 여럿 고용한 대형 프랜차이즈 매장이 아니라면, 최저임금보다 임차료 인상이 더 자영업자 생계에 심각한 위협이 될 수 있다. 더구나 최저임금 인상은 사회적 약자인 직원과 아르바이트생의 소득 증대 효과로 이어지지만, 과도한 임차료 인상은 그런 순기능도 기대할 수 없다. 물론, 이런 과제들을 단번에 해결하기는 쉽지 않을 것이다. 밥그릇 싸움만큼 민감한 문제가 또 있겠는가. 그래도 의지를 갖고 사회적 타협을 통해 한 걸음씩 내디뎌야 한다. 자영업 강국이 되는 그날까지, 나도 계속 힘을 보탤 것이다.

2017년에 나는 휴가나 명절에도 쉬어본 적이 없다. 이때를 틈타 도쿄(일본), 상하이(중국), 타이베이(대만)에 가서 동북아 트렌드를 살펴봤다. 한국 시장 트렌드를 알기 위해 이웃나라 트렌드를 취재하는 건 이제 선택이 아닌, 필수가 됐다. 정보 전파를 앞당기는 두 가지 키워드는 '교통'과 '통신'의 발달이다. 스마트폰과 인터넷, 그리고 저가항공 덕분에 2010년대 중반 이후 동북아 4국(한국, 중국, 일본, 대만) 간 정보, 문화 교류는 이전과는 비교할 수 없이 활발해졌다.

그동안 글로벌 트렌드는 경제 선진국에서 개발도상국으로 이동하는 일방향(one-way) 구조였다. 미국·유럽에서 유행하면 일본→한국→대만→중국 순으로 옮겨갔다. 동북아 4국의 경제 수준 차이가 크고 역내 민간 교류가 활발하지 않던 시절에는 이런 공식이 통했다. 요즘은 달라졌다. 동북아 4국이 서로 주고받는 다방향(multidirection) 양상을 띤다.

가령 버블티 프랜차이즈 '공차'는 대만→한국→중국→일본 순으로 인기를 끌었다. 한국에선 2014년쯤 붐이 일었다 졌지만, 중국은 2016년, 일본에선 2017년 들어 인기가 높아지기 시작했다. 그런가 하면, 오프라인 쇼핑이 온라인·모바일로 넘어가는 메가 트렌드는 중국→한국→대만→일본 순으로 흐른다. 국토가 넓은 미국이나 중국은 오프라인 쇼핑을 나가기가 힘들기 때문에 일찌감치 택배 산업이 발달했다. 그에 비하면 수도권에 2,000만 명이 모여 사는 한국에서 온라인·모바일 쇼핑이 발달한 게 신기하게 느껴진다. 지하철만 타면 30분 이내에 도심형 대형 복합쇼핑몰이 널렸는데 말이다. 이유는 두 가지다. 먼저 모바일 쇼핑이 빠르고 편리한 IT 강국이기 때문이다. 그리고 다른 하나는? 잠시 후 일본 사례에서 설명하겠다.

대만은 한국보다 더 인구 밀도가 높은 나라다. 그래도 역시 IT 강국답게 온라인 쇼핑이 발달했지만, 아직 모바일 쇼핑은 활성화되지 못했다. 코트라에 따르면 대만 온라인 시장 규모는 약 1조 대만달러(약 36조 원, 2015년 기준)로 같은 기간 한국(54조 원)의 65% 수준이다. 대만 인구가 약 2,350만 명으로 한국의 절반 이하임을 감안하면 오히려 한국보다 온라인 쇼핑이 더 활성화됐다고 볼 수 있다. 그러나 모바일 쇼핑 비중은

6%에 불과하고, 2020년까지도 15%에 그칠 것이란 게 코트라의 분석이다. PC에서 모바일 쇼핑으로 넘어가지 못하는 이유는 간편결제 시스템의 부재 탓이다. 대만 1위 온라인 쇼핑몰 PC홈의 애니 첸(Annie Chen) 홍보 담당자는 "대만에서도 최근 모바일 쇼핑이 늘고 있지만 여전히 PC 쇼핑이 대세다. 대만 소비자들은 온라인 쇼핑을 할 때 신용카드를 주로 쓰는데, e-payment 관련 법령이 2015년에 제정돼서 아직 모바일 결제는 불편하기 때문"이라고 말했다.

그럼 일본은 어떨까. 일본은 온라인·모바일 부문에선 동북아 4국 중 가장 둔한 움직임을 보인다. 낮은 스마트폰 보급률이 단적인 예다. 미국 시장조사업체 뉴주(NewZoo)의 Global Mobile Market 보고서에 따르면, 스마트폰 보급률은 한국(71.5%, 4위), 대만(70.4%, 5위), 중국(51.7%, 26위), 일본(50.1%, 27위) 순이었다. 중국은 아직 개발도상국이고 인구가 워낙 많아 순위가 낮을 뿐, 보급자 수로 보면 7억 1,731만 명으로 세계 1위다. 반면, 일본은 세계 경제 대국 3위인데도 그리스(59.5%, 22위), 칠레(56%, 23위), 루마니아(56%, 24위)보다도 보급률이 낮았으니 이게 웬 말인가. 여기에 일본 소비 문화의 특수성이 있다.

일본은 오프라인 쇼핑이 매우 발달한 나라다. '접객(接客)'이 기가 막히기 때문이다. 일본 온라인 쇼핑몰 1위 '라쿠텐' 한국 패션 부문 1위 업체인 '리얼커머스(realcommerce)'의 최한우 대표의 말을 들어보자.

"저는 온라인 사업자임에도 일본에선 오프라인 쇼핑을 즐깁니다. 고객 응대가 너무 친절하고 전문적이어서 온라인 쇼핑이 제공할 수 없는 재미를 주기 때문입니다. 일례로 한국에서 옷을 사러 가면 점원은 원하는 사이즈를 찾아주는 역할에 그치죠. 일본은 디자이너들이 수습 시절 점원부터 경험하기 때문에, 디자이너에 준하는 '코디'를 해줍니다. 실제로 점원들이 입고 있는 옷부터 달라요. 한국은 옷가게 점원들이 모두 같은 유니폼을 입고 있지만, 일본은 점원들도 모두 개성 있게 옷을 입어요. 한국에선 새것을 사는 데 쇼핑의 즐거움이 있지만, 일본은 매장에서 직원과 대화하는 것만으로 힐링이 됩니다." 일본의 접객 서비스에 대한 노하우를 더 알고 싶다면 최한우 대표의 책《오모테나시, 접객의 비밀》을 읽어볼 것을 권한다.

어느 결엔가 단골 문화가 흐릿해진 것도 비단 개인주의가 팽배해진 때문만은 아니라고 본다. 우리보다 개인주의가 더 심하다는 일본에선 여전히 단골 문화가 살아있다. 일본 드라마 〈심야식당〉만 봐도 그렇다. 허름하지만 맛있고 전통 있는 식당 주인과 단골손님들 간의 잔잔한 이야기들은 어쩌면 일본이기에 가능하지 않았을까 싶다. 일본에서 10년 넘게 작은 바를 운영 중인 한 한국인 사장은 "처음 보는 손님이 와서 마시던 술을 '킵(keep)'해 달라고 하면 '앞으로 내가 여기 단골이 되겠습니다'라는 무언의 메시지다. 반대로, 주인이 킵을 거절하면 '당신은 우리 가게에 어울리지 않으니 그만 오시기 바랍니다'라는 무언의 메시지다"라고 설명했다. 가게 주인과 손님 간 커뮤니케이션이 이렇듯 복잡하게 발달하려면, 가게라는 공간의 의미가 그만큼 깊고 애틋해야 한다.

여기서 다시 한국 이야기로 돌아오자. 한국이 국토가 좁은데도 온라인·모바일 쇼핑이 발달한 또 다른 이유는 무엇일까. '한국에선 오프라인 쇼핑이 재미없기 때문'이라는 게 내 의견이다. 오프라인 쇼핑만이 제공할 수 있는 고객 서비스가 없으니, 더 저렴하고 편리한 온라인·모바일 쇼핑으로 향하는 게 당연한 것이다.

온라인·모바일 쇼핑 전성시대에 한국 자영업자가 살아남을 수 있는 비책도 여기에 있다고 본다. 로봇의 시대에 대체되지 않으려면 로봇이 못하는 것을 해야 하듯, 온라인·모바일 쇼핑에 대체되지 않으려면 오프라인에서만 이용 가능한 가치를 제공해야 한다. 식당이라면 프랜차이즈보다 맛있는 음식을, 옷가게라면 디자이너만큼이나 전문적인 코디 조언을 할 수 있어야 한다. 물론, 고객의 마음을 감동시키는 정성과 친절한 서비스는 기본이다.

이런 창업 문화 혁신은 현재 자영업 시장의 주축인 40~50대가 아니라, 20~30대 젊은이들이 될 것으로 기대한다. 사상 최악의 청년 실업 시대, 돌파구는 단연 창업이다. 20살에 대학생이 돼 30살에 취업하기까지 10년이란 시간과 돈을 투자해도 결국 20년 남짓 직장을 다니다 은퇴한다. 그럴 바에는 20살에 일본, 중국에 가서 2~5년만 라멘, 딤섬 요리법을 제대로 익혀온다면 차별화된 맛집이 못 될 리 없다. 어느 게 더 경제적이고 또 가치 있는 삶이겠는가. 처음에는 물론 고생스럽겠지만, 젊은이들이 스펙을 쌓느라 토익 공식을 달달 외울 시간에 과감히 해외에 나가서 현지 창업 아이템을 한국에 전파하는 선구자가 되길 바란다. 이

책에서 인터뷰한 정성휘 근대골목단팥빵 대표와 전민영 제이(J)프레시 푸드트럭 대표도 그런 예다. 물론, 100세 시대이니만큼 40~50대 분들도 얼마든지 가능한 일이다.

창업 트렌드 책을 매년 내지만, 어떤 트렌드는 6개월도 못 가 사라지고, 어떤 트렌드는 5년이 넘어도 그대로거나 더 강해진다. 후자는 1인 가구 증가, 가성비, 저출산, 고령화, 비혼, 집 꾸미기, 여행 대중화 등과 같은 메가 트렌드다. 내가 주로 취재하는 분야도 1년도 못 가 바뀌는 마이크로 트렌드보다는 메가 트렌드다. 따라서 이 책을 읽고 창업 트렌드가 더 궁금한 독자라면 1~2년 전작인 《노기자의 창업 트렌드》, 《프랜차이즈 트렌드 2017》도 참고하길 권한다.

피할 수 없으면 즐기라 했다. 프랜차이즈 트렌드 시리즈가 '어쩌다 창업'에서 '공부해서 하는 창업'으로 우리나라 창업 문화를 바꾸는 데 작은 밑거름이 되길 간절히 바란다.

매경이코노미 기자 노승욱

CONTENTS

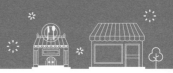

CONTENTS

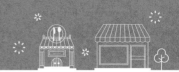

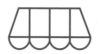

프랜차이즈
트 렌 드
2 0 1 8

2018년 뜨고 지는 업종?
다점포율에 물어봐~

2017년 대한민국 자영업 시장 돌아보니

☀ '공공의 적' 된 프랜차이즈··· '적폐 청산' 이제 첫 단추 채웠다

> 66
>
> 정부 무관심 · 기업 저고용 · 건물주 횡포··· 구조적 문제 산적
> 19대 대선 후보 토론회에서도 자영업 관련 안건은 뒷전
> 프랜차이즈 갑질은 시작일 뿐, 각계 문제로 논의 확대해야
>
> 99

2017년을 돌아보면 프랜차이즈 시장이 이처럼 '뜨거운 감자'였던 적이 있었을까 싶을 만큼 다사다난한 해였다. 프랜차이즈 시장은 김상조 공정거래위원장 취임 직후 첫 적폐 청산 대상으로 지목됐다. 아니나 다를까 치즈 통행세, 보복 출점, 직원 성추행, 가맹점 수 부풀리기 등 각종 편법 · 갑질 경영이 드러나면서 연일 뭇매를 맞았다. 일단은 그간 업계에서 공공연히 자행돼온 비리 행위들이 낱낱이 파헤쳐졌단 점에서 긍정적인 일이다. 기자도 그간 《노기자의 창업트렌드》, 《프랜차이즈 트렌드 2017》 등의 저서에서 국내 프랜차이즈 시장의 문제점들을 숱하게 성토해왔다.

단, 한 가지 우려되는 게 있다. 공정위가 프랜차이즈 업계의 비리를 파헤치는 건 국내 자영업 시장 개혁의 '첫 단추'여야지, 그것으로 종착점이 돼서는 안 된다. 적폐 청산은 이제 시작일 뿐, 이대로 유야무야 마무리해서는 안 된다는 얘기다. 단언컨대, 프랜차이즈 본사들의 갑질은 우리나라 자영업 시장의 구조적 문제들이 쌓여 나타난 사회적 병폐 현상이다.

기업들의 고용 없는 성장, 정부의 노후 보장 안 되는 '용돈 연금', 이로 인한 노년의 '묻지마식 생계형 창업', 세계 최고 수준의 자영업 포화, 독립 창업의 경쟁력 저하, 이에 따른 프랜차이즈의 상대적 부상 등이 맞물려 오늘날의 적폐가 형성됐다. 따라서 이런 구조적 문제들이 반드시 함께 해결돼야 비로소 자영업 시장 개혁이 가능하다.

하지만 그간 역대 정부의 공정위는 물론, 정계나 학계도 자영업 시장에 별다른 관심을 보이지 않았다. 자영업에 대한 정치권의 무관심은 지난 19대 대선 후보 TV 토론에서도 드러났다. 문재인, 홍준표, 안철수, 유승민, 심상정 등 5명의 대선 후보들은 6차까지 총 12시간 동안 진행된 토론회에서 정치, 경제, 사회 등 다양한 주제로 토론했다. 그러나 600만 명에 달하는 자영업자 대책에 대해선 아무런 질문도, 답변도 하지 않았다. 홍준표 후보가 억대 연봉을 받는 '강성 귀족 노조'를 비판하면서 "연봉 6,000만 원 이상이면 자영업자"라고 한 궤변이 유일한 자영업 관련 언급이었다.

국민 9명 중 1명, 경제활동인구 5명 중 1명이 자영업자인 우리나라에서 대통령이 되겠다는 이들이 철저히 자영업 시장을 외면한 것이다. 언론들도 이런 문제를 거의 지적하지 않았다. 통탄할 일이다. 우리나라 자영업 시장은 왜 이렇게 홀대받는 걸까. 왜 모두로부터 '버려진 시장'이 된 걸까. 눈에 띄는 이익단체 없이 파편화된 데다 수출주도형 경제구조여서 정책 우선 순위에서 늘 밀리는 게 핵심 이유다. 한마디로 사회적, 경제적 약자기 때문. 정부의 무관심

프랜차이즈 매장 늘어선 명동 거리

속에 국내 자영업자는 과도한 부채와 저소득에 신음하며 치열한 생존경쟁에 내몰리고 있다. 대한민국 자영업, 어디서부터 잘못된 걸까.

MB · 박근혜정부, 자영업 정책 잇단 헛발질
MB정부, 1,000개 가맹점 브랜드 100개 '어불성설'

'600만 자영업자의 경쟁력, 프랜차이즈로 키운다.'

2009년 9월 지식경제부(현 산업통상자원부)가 발표한 보도자료 제목이다. 이명박 전 대통령이 주재한 국가경쟁력강화위원회 17차 회의에서 지경부는 자영업 정책의 핵심으로 프랜차이즈 산업 육성안을 내놨다.

"프랜차이즈 산업이 창업 성공률을 높여주고, 기존 자영업자를 조직화해 규모의 경제를 통한 경쟁력 강화에 기여할 수 있는 '유용한 수단'"이란 이유에서다. 구체적으로는 2012년까지 가맹점 1,000개 이상 건실한 국내 브랜드 100개 육성, 세계 100대 프랜차이즈 기업군에 국내 브랜드 3개 이상 진입을 목표로 내세웠다.

결과는 어땠을까. 7년이 흐른 2016년 말 기준 한국공정거래조정원이 집계한 가맹점 1,000개 이상 프랜차이즈는 34개에 불과하다. 이 중 9개는 상호명이 'OO영어교실', 'OO수학교실'인 동네 공부방 프랜차이즈. 이어 편의점 5개, 치킨집 4개 순이다. 모두 소자본 창업이 가능한 생계형 업종으로, '건실한' 브랜드 육성이란 당초 목표와 거리가 멀다. 양과 질 모두 실패한 정책인 셈이다.

업계에선 당연한 결과로 받아들인다. 국내 수요를 감안할 때 가맹점 1,000개 이상 브랜드가 3개 이상 존재할 수 있는 시장은 치킨, 커피, 외식, 편의점, 공부방 등 상권이 좁은 생계형 업종 몇 개뿐이기 때문이다. 업계 관계자는 "피자, 패스트푸드 등 다른 업종에서 가맹점 1,000개 이상 브랜드가 등장하면 시장이 포화되거나 독과점이 일어날 수밖에 없다. 그보다는 업종별로 가맹점 300개 안팎 중견 브랜드 5개를 키우는 게 시장 경쟁이나 생태계 건전성 측면에서 바람직하다"며 "MB정부의 프랜차이즈 육성 정책은 애초에 효과도, 실현 가능성도 없었다. 국내 자영업 시장에 대한 MB정부의 무지(無知)만 드러낸 셈"이라고 꼬집었다.

박근혜정부에서도 '정책 헛발질'은 이어졌다. 2016년 초 공정거래조정원이 2년 전 정보공개서를 기준으로 치킨 브랜드 순위를 비교한 게 대표 사례다. 1년에도 2~3차례 트렌드가 바뀌는 창업 시장에서 2년의 시차는 '왜곡'에 가까웠다. 일례로 가맹점 수 3위로 올라선 bhc는 여전히 7위로 기록됐다. 브랜드마다 가맹점 면적이 다르고 맥주와 식자재 매출 집계 방식도 제각각이었지만 브랜드 총매출을 가맹점 수로 단순히 나눠 매출 순위를 발표한 것도 실착이었다. 업계가 반발하자 조정원은 뒤늦게 1년 전 정보공개서를 비교 근거로 삼고 브랜드 간 순위도 밝히지 않았다. 당초 밝힌 편의점, 베이커리 업종 비교도 취소했다. 대통령 업무 보고까지 한 공정위의 연간 핵심 사업이 이런 식으로 진행됐다.

정부가 자영업 정책에 예산을 아끼는 건 아니다. 국회예산정책처에 따르면 자영업자 · 소상공인 지원 사업에 정부가 투입한 예산은 2013년 1조 8,071억 원, 2014년 1조 8,489억 원, 2015년 2조 5,975억 원으로 3년 연속 늘었다. 문제는 연 2조 6,000억 원가량 쓴 정책 효과가 미미하다는 것. 소상공인연합회가 2016년 말 정부의 소상공인 지원제도나 정책에 대한 체감도 조사를 실시한 결과, 사업체 3,000곳 중 48.1%가 '체감하지 못한다'고 응답했다. '체감한다'는 응답은 11.1%에 그쳤다.

역대 정부의 자영업 정책이 실패를 거듭한 이유는 뭘까. 자영업 관련 전문인력 부족이 근본 원인으로 꼽힌다. 고경수 폐업119 대표는 "그간 자영업 지원 정책이 제대로 된 게 없다. 사실 자영업 시장을 잘 아는 전문가부터 부족한 형편"이라고 토로한다.

실제 학계에선 자영업에 대한 논문 수가 절대적으로 적은 상황이다.

한국교육학술정보원(KERIS)에 등록된 국내 학술지 논문 중 '자영업'을 주제어로 한 논문은 1995년 이래 150건에 불과했다. 기호품인 화장품(620건), 와인(940건)은 물론, 2000년대 후반 등장한 스마트폰(1,919건)보다도 적다. 국내 자영업 시장에 대한 체계적이고 전문적인 연구가 부족함을 보여준다. 서울 상위권 대학에 창업대학원이 거의 없는 것도 창업 전문가 양성이 어려운 이유로 꼽힌다.

○ 학계에서도 외면받는 자영업 시장

〈단위: 개〉

주제어	논문 수
여가	2,085
주식	2,062
스마트폰	1,919
부동산	1,855
여행	1,839
쇼핑	1,038
와인	940
화장품	620
프랜차이즈	592
자영업	150

1995~2017년 국내 학술지 논문 주제어 검색 결과
자료: 공정거래조정원

한 창업대학원 교수는 "국내에 이론과 현업 경력을 겸비한 창업전문가가 손에 꼽는 실정이다. 대학에서 창업학과를 만들고 싶어도 교수진을 못 구해 포기해야 할 정도"라며 "자영업 육성에 대한 정부의 산·학 연계 중장기 로드맵이 필요하다"고 말했다.

고질적인 자영업 공급 과잉
취업 안 되니 '등 떠밀려' 창업

수요가 한정된 시장에 공급이 넘치면 필연적으로 과열 경쟁이 일어

난다. 국내 자영업 시장도 그렇다. 국회예산정책처의 경제협력개발기구(OECD) 자영업자 비중 국제비교 분석에 따르면, 국내 전체 취업자 대비 자영업자 비중은 26.7%로, OECD 회원국 중 그리스에 이어 2번째로 높았다(2013년 기준). "국내 자영업자 비중이 사회경제적 요인을 반영한 OECD 국가들과의 실증 분석을 통해 도출된 적합치에 비해 30~40% 정도 초과하고 있다"는 게 국회예산정책처의 진단이다.

우리나라는 왜 이렇게 자영업자가 많은 걸까. 기업이 '고용'이란 사회적 역할을 제대로 못한 때문이다. 국제노동기구에 따르면 국내 취업자 중 임금근로자 비중은 74.1%로 미국(93.5%), 덴마크(91.4%), 독일(89.2%), 일본(88.5%), 프랑스(88.4%) 등 선진국에 훨씬 못 미쳤다(2015년 기준). 취업이 안 되니 생계를 위해 자영업으로 내몰릴 수밖에 없는 구조다. 과다한 자영업자를 구조조정해 고용 시장으로 이동시켜야 하지만 상황은 계속 반대로 가고 있다.

통계청에 따르면 2017년 2월 전체 실업률은 5%를 기록, 글로벌 금융위기 직후인 2010년 1월(5%) 이후 최고치를 기록했다. 청년실업률은 9.4%로 외환위기 이후 최고 수준이다(2017년 8월 기준). 중소기업청(현 중소벤처기업부)은 2016년 소상공인 지원 융자 사업에만 한 해 예산(2조 6,616억 원)의 58.4%에 달하는 1조 5,550억 원을 투입했다. 반면 폐업 후 재창업이나 업종 자체를 전환하려는 소상공인에게 전문교육과 멘토링을 제공하는 '재창업패키지'나 '희망리턴패키지'에는 각각 52억 2,000만 원, 100억 원만 쓰이는 데 그쳤다. 국회예산정책처는 '자영업자 지원 사

○ 국내 자영업 총체적 문제

주체	문제점
정부	실효성 없는 정책 남발하고 대출 지원에만 급급
정계	포퓰리즘 공약 많고 일부는 자영업 공약조차 없어
학계	자영업 주제어 논문 95년 이후 150개뿐, 전문인력 부족
기업	임금근로자 비중 74% 불과, 고용 책무 다 못해
자영업자	철저한 준비 없이 유행 아이템만 좇아 '묻지마 창업'
건물주	두 자릿수 임차료 상승률에 젠트리피케이션 초래

업 평가' 보고서를 통해 "자영업자 금융 지원이 경쟁력 없는 사업자를 연명시키는 등 자영업자 구조조정을 저해할 여지가 있다"고 지적했다.

전태유 세종대 경영전문대학원 교수는 "지금까지 자영업 자체의 경쟁력 강화보다는 실업문제 해결을 위한 창업 지원이 주를 이룬 탓에 창업 문턱이 너무 낮아졌다. 준비 없이 창업한 생계형 자영업자는 빚을 내서라도 안되는 사업을 유지하려는 경향이 강하다. 결국 장사는 계속 어렵고 빚은 늘어나는 악순환이 반복되고 있다"고 진단했다.

자영업자 내모는 건물주 횡포
재계약 때마다 임차료 두 자릿수 상승… 버틸 재간 없어

215%.

지난 5년간(2011~2016년) 서울 합정동의 상가 임차료 평균 상승률이다 (부동산114 자료). 연평균 16% 이상 임차료가 오른 꼴이다. 이는 비교적 낙후된 상권의 상가도 포함한 것으로, '핫'한 상권으로 좁혀보면 임차료 상승률은 훨씬 가팔라진다. 2~3년 만에 2배 가까이 올리는 곳도 적잖다.

1,000개 넘는 점포를 모두 임차해서 영업하는 스타벅스 사례가 대표적이다. 스타벅스커피코리아 감사보고서에 따르면 2016년 스타벅스 점포들의 전년 대비 임차료 평균 상승률은 21.5%에 달했다. 그나마도 2012년(31.3%), 2014년(25.3%)에 비해 덜 오른 거다. 2012년에는 임차료 상승률이 영업이익 증가율(10.2%)의 3배가 넘었다. 이쯤 되면 임차료를 내기 위해 돈을 번다는 얘기가 나올 만하다.

프랜차이즈 업체들도 마찬가지다. 뚜레쥬르는 서울 시내 10여 개 직영점의 평균 임차료가 최근 5년 새(2011~2016년) 240%나 올랐다. 특히

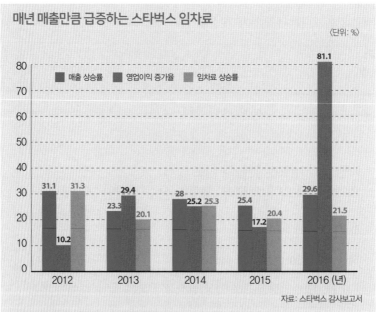

매년 매출만큼 급증하는 스타벅스 임차료

〈단위: %〉

자료: 스타벅스 감사보고서

집객 효과가 뛰어난 스타벅스는 건물 가치를 높이는 효과가 있어 건물주들이 임차료를 비교적 낮게 책정하며 매장 위치에 공을 들인다. 그럼에도 임차료 상승률은 연평균 20%를 훌쩍 넘어섰다.

강남점은 도저히 수지가 안 맞아 매장 문을 닫아야 했다. 물론 파리바게 뜨 강남점도 같은 운명을 맞았다. 이디야도 같은 기간 서울 시내 직영점 임차료가 150만 원에서 400만 원으로 2배 이상 올랐다. CJ푸드빌 관계자는 "직영점은 '쇼윈도(전시) 효과'가 있는 주요 상권에 입점해 브랜드 인지도를 높이고 마케팅 활동을 하며 가맹점을 간접 지원하는 역할을 한다. 수익 자체가 목적은 아니란 얘기"라면서도 "그런데도 임차료가 감당하기 힘든 수준으로 올라 이마저도 여의치 않다. 2016년에는 매출 대비 임차료 비중이 20%가 넘어섰다"고 토로했다.

과도한 임차료 인상을 막기 위해 국회는 2016년에 상가건물 임대차보호법을 개정, 임차료 인상률을 연 9% 이내로 제한했다. 그러나 환산보증금(월세×100+보증금)이 4억 원 이하(서울 기준) 점포만 해당하는 데다 연 9%도 너무 높아 재개정을 요구하는 목소리가 높다. 이마트24 관계자는 "월 100만 원 임차료로 최초 2년 계약 후로 재계약이 이뤄진다고 가정할 때, 2년 차까지는 100만 원, 3년 차 109만 원, 4년 차 118만 원, 5년 차 130만 원이 된다. 4년 후 임차료 부담이 30% 오르는 셈인데, 물가상승률이 연 3%도 안 되는 점을 감안하면 임차인이 감당하기 힘든 수준이 아닐 수 없다. 건물주와 임차인을 모두 아우를 수 있는 적정 수준 임차료에 대한 논의가 필요하다"고 말했다.

준비 없이 처음부터 '올인'
유행 따라 고비용 창업… 패자부활 난망

초기 창업 비용도 낮춰야 한다. 생존율이 낮은 자영업 시장에서 처음부터 너무 큰돈을 들여 창업했다가 망해서 이를 회수하지 못하면 패자부활전, 즉 재창업이 힘들어진다.

국내 자영업 창업의 고비용 구조를 야기하는 가장 큰 문제 중 하나, 바로 권리금이다. 한국창업부동산정보원에 따르면 서울 주요 상권의 권리금은 A급 상권은 보증금의 약 2배, B급 상권은 1.5배에 달한다(시설·집기 등을 인수하지 않는 '바닥권리금' 기준). 서울 B급 상권에서 20평 가게를 열려면 보증금 5,300만 원, 권리금 8,000만 원가량이 든다. 보증금은 나중에 돌려받을 수 있지만 권리금은 보장되지 않는다는 점에서 리스크도 크다. 재일 사업가인 최한우 리얼커머스 대표는 "일본에는 권리금이 없다. 점포 보증금도 최대 1년치 월세를 내는 수준으로, 초기 창업 비용이 한국보다 훨씬 적게 든다. 한국에만 있는 권리금이 자영업자를 힘들게 하는 가장 큰 문제라고 본다"고 말했다.

보증금과 권리금은 건물주나 전 임차인에게 달린 문제지만 인테리어·장비 등 시설비는 점주가 조정할 수 있는 비용이다. 그런데 이 비용도 거품이 많다는 게 전문가들의 지적이다. 고경수 대표는 "폐업 사례 3,000여 건을 컨설팅한 결과 10명 중 9명은 '왜 굳이 이렇게 많은 비용을 들여 창업했나' 싶은 수준이었다. 발품을 팔아 보다 저렴한 자재를 찾고 불필요한 낭비 요소를 줄이면 창업 비용의 20~30%는 줄일 수 있다"

며 안타까워했다.

단기 유행에 휩쓸려 섣불리 창업하는 세태도 문제다. 최근 우후죽순 늘어난 저가 주스와 대만카스테라가 대표적인 예다. 수개월 만에 전국에 수천 개 매장이 생겼지만 요즘은 일 매출 10만 원대 이하로 적자를 기록 중인 곳이 태반이다. 외식자재 공급업체인 엠즈푸드시스템의 이범훈 대표는 "한때 유행했던 치즈등갈비는 2개월도 안 돼 주문이 뚝 끊길 만큼 금방 시들었다. 갈수록 트렌드 변화 속도가 빨라지는 만큼, 유행에 흔들리지 않는 자신만의 아이템을 개발하는 게 중요하다"고 강조했다.

프랜차이즈 어쩌다 이 지경에
양적 성장에만 급급… 공정위 책임론 대두

프랜차이즈(franchise)의 어원은 '자유를 준다'는 뜻의 프랑스어 '프랑(franc)'이다. 가맹본부의 성공한 사업 노하우를 가맹점주들과 공유해 예

비 자영업자들의 성공 창업을 지원하고 고용을 창출하는 순기능을 한다. 그러나 국내 프랜차이즈 산업에 대한 세간의 시선은 좋지 못하다. 현재 공정위, 검찰, 국세청 등 감독당국에 불법 경영과 갑질 혐의로 적발됐거나 조사 중인 프랜차이즈 업체는 10곳이 훌쩍 넘는다.

2016년 저가 주스 프랜차이즈로 창업한 A씨는 여름 성수기인 요즘도 장사가 재미 없다고 말한다. 본사가 물색해준 입지를 믿고 임차료가 비싼 상권에 들어갔지만 본사가 제시한 예상 매출에 훨씬 못 미쳤기 때문. 컵 홀더 등 부자재는 시중 가격보다 훨씬 비싼 가격에 납품받아야 했고 매장에서 트는 음원 사용료도 5만 원씩 꼬박꼬박 내야 했다. A씨는 "음원도 학생들이 많은 우리 상권에 안 어울리는 올드팝송 위주지만 선택의 여지가 없다. 2016년 말부터는 신메뉴 개발도 끊겼다. 마음 같아서는 가맹계약서에 사인한 내 손을 자르고 싶은 심정"이라며 울분을 토했다.

디저트 프랜차이즈로 창업한 B씨도 어처구니없는 일을 당했다. 가맹 상담을 할 때는 무척이나 친절했던 직원들이 막상 창업을 하고 나서는 태도가 돌변했다는 주장이다. 담당자는 가맹점 출점이 밀렸다는 핑계로 레시피 교육 책자만 우편으로 보내고는 "이해되지 않는 건 전화로 물어보라"고 말했다. 창업설명회 때 직접 설명해준 대표도 연락을 받지 않았고, 담당 슈퍼바이저는 수시로 바뀌어 1~2년 전 얘기를 꺼내면 알아듣지 못했다.

프랜차이즈 업계에선 이런 일이 비일비재하다. 국내 상장기업들의 평균 사업 지속 연수는 40년이지만 프랜차이즈는 5년에 불과하다. 10년 이상 된 장수 프랜차이즈도 내부를 들여다보면 직원 근속 연수는 5년이 채 안 되는 경우가 많다. 급변하는 트렌드 탓에 브랜드 명멸 주기가 짧은 데다 직원 처우도 박해 이직률이 높기 때문이다. 업계 관계자는 "한 프랜차이즈는 부사장 연봉이 5,000만 원에 불과해 깜짝 놀랐다. 부사장이 그 정도면 일반 직원은 얼마나 대우가 박하겠나"라며 "가맹본사 이익의 상당 부분은 저임금으로 쥐어짜서 만들어진다. 이런 환경에선 우수 인재 유치를 통한 산업 발전이 요원하다"고 꼬집었다.

국내 프랜차이즈 산업이 갑질의 대명사가 된 이유는 뭘까.

한마디로 "양적인 성장에만 몰두한 나머지 질적 발전을 등한시한 때문"이란 게 업계 중론이다. 2017년에 가맹 사업 시작 40주년을 맞은 프랜차이즈 산업은 브랜드 5,273개, 가맹점 21만 8,997개로 연간 150조 원 시장 규모로 성장했다. 이웃나라인 일본의 프랜차이즈 산업은 브랜드 약 1,400개, 가맹점 약 27만 개다. 일본이 우리나라보다 인구 2.5배, 경제 규모 3배인 점을 감안하면 한국 프랜차이즈 산업이 상대적으로 매우 비대함을 알 수 있다. 새로 생겨나는 신생 프랜차이즈 브랜드와 가맹점도 일본은 매년 20개, 5,000개에 안팎에 불과하지만 한국은 500개, 3만 개씩 급증한다. 한국이 '프랜차이즈 공화국'이라 불리는 이유다.

그럼에도 프랜차이즈 확장 속도는 갈수록 빨라지고 있다. 공정위에 따르면 국내 프랜차이즈 시장은 2010년까지만 해도 브랜드 2,550개, 가맹점 14만 8,700개였지만 6년 만에 각각 107%, 47% 급증했다. 프랜차이즈 산업이 시작된 1977년부터 2010년까지 34년간 생긴 브랜드보다 최근 6년간 늘어난 브랜드가 더 많다. 연평균 가맹점 순증도 같은 기간 4,374개에서 1만 1,667개로 3배 가까이 늘었다. 물론 이 중에는 최근 1년간 가맹점이 5,000개 가까이 늘어난 편의점이 큰 몫을 차지한다.

상황이 이렇자 업계에선 프랜차이즈 산업 주무부서인 공정위 책임론이 강하게 대두된다. 공정위는 그간 무분별한 프랜차이즈 증식과 골목 상권 침해를 막기 위해 '동반성장'이란 캐치프레이즈를 내걸고 출점 거리 제한 등의 정책을 펴왔다. 그러나 최근 6년간의 가맹점 급증 사례에서 보듯 건전한 양적 성장 유도에 실패했다는 평가다. 질적 발전은 더 안 됐다. 최근 3년간 공정위가 프랜차이즈 본사를 검찰에 고발한 건은 단 한 건도 없다. 최근 속속 드러나는 프랜차이즈 본사들의 갑질 경영에 대한 실태 파악과 제재에 사실상 손을 놓고 있었다는 지적이다.

업계 관계자는 "공정위는 직접 주관하는 업무에 대해선 검찰도 먼저 기소하지 못하는 '전속고발권'이란 특권이 있다. 그러나 프랜차이즈 산업에 대해선 공정위가 전속고발권을 전혀 행사하지 않았다. 이번 미스터피자의 치즈 통행세 혐의도 검찰이 공정위에 먼저 고발을 요청해 뒤늦게 이뤄졌다"며 "김상조 위원장이 '그동안 공정위의 과오에 대해 사과하는 자리를 마련하겠다'고 말한 것도 이런 정책 실패에 대한 자성일 것으로 본다"고 말했다.

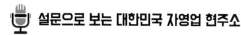

설문으로 보는 대한민국 자영업 현주소

외식업계 "매출 감소보다
고정비 증가 더 무서워"

국내 자영업의 우울한 주소를 현직 자영업자보다 더 잘 아는 사람이 있을까. 설문 전문업체 '엠브레인'을 통해 자영업자 350명에게 현황이 어떤지 직접 물었다.

자영업 몰락의 주범으론 '장기화된 불황'이 첫손가락에 꼽혔다. 응답률 61.7%로 가장 많았다(복수응답 기준). 낮은 경제성장률과 메르스, 세월호, 최순실 사태 등 연이어 터진 악재가 내수 경기에 타격을 입힌 탓이다. 1등보다 2등 싸움이 치열했다. 연령대별로 의견이 갈렸다. '너무 비싼 임대료'는 20대(45.2%)와 30대(43.6%)에서 많은 표를 얻은 반면 40대 이상 자영업자들은 '자영업자 포화' 문제를 뽑았다. 응답률은 50대(41%), 60대 이상(37.7%), 40대(35.1%) 순으로 많았다.

자영업을 하며 느끼는 가장 큰 애로사항은 '불안정한 매출'이었다. 전체 57.7%의 응답자가 답했다. 단 임대료와 인건비 등 비용에 대한 부담도 심각한 수준인 것으로 나타났다. '높은 고정 비용' 문제로 골머리를 앓는 이가 38.9%나 됐다. 특히 음식업과 외식업에 종사하는 이

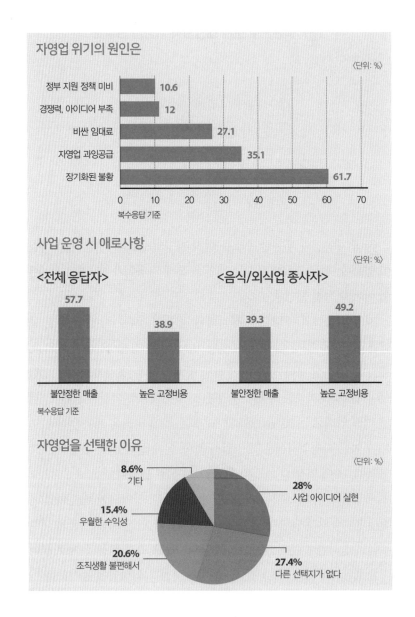

자영업 위기의 원인은

〈단위: %〉

- 정부 지원 정책 미비 · 10.6
- 경쟁력, 아이디어 부족 · 12
- 비싼 임대료 · 27.1
- 자영업 과잉공급 · 35.1
- 장기화된 불황 · 61.7

0 10 20 30 40 50 60 70

복수응답 기준

사업 운영 시 애로사항

〈단위: %〉

〈전체 응답자〉

57.7 불안정한 매출
38.9 높은 고정비용

복수응답 기준

〈음식/외식업 종사자〉

39.3 불안정한 매출
49.2 높은 고정비용

자영업을 선택한 이유

〈단위: %〉

- **8.6%** 기타
- **15.4%** 우월한 수익성
- **20.6%** 조직생활 불편해서
- **28%** 사업 아이디어 실현
- **27.4%** 다른 선택지가 없다

들은 '매출 불안감(39.3%)'보다 '고정 비용 부담감(49.2%)'이 더 크다고 답했다.

'가시밭길' 자영업을 선택한 이유는 무엇일까. '꿈꿔온 사업 아이디어를 실현하기 위해서(28%)'와 '퇴직과 취업 실패 후 다른 선택지가 없어서(27.4%)'란 응답이 비슷하게 많았다. 주목할 점은 연령별 온도차. 50~60대 이상에선 '할 게 없어서 창업했다'는 응답이 훨씬 많았다. 특히 정년을 넘긴 60대 이상에선 응답률이 47.2%에 달했다. 은퇴 후 별다른 생계 대책을 마련하지 못한 채 자영업 시장으로 등 떠밀리는 5060세대의 현주소를 보여주는 대목이다.

창업을 결심하고 실제 사업 시작까지 걸린 기간인 창업 준비 기간도 '6개월 미만'이 38.2%, '1년 이상'은 40.3%로 비슷했다. 3개월도 채 고민하지 않고 사업을 벌인 '묻지마 창업'도 15%로 적잖았다. 특히 20대에선 25.8%가 이렇게 답했다. 취업난에 지친 청년들이 '홧김에 창업'을 하는 것으로 우려된다. 불황인데 준비도 부족하니 결과가 좋을 리 없다. 현재 수익에 만족하는 자영업자는 5명 중 1명(21.4%)뿐이었다. 나머지 2명(37.5%)은 '불만족', 2명(41.1%)은 '그저 그렇다'고 답했다.

자영업 강국으로 가는 길

☼ 자영업자 울리는 천정부지 임차료부터 잡아라

> **"**
> 폐업만 잘해도 손실 30% 이상 절감
> 창업 교육 · 건전성 평가 정례화 필요
> 무엇보다 일자리 늘려 '어쩌다 창업' 막아야
> **"**

　구조적 문제를 풀고 '자영업 강국'으로 가는 길은 뭘까. 전문가들은 무엇보다 최후의 생계 수단으로 자영업에 내몰리는 '어쩌다 창업'을 막는 게 중요하다고 입을 모은다. 적극적인 창업 의지도, 전문성도 없는 이들이 자영업 시장에 쏟아져 들어오는 탓에 그저 유행하는 업종에 몰려 공멸하는 악순환이 반복된다는 것이다. 이정희 중앙대 경제학부 교수는 "은퇴자나 청년들이 창업을 안 해도 되도록 일자리를 늘리는 게 최우선 과제"라고 강조했다.

생애주기별 지원책 마련해야
교육 수료한 창업자 매출 200만 원 이상 상승

창업 교육의 중요성은 수치로도 확인된다. 경기개발연구원(현 경기연구원)이 수행한 '경기도 자영업 실태조사' 결과에 따르면 창업 전 교육과 컨설팅을 받은 자영업자는 받지 않은 자영업자보다 월평균 매출이 229만 원, 310만 원 정도 높은 것으로 나타났다. 3개월 미만의 '준비되지 않은 창업' 비중도 각각 17%포인트, 22.1%포인트 낮았다. 그럼에도 불구하고 현장에선 창업 교육이 충분히 이뤄지지 않는 실정이다. 지난 2015년 서울 지역 신생업체는 17만여 개였지만, 창업 전 서울특별시 자영업지원센터에서 교육받은 인원은 온라인 약 1만 명, 오프라인 약 3,000여 명에 불과했다.

박여울 서울신용보증재단 기업진흥실 사업기획팀 차장은 "자영업지원센터에서 이뤄지는 교육 내용은 창업 전 이 정도는 알아야 한다는 최소한의 이론 지식이다. 그런데도 생업 활동에 바쁘고 교육을 귀찮게 여기는 의식 탓에 이틀간 이뤄지는 교육도 부담스러워하는 분들이 많다"며 아쉬워했다.

실패가 '병가지상사'듯, 폐업도 얼마든지 있을 수 있다. '창업 후 3년 내 폐업률 70%'라는 통계는 창업에서 성공하기보다 실패할 확률이 더 높음을 보여준다. 통계청은 연평균 82만여 명이 폐업하고, 이로 인한 경제적 손실이 30조 원을 넘는다고 밝혔다. 그럼에도 폐업을 대비한 정책은 부족하다는 게 전문가들의 지적이다.

자영업 강국이 되기 위해선 과한 임차료 문제 해결이 필수다. 사진은 지자체가 개입해 과도한 임차료 상승을 막은 서울 용산구 해방촌 신흥 시장(위)과 서울 성수동 수제화거리(아래).

고경수 폐업119 대표는 "폐업 사례들을 접하며 가장 아쉬운 점은 폐업 결정이 너무 임박해서 이뤄진다는 것이다. 적자가 3개월 이상 지속되면 사업 진로 재설정을 고민해봐야 하는데도 심리적으로 공황 상태다 보니 합리적 의사결정을 하지 못하는 이들이 많다"며 "업종 변경, 규모 축소, 폐업 등 3가지 방향을 두고 선택할 수 있게 제도적 지원이 필요하다. 건강검진처럼 자영업도 정기적으로 건전성을 체크하고 실패 사례도 공유하자. 지나치게 창업에만 쏠려 있는 정부 정책의 패러다임을 바꿔야 한다. 폐업 단계에서 대응만 잘하면 손실을 30% 이상 줄일 수 있다"고 강조했다.

과도한 임차료 문제, 지자체가 나서라
6년간 임차료 동결 합의한 해방촌 모범사례

자영업자의 생존을 위협하는 과도한 임차료 인상도 손을 봐야 한다. '갑을관계'가 뚜렷한 건물주와 임차인의 자율 협상에만 맡겨 놓아서는 문제 해결이 요원한 만큼, 지자체의 적절한 개입이 필요하다는 게 전문가들의 중론이다. 2016년 11월 '6년간 임차료 동결(물가상승률만큼만 인상)'에 합의한 서울 해방촌 신흥 시장이 모범사례로 꼽힌다.

해방촌은 이태원 경리단길 상권 확장 영향으로 연평균 임대료 상승률이 최고 30%가 넘는 '젠트리피케이션' 위험 상권이었다. 이에 서울시는 해방촌 도시재생사업 시행 전 신흥 시장 건물주 44명과 임차 상인, 용산구가 참여하는 상생협의체를 구성하고 임차료 인상 자제를 촉구했다. 건물주들의 반대에 부딪히자 서울시는 '도시재생사업 취소'라는 강수를 두며 건물주들을 압박했다. 그러면서 한편으로는 건물주들을 수십 차례 1:1로 찾아가 설득하는 양면 전술을 펼쳤다. 이에 대부분의 건물주들이 임차료 인상을 자제하겠다고 돌아섰으나 일부 건물주는 끝까지 반대했다. 서울시는 이미 찬성한 건물주들과 지역 원로들에게 남은 건물주들을 설득해달라고 부탁했고, 이들의 도움을 받아 결국 건물주 44명 모두가 임차료 인상 자제에 동참키로 했다. 임차 상인들도 도시재생사업이 진행되는 동안 공사 소음과 분진, 교통 불편 등을 최대한 감수, 협조키로 했다.

강병오 FC창업코리아 대표(중앙대 산업창업경영대학원 겸임교수, 창업학 박사)는 "임차료는 인건비, 식자재비 인상과 함께 자영업자를 괴롭히는 대표적인 문제 요인이다. 이 중 지자체 단위에서 그나마 대응 가능한 게 임차료 문제다. 해방촌 신흥 시장은 지자체 주도하에 건물주와 임차 상인, 그리고 지역 공동체가 합심해서 임차료 문제를 해결한 좋은 선례"라며 "무엇보다 민관 소통을 통해 사회적 합의를 이뤄냈다는 점에서 의미가 크다. 임차료 문제로 갈등 중인 다른 지역 상권에서도 벤치마킹할 만하다"고 말했다.

성수동 수제화거리 일대도 비근한 예다. 낡고 오래된 공장과 창고가 밀집한 이곳은 커피숍과 맛집, 스타트업 기업이 들어서고 뚝섬 개발 호재까지 겹치면서 최근 투자 열기가 달아올랐다. 이에 성동구청은 2015년 9월 서울숲길·방송대길·상원길 일대를 '지속가능발전구역'으로 지정하고 성동구와 건물주, 임차인들이 적정 수준 임대료를 유지하기로 협의하자는 내용의 젠트리피케이션 방지 조례를 마련했다. 임대료를 연 9% 이상 올리지 않게 하고 뚝섬 주변에 대기업 계열 프랜차이즈 매장 입점도 제한하는 게 골자다. 대신 건물주들에겐 리모델링 활성화 구역을 지정해 용적률 제한을 완화해주거나 세금 혜택을 주는 식으로 인센티브를 제공키로 했다.

강지연 성동구청 지속발전과 주무관은 "높은 임대료에 밀려 자영업자가 상권을 떠나면 결국 공실이 문제가 된다. 건물주들에게 상생의 취지를 설명했더니 공감하는 분위기다. 법적 구속력을 갖고 임대료 상승을 제한하는 건 아니지만 이런 사회적 분위기를 확산하는 것만으로도 의미가 있다고 본다"고 말했다.

프랜차이즈 선진화하려면 로열티로 수익원 바꾸고 인증제 도입

프랜차이즈 시장 개혁도 필수다. 국내 프랜차이즈 산업은 가맹점주만 놓고 보면 전체 자영업자 중 5% 안팎에 불과하다. 그러나 이들은 핵심 상권에서 대대적인 마케팅을 통해 영업을 하고, 시장 트렌드를 선도하기 때문에 실질적인 규모나 영향력은 상당한 수준이다. 삼성, LG 같은 대기업이 기업 수나 종사자 수로 보면 전체의 3%도 채 안 되지만, 이들이 우리 경제에서 차지하는 비중은 절반 이상인 것과 마찬가지다.

프랜차이즈의 가맹점 착취를 방지하려면 우선 가맹 본사의 경영 투명성을 강화해야 한다. 이를 위해 수익구조를 물류·유통 마진의 본사가 가맹점에 납품하는 식자재에서 수익을 얻는 방식인 '마크업 방식(mark up)'에서 가맹점 매출에서 일정 비율 또는 일정 금액을 받아 수익을 얻는 방식인 '로열티 방식'으로 전환해야 한다는 목소리가 높다. 대한상공회의소에 따르면 로열티를 수익원으로 삼은 국내 가맹본부는 전체의 33.5%로, 70~80%에 달하는 미국과 일본보다 한참 낮다. 로열티는 매출의 몇 %를 본사가 취한다고 공지하기 때문에 본사의 수익원이 투명하게 노출된다. 반면, 마크업 방식은 본사가 원부자재를 납품하면서 얼마를 남기는지 점주가 알 길이 없다. 이런 이유로 미국에선 매출의 4.6~12.5% 수준의 로열티를 받고 원부자재는 점주와의 물품구매 협동조합을 결성해 공동구매한다. 외부에서 조달할 수 없는 필수 구입 품목만 본사가 공급할 뿐이다. 호주는 본사의 필수 구입 물품 지정도 당국의 승인을 받도록 한 사전허가제를 운영한다. 정말 본사로부터 구매해야만 하는 품목인지 정부가 나서서 감독하는 것이다.

이성훈 세종대 경영전문대학원 주임교수는 "프랜차이즈는 기본적으로 마케팅 권한이 있는 가맹본부가 통제하는 수직적 시스템이다. 로열티 방식 전환도 본부의 브랜드 경쟁력만 있다면 점주들이 따라올 것"이라며 "대신 원부자재를 원가로 공급하는 프랜차이즈에 대해선 정부도 세제 혜택을 주는 식으로 로열티 방식 전환을 유도할 필요가 있다"고 말했다.

단, 로열티 방식에도 문제는 있다. 가맹점에 POS 시스템이 제대로 설치되지 않았거나, 점주들이 현금 결제를 하거나, 또는 본사가 납품하지 않는 메뉴를 팔 때는 관련 매출이 누락될 가능성이 높다. 지금도 자영업자들이 세금을 적게 내기 위해 현금 결제를 선호하는데, 매출에 로열티까지 부과한다면 더욱 카드 결제를 기피할 것이기 때문이다. 이는 자칫 소비자 피해로 이어질 가능성도 적잖다. 이런 이유에서 야놀자, 한솥, 이디야 등 일부 프랜차이즈는 정률제가 아닌 정액제로 로열티를 받

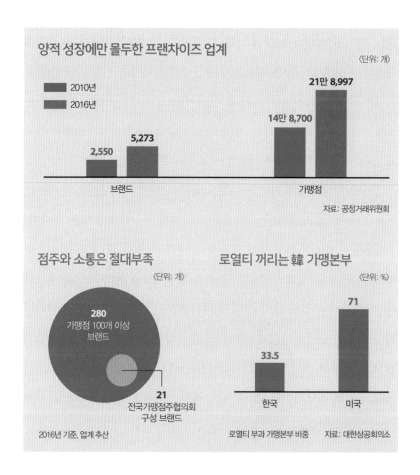

양적 성장에만 몰두한 프랜차이즈 업계

〈단위: 개〉

■ 2010년
■ 2016년

브랜드
2,550 / 5,273

가맹점
14만 8,700 / 21만 8,997

자료: 공정거래위원회

점주와 소통은 절대부족
〈단위: 개〉

280
가맹점 100개 이상
브랜드

21
전국가맹점주협의회
구성 브랜드

2016년 기준, 업계 추산

로열티 꺼리는 韓 가맹본부
〈단위: %〉

한국 33.5
미국 71

로열티 부과 가맹본부 비중   자료: 대한상공회의소

는다. 정률제 로열티의 취지를 살리려면 우선 편의점처럼 가맹점의 매출을 본사가 100% 집계할 수 있는 시스템 마련이 선결과제다.

프랜차이즈 인증제를 통해 가맹 사업 진입장벽을 높여야 한다는 주장도 힘을 얻는다. 공정거래조정원에 따르면 2016년 기준 프랜차이즈 브랜드 5,273개 중 가맹점이 하나도 없는, 즉 간판만 걸어놓은 브랜드는 1,630개(전체의 31%)에 달했다. 이들 중 일부는 프랜차이즈의 기본인 가맹점 관리 시스템조차 못 갖춘 부실 가맹본부로, 가맹비만 챙긴 뒤 문을 닫는 '먹튀' 업체일 가능성이 높다. 이런 먹튀 가맹본부의 진입을 사전에 차단하기 위해 직영점을 최소 1년 이상 운영한 뒤 1개 이상 가맹점을 모집하도록 하는 '1+1(원플러스원)제' 등의 인증제가 대안으로 제시된다. 한국프랜차이즈산업협회 측은 "이탈리아와 중국도 비슷한 제도를 운영하고 있다"며 공정위의 가맹 사업 1+1 진입제 도입을 촉구했다.

'협동조합형 프랜차이즈'도 대안으로 주목받는다. 가맹본부와 점주를 따로 나누지 않고 조합원인 가맹점주들 개개인이 사주가 되는 형태다. 조합원들은 정기총회를 통해 이사회 구성과 회사 비전, 또 조합비·수익 배분 등 주요 경영 사안을 결정한다. 일방적으로 계약 조건을 제시하는 기존 가맹 사업과 달리 '쌍방향 의사결정'이 가능하다. 협동조합기업가 겸 이론연구자인 강민수 쿱비즈협동조합 대표는 이를 두고 "불합리한 '갑을관계'를 해체하고 '갑'만 남기자는 취지"라고 설명했다. 해외에선 프랑스 안경 프랜차이즈 '옵틱2000', 독일의 체인형 유통협동조합 '레베그룹' 등이 대표 성공 사례로 꼽힌다.

벤처기업부는 2018년부터 협동조합형 프랜차이즈의 한 형태인 '이익 공유형 프랜차이즈' 사업에 대한 본격적인 지원에 나설 전망이다. 기획재정부도 협동조합형 프랜차이즈 성장을 위한 구체적인 금융 지원 방안을 준비 중이다. 강민수 대표는 "의사 결정 속도가 느리고 무임승차 문제가 발생할 수 있다는 단점도 상존한다. 단, 신설 프랜차이즈의 경우 도입을 적극 고려해볼 만하다"고 강조했다.

점주들과의 소통도 지금보다 훨씬 강화해야 한다. 정부는 지난 2013년 가맹사업법을 개정, 법적 요건을 갖춘 가맹점주협의회를 발족시켰다. 편의점 점주 자살 사태로 가맹점주의 부당한 처우가 표면 위로 드러나면서 시행한 조치다. 가맹사업자 단체를 구성하고 가맹계약 거래 조건을 본사와 협상할 수 있도록 단체교섭권을 부여했다. 단 협의를 요청할 수는 있지만 가맹본부가 받아들여야 할 법적 의무나 강제성은 없다. 또 협상 가능한 계약 거래 조건도 일부 항목에 그쳐 '반쪽짜리 협의회'라는 지적이 나온다.

더 큰 문제는 법 개정 후 4년이 지났지만 협의회가 운영되는 브랜드가 30여 개에 불과하다는 것. 가맹점이 100개 이상인 브랜드가 약 280개니 이 중 10% 정도만 가맹점주 단체를 보유하고 있단 얘기다. 그마저도 회원이 20~30명에 불과한 곳이 적잖다. 소수 가맹점주 목소리를 모으고 공동대응하기 위해 발족한 전국가맹점주협의회 연석회의도 구성원은 파리바게뜨, 미스터피자, 피자에땅, 롯데리아 등 21개 가맹점주협의회뿐이다. 이재광 전국가맹점주협의회 연석회의장은 "점주들이 경영에 어려움이 생겨도 본사에 얘기할 만한 대화 상대가 없는 게 가장 힘들다. 가맹점이 수천 개인 프랜차이즈면 몰라도 100~200개 정도인 곳은 CEO의 의지만 있으면 얼마든지 대화할 수 있다"며 가맹 본사의 소통 노력을 촉구했다.

.

상생 실패 반성…
국내 프랜차이즈 40년史
획 긋는 자정안 될 것

 박기영 한국프랜차이즈산업협회장

1963년생 / 대구 계성고 / 미국 위트워스대 영문학
조지워싱턴대 MBA / 1992년 한국짐보리 대표(현)
2017년 1월 제6대 한국프랜차이즈산업협회장(현)

　미스터피자, 호식이두마리치킨 등 가맹 본사들의 갑질과 오너리스크가 불거지며 프랜차이즈 시장이 '공공의 적'으로 떠올랐다. 이런 상황을 가장 안타깝게 바라보는 사람 중 하나, 2017년 1월 취임한 박기영 제6대 한국프랜차이즈산업협회장이다. 지난 40년간 쌓인 프랜차이즈 산업의 적폐는 물론 인정하지만, 프랜차이즈에 대한 지나친 공격이 자칫 산업의 순기능까지 훼손할까 우려됐다. "연 200조 원 매출을 기록하는 삼성전자는 10만 명의 고용을 창출하지만, 프랜차이즈 산업은 100조 원 매출로 124만 명의 일자리를 창출한다"는 게 그의 주장이다. 이런 문제의식에서 그는 2017년 7월 18일 공정위의 '프랜차이즈 갑질 근절 대책'이 발표된 지 하루 만에 긴급 기자회견을 열고 "대기업에 그랬듯, 프랜차이즈 산업에도 자정할 시간을 달라"고 읍소했다. 그리고 7월 27일 김상조 공정거래위원장과 만나 업계 고충과 자정 의지

를 전달했다. 프랜차이즈 산업 역사상 최악의 위기를 헤쳐나가고 있는 박기영 협회장에게 당면 과제와 자구책 내용에 대해 물었다.

Q 최근 프랜차이즈가 공공의 적이 됐습니다. 사태를 초래한 근본 문제는 무엇인가요?

A 우선 미국에서 시작된 프랜차이즈 문화가 한국에 정착되는 과정에서 정확한 개념 이해가 부족했습니다. 사업 파트너 개념이 아닌 대리점 사업과 유사한 왜곡된 프랜차이즈 문화가 정착돼 많은 문제가 노출됐죠. 특히, IMF 외환위기 이후 프랜차이즈가 급성장하면서 프랜차이즈의 핵심인 상생은 망각하고 가맹비, 교육비, 로열티를 안 받는 3무(無) 마케팅이 판을 치면서 경쟁이 과열됐어요. 산업이 급성장하면서 나타난 부작용입니다. 여기에는 정부도 책임이 있어요. 자동차가 발명된 후 도로교통법이 생겼듯, 프랜차이즈가 국내에 도입될 때 관련 대책이 마련됐어야 했는데 그렇지 못했죠.

Q 긴급 기자회견을 통해 공정위에 프랜차이즈 조사 중단을 요청해 화제가 됐습니다.

A 처음에는 기자회견까지 할 생각은 없었습니다. 여러 대책을 강구하던 차에, 공정위가 프랜차이즈 갑질 근절 대책을 발표하더군요. 거기까지는 좋았어요. 그런데 50개 가맹본부에 대한 조사도 나선다고 하니 당황스럽더군요. 일부 기업들의 잘

못된 부분만 부각되면 프랜차이즈 전체가 부정을 일삼는 산업으로 잘못 인식될까 우려됐습니다. 공정위가 대기업에 스스로 변화할 시간을 주겠다고 한 것처럼 우리에게도 자정할 시간을 달라고 했죠. 이는 형평성에 맞는 정당한 요구라고 봤습니다. 저희 협회는 2017년 들어 7월까지 가맹점주협의회와 4번이나 만나 자정안을 만들고 있었습니다. 환골탈태할 수 있는 혁신안을 마련할 겁니다. 단, 40년간 쌓인 잘못된 관행을 하루 아침에 시정하는 건 실질적으로나 물리적으로 어려워요. 잘못된 부분에 대해선 인정하고 있지만 시간이 필요한 것도 사실이죠.

Q 많은 관심 속에 김상조 공정거래위원장과 회동이 성사됐는데요. 성과는 어땠습니까?

A 성과는 기대 이상이었어요. 생각보다 화기애애한 분위기에서 대화가 이뤄졌죠. 김 위원장님은 "프랜차이즈협회가 가맹본부와 가맹점이 상생할 수 있는 자율상생 모범규준을 10월까지 만들어주면 이를 정책에 반영하겠다"고 말씀하셨습니다. 김 위원장님이 충분히 시간을 준 만큼 10월까지 모범규준을 내놓을 계획입니다. 국내 프랜차이즈 산업 40년 역사에 한 획을 긋는 자정안이 될 겁니다. 공정위도 향후 한국프랜차이즈산업협회와 지속해서 협의하는 자리를 만들기로 했습니다.

Q 자정안에는 어떤 내용들이 들어가나요?

A 기본적으로 가맹 본사의 폭리를 방지하고, 강제 구매 품목을 줄여 더 이상 '갑질'이란 단어가 안 나오도록 할 것입니다. 가맹본부가 최소 1개 이상 직영점을 1년간 운영해본 후 가맹 사업을 시작할 수 있게 하는 '원플러스원(1+1)' 제도와 로열티 제도 정착도 적극 검토 중입니다.

국내 프랜차이즈 브랜드가 5,200여 개나 될 만큼 지나치게 방대해진 데에는 상당수 가맹본부들이 직영점도 하나 없이 정보공개서만 제출하고 운영하는 때문입니다. 직영점 1년 운영을 의무화하면 단기 성과만을 노리는 '기획형 프랜차이즈'가 상당수 정리될 것입니다. 실제 1,600여 개는 유명무실한 '휴면 브랜드'이기도 합니다.

일각에선 이를 새로운 규제가 될 것으로 우려하지만 그렇지 않습니다. 프랜차이즈는 일반 상법에서 다루지 않고 특별법이 제정됐습니다. 프랜차이즈 산업의 독특한 성격 때문입니다. 프랜차이즈의 정확한 개념을 이해하고 소양을 쌓기 위한 인증제가 필요합니다. 이탈리아, 중국, 그리고 미국 로스앤젤레스(LA)주도 도입한 제도입니다.

Q 로열티 제도가 필요한 이유는 무엇입니까?

A 로열티는 프랜차이즈의 핵심입니다. 가맹점의 성과가 곧 본사의 성과로 직결되게 하려면 로열티 제도가 꼭 필요합니다. 장

사가 잘되든 말든 한 달에 일정 금액만 내고 마는 정액제 방식보다는 매출과 비례해서 로열티를 내는 정률제 방식이 더 바람직합니다. 그래야 본사와 가맹점이 동고동락할 수 있거든요. 그런데도 우리나라는 극히 소수 가맹본부만 정률제 로열티를 받고 있어 확대할 필요가 있습니다.

Q 협회가 자정안을 만들어도 회원사에 대한 강제력이 부족하다는 우려도 있는데요?

A 협회가 강제로 집행할 권한은 없는 게 사실입니다. 하지만 최근 사태가 불거지면서 업계 내 모든 목소리가 협회를 중심으로 모이고 있어요. 긴급 기자회견을 한 이후 추가 가입 문의가 급증했습니다. 협회가 중심이 돼서 시장에 약속한다는 데 의미가 있다고 봅니다. 물론 100%라고는 장담 못 하지만, 자정안에 동참 못 하는 업체는 도태될 겁니다. 프랜차이즈는 B2C가 아닌, B2BC 비즈니스예요. 가맹본부(Business)와 소비자(Customer) 사이에 가맹점주(Business)가 중간 역할을 하거든요. 가맹본부가 살아남으려면 먼저 이들을 만족시켜야 합니다. 한국 프랜차이즈 산업이 그간 적은 비용으로 빨리 성장했듯, 자정안이 마련되면 빠르게 확산될 것이라 봅니다.

Q 그간 협회장은 모두 외식업체 대표였습니다. 비외식 업체 대표 출신 첫 협회장이어서 협회 주류인 외식업에 대한 이해가 부족할 것이란 우려도 있는데요?

A 프랜차이즈 산업에 몸을 담은 지 25년이 됐습니다. 서당 개 3년이면 풍월을 읊는다고 하잖아요. 주변 지인들이 대부분 외식업계에서 일하다 보니 간접적으로 많이 이해할 수 있게 됐습니다. 또, 프랜차이즈는 기본 운영 원리가 비슷합니다. 어떤 상품과 서비스를 파느냐의 차이일 뿐이죠. 업계에서 협회장으로 추대해줬으니 운명이라 생각하고 열심히 하고 있습니다.

Q 최저임금이 대폭 인상돼 점주들의 인건비 부담이 높아졌습니다. 정부는 인상분 일부를 가맹본부가 질 것을 요구하는데 어떻게 보십니까?

A 최저임금 인상을 감당할 만큼 재정 체력이 있는 곳이 얼마나 있을지 모르겠습니다. 가맹본부가 재정적으로 풍족하다는 건 정말 잘못된 오해예요. 가맹본부의 65%가 연 매출 10억 원 미만, 95%는 200억 원 미만으로, 대부분 영세한 중소기업입니다. 이런 상황에서 정부가 인건비 부담을 강제하는 건 부당합니다. 가맹점주도 물론 중요하지만, 고용 창출의 주체인 본부가 건실해야 가맹점도 성공할 수 있다는 걸 명심해야 합니다.

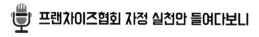

로열티 전환·공제조합 설립…
실현 가능성은 '글쎄…'

2017년 10월 프랜차이즈산업협회가 자정 실천안을 발표했다. 최근 불거진 갑질 관행에 대해 사과하고 공정거래위원회와 간담회를 통해 협회 차원의 자정안을 마련키로 한 데 따른 조치다. 경영 투명화, 점주와 소통 강화 등 상생에 초점이 맞춰졌지만, 협회가 가맹본부에 대한 강제력이 없어 단순히 권고 또는 선언적 의미에 그칠 수 있다는 우려도 제기된다.

자정 실천안의 주요 내용은 '가맹점 100개 이상 대형 브랜드는 가맹점사업자 단체 구성', '물류마진에서 러닝(정률) 로열티로 수익구조 전환', '필수물품 지정 최소화', '가맹본부 등록요건 강화', '가맹점주 피해보상을 위한 공제조합 설립' 등이다. 점주들이 본사와 대등한 협의체를 구성해 소통 채널을 일원화하고, 본사 수익구조를 보다 투명하게 드러내며, 점주의 필수구매 부담을 줄여 자율 권한을 확대하겠다는 취지다. 또 '치고 빠지기'식 먹튀 브랜드가 난립하지 않도록 가맹본부 등록요건을 '2+1제(2개 이상 직영점을 1년 이상 운영)'로 강화하고, 본사가 영세해 피해보상을 못 해주면 공제조합을 통해 협회가 대신 해준다는 방침이다. 이외에도 프랜차이즈 상생지수 개발·공표, 본사와 가맹점 단체 간 대화 정례화, 가맹점 10년 계약갱신요구권 폐지(무기한 갱신 보장) 등이 포함됐다.

공정위 가맹사업정보제공시스템에 따르면, 2016년 말 기준 가맹점을 100개 이상 보유한 브랜드는 344개다. 이는 가맹점을 1개 이상 보유한 전체 브랜드(3,643개) 중 10%가 채 안 되지만, 이들이 운영하는 가맹점은 16만 251개로 전체 가맹점(21만 8,997개)의 73%에 달한다. 그러나 이들 중 현재 가맹점사업자 단체가 구성된 브랜드는 14%에 불과하다. 협회는 이를 내년까지 90%로 끌어올려 점주들과의 소통 창구를 체계적으로 운영하겠다는 계획이다.

자격정지·제명 외 본사에 대한 구속력 없어
직영점 2개 1년 이상 운영 '새로운 진입장벽'

문제는 실현 가능성이다. 프랜차이즈협회는 문제점이 확인된 본사에 대해선 협회 차원 징계 등 강력히 대응하겠다고 밝혔다. 그러나 협회가 본사를 제재할 수 있는 카드는 회원 자격정지 또는 제명 정도에 그친다. 법적 구속력이 없어 사실상 솜방망이 처벌에 불과하다. 물류 마진에서 로열티로 수익구조를 전환하는 것도 본사들은 난색을 표하고 있다. 가맹점 매출이 정확히 집계되지 않는 현행 시스템에선 점주들이 로열티를 덜 내기 위해 매출을 일부 누락할 수 있다는 우려에서다. 실제 이디야, 한솥, 야놀자 등 상당수 프랜차이즈는 러닝 로열티 대신 '월 30만 원' 식의 정액 로열티를 받고 있다. 한 외식 프랜차이즈 대표는 "로열티를 매출의 5%씩만 거둬도 물류마진을 거의 안 받아도 된다. 그러나 치킨 등 로열티를 안 내다 내게 되는 업종에선 점주들의 납부 저항이 우려된다. 장사가 안 돼 체납하는 점주가 속출할 수도 있다. 미국은 6~7% 로열티가 일반적이지만 우리나라는 물류마진에 익숙하다 보니 조정이 쉽지 않을 것"이라고 말했다.

세부 조정이 필요하다는 의견도 제기된다. 강병오 FC창업코리아 대표(창업학 박사)는 "프랜차이즈는 남녀노소 누구나 장사 수완만 있으면 가맹점을 늘려 신분 상승할 수 있는 마지막 희망이다. 그런데 2개 이상 직영점을 1년간 운영하라는 건 새로운 진입장벽 규제가 될 수 있다. 수억 원짜리 매장을 여럿 운영할 수 있는 자본가만 프랜차이즈를 운영하라는 것"이라며 "1개만 운영해도 족하다"고 조언했다. 김상조 공정거래위원장은 일부 항목에 대해선 긍정적으로 평가하면서도 "필수품목 지정 최소화, 피해보상 공제조합 설립방안 등에 대한 구체적 안이 마련돼야 한다"며 보완을 당부했다.

프랜차이즈, 패러다임을 바꿔라

 소모적 출점 경쟁서 매출 증대 경쟁으로

> 66
>
> 가맹점 수 많으면 본사만 유리… 점주에 도움 안 돼
> 매장 크기 제각각이라 점포당 매출로 비교는 위험
> 다점포율, 면적당 매출 비교로 경쟁 기준 재정립해야
>
> 99

　예비창업자들의 가장 큰 관심사는 뭐니 뭐니 해도 '요즘 뜨는 아이템'일 것이다. 그리고 프랜차이즈 창업을 준비 중이라면 '어느 브랜드가 잘나가는지' 궁금할 테다. 그동안 프랜차이즈 선호도나 성과를 비교할 때 자주 쓰인 지표는 두 가지다. '가맹점 수'와 '가맹점당 평균 매출(점포당 매출)'이다. 편의점을 예로 들면 가맹점을 기준으로 CU가 업계 1위, 이어 GS25, 세븐일레븐, 미니스톱, 이마트24가 2~5위라고 통상 얘기한다. 점포당 매출도 정보공개서에 의무적으로 기재토록 돼 있는데, 한마디로 '우리 프랜차이즈로 창업하면 매출이 평균 이 정도는 나옵니다'라고 보여주는 것이다. 그런데 이렇게 가맹점 수와 점포당 매출로 순위를 매기

는 게 과연 맞는 방법일까?

결론부터 얘기하면 '아니올시다'다. 언뜻 생각하면 가맹점이 많을수록, 또 점포당 매출이 높을수록 장사가 잘된다고 믿을 만하다. 그러나 지난 3년간 자영업 시장을 심층 취재하면서 이들을 참고해서 창업하는 게 매우 위험한 일임을 깨닫게 됐다.

우선 가맹점 수는 가맹점보다는 프랜차이즈 본사 입장에서 중요한 숫자다. 가맹점 수가 늘어날수록 가맹 본사 매출은 비례해서 증가하지만, 점주 입장에선 오히려 매출이 반비례해서 감소할 수 있다. 그만큼 시장 포화도가 높아져 경쟁점이 늘어나기 때문이다. 일례로 편의점은 2016년 초 3만 개를 넘어 2017년 말이나 2018년 초에 4만 개를 돌파할 예정이다. 편의점이 이렇게 많이 늘어나서 재미를 본 건 본사일까 점주일까? 당연히 본사만 이익이 늘고 점주 수익성은 뚝뚝 떨어지고 있다.

그런데도 프랜차이즈 업체들은 대부분 가맹점 수를 근거로 점주들을 끌어모은다. 가령 2017년 상반기에 인기를 끈 명랑핫도그는 홈페이지에 '가맹 사업 5개월 만에 300개를 넘어섰다'고 팝업광고를 띄우며 홍보했다. 그러나 이건 결코 자랑할 거리가 아니다. 이렇게 가맹점이 단기간에 급증하면 점주한테는 브랜드 이미지가 빨리 소비되고 경쟁점이 늘어나 매출에 도움이 안 되기 때문이다.

정보공개서상의 점포당 매출도 영 믿을 게 못 된다. 가맹점마다 면적이 다른데도 이를 무시하고 그냥 평균을 내서 산정하니 오류가 적잖다. 가령 치킨 프랜차이즈 중 굽네치킨, 네네치킨 등은 8평 안팎 배달전문매장이 대부분이다. 반면, BBQ, bhc 등은 가맹점 중 30~40평 카페형 매장이 꽤 있다. 이런 상황에서 BBQ가 굽네치킨보다 점포당 매출이 더 높다고 장사가 더 잘된다고 말하는 건 잘못이다. 매장이 크면 당연히 매출도 높게 나오는데, 그만큼 창업 비용도 비싸니 수익성은 따져봐야 아는 것이다.

기자는 이런 문제의식에서 가맹점 수와 점포당 매출로 프랜차이즈를 비교하는 건 잘못된 방식이라고 누차 지적해왔다. 그렇다면 어떤 기준으로 비교하는 게 바람직할까. 기자가 제시하는 건 두 가지다.

✓ 점포 수로 비교하려면 가맹점 수 대신 다점포율로 비교하라.
✓ 매출로 비교하려면 점포당 매출 대신 면적당 매출로 비교하라.

다점포율은 기자가 《노기자의 창업트렌드》, 《프랜차이즈 트렌드 2017》 등 이전 책에서도 여러 번 강조한 내용이다. 신규 독자를 위해 간단히 설명하자면, 한마디로 '전체 가맹점 중 한 점주가 두 개 이상 운영하는 다점포의 비율'이다. 가맹점을 하나만 운영하는 이들이 '생계형 점주'라면, 2개 이상 운영하는 이들은 '투자형 점주'다. 이들은 어느 프랜차이즈의 가맹점을 하나 해보고 장사가 잘되면 2개, 3개, 심지어 10개 이상 마구 늘린다. 반면, 장사가 안되기 시작하면 미련 없이 확 줄인다. 실제 서울의 한 편의점 다점포 점주는 2007년부터 2015년까지 편의점 전성기를 맞아 세븐일레븐만 13개나 운영하다가, 최근 시장 포화와 인건비 증가 등으로 영업 환경이 악화되자 5개로 확 줄였다. 다점포 점주는 매장을 직접 운영하면서 매출과 수익성이 어떤지를 누구보다 잘 알기 때문에, 이들이 가맹점을 추가 출점하는 브랜드라면 수익성이 어느 정도 검증된 프랜차이즈라고 볼 만하다.

면적당 매출은 점포당 매출의 맹점인 '면적 차이에 따른 오류'를 피하기 위해 기자가 제시한 개념이다. 전체 가맹점 매출을 가맹점 수로 나눠 산출한 게 점포당 매출이라면, 면적당 매출은 가맹점 총면적으로 나눈 것이다. 이렇게 하면 브랜드별로 가맹점 1평(3.3제곱미터)당 평균 매출을 알 수 있어 10평 매장과 20평 매장도 동등하게 비교할 수 있다. 이는 20평 아파트와 30평 아파트를 평당 분양가로 비교하는 것과 같은 이치다. 그렇다면 다점포율과 면적당 매출은 어떻게 확인할 수 있을까.

다점포율은 가맹본부들이 먼저 공개하지 않아 기자가 직접 조사해서 매경이코노미 기사로 매년 발표한다. 2015년부터 조사를 시작했으니 어느덧 햇수로 4년째가 됐다. 프랜차이즈의 평균 수명이 5년이니, 이만하면 프랜차이즈의 흥망성쇠를 웬만큼 볼 수 있는 셈이다.

면적당 매출은 원래 정보공개서상에 기재되지 않다가, 2016년 3월 기자가 배진철 공정거래조정원장을 만나 기재를 의무화할 것을 건의한 끝에 2016년 말 기준 정보공개서부터 새롭게 추가됐다. 배진철 원장은 기자와 2시간에 걸친 토론 끝에 가맹사업법 시행령을 개정해줬다. 국내 예비창업자들을 위해 큰 결심을 해준 배진철 원장에게 이 지면을 빌어 감사의 인사를 전한다.

프랜차이즈 비교 기준을 기존 '가맹점 수'와 '점포당 매출'에서 '다점포율'과 '면적당 매출'로 바꾸는 것은 단순히 예비창업자들에게 더 정확한 정보를 제공하는 것 이상의 의미를 갖는다. 가맹점을 운영하는 프랜차이즈 본사들의 경영 목표에 변화를 줄 수 있기 때문이다.

생각해보자. 세간의 프랜차이즈 비교 기준이 '어느 브랜드 매장 수가 더 많은가'일 경우, 본사는 가맹점 늘리기에 혈안이 될 것이다. 국내 편의점 시장 포화가 심각한 데도 CU와 GS25가 쉴 새 없이 가맹점을 늘리는 경쟁에 함몰돼 있는 이유가 여기에 있다. 조금이라도 가맹점 출점을 게을리했다간 경쟁 브랜드가 추월해서 '1위 자리'를 탈환했다고 자랑할 테니 경쟁이 치열할 수밖에 없다. 이런 고래 싸움에서 새우 등 터지는 건 애꿎은 점주들이다. 출점 경쟁을 하는 본사로선 입지가 다소 나빠도 출점을 서둘러 아무 자리에나 마구 점포를 낼 것이기 때문이다. 또 점포당 매출로 비교하면 본사는 자꾸만 카페형 매장 출점을 권하게 된다. 본사는 물류 수익과 점포당 매출이 늘어나 좋겠지만, 점주 입장에선 창업 비용이 비싸져 리스크가 커지는 부담으로 작용한다. 둘 다 매우 소모적이고 점주를 희생시키는 방식의 잘못된 경쟁이다.

이제 다점포율과 면적당 매출로 비교하면 어떻게 될까. 기존 점주가 추가 출점을 결심하려면 해당 브랜드에 만족해야 하므로, 본사는 기존 점주들에게 더 많은 혜택을 제공하려 할 것이다. 매출이 더 잘 나오도록 더 고민하고, 입지도 장사가 잘되는 곳으로 더 성실히 알아보고 제시할 수 있다. 면적당 매출로 비교하는 것도 마찬가지다. 대형 매장을 출점한다고 면적당 매출이 높아지는 것은 아니니, 작은 점포에서도 매출이 잘 나오도록 도와줄 것이다. 결국 본사는 가맹점 수를 더 늘리거나 매장을 쓸데없이 키우기보다는, 기존 점주들의 매출을 높이는 데 집중하는 방식의 바람직한 경쟁을 하게 되는 것이다.

이처럼 프랜차이즈 비교의 패러다임 전환이 정착되려면, 예비창업자들도 창업설명회에 가서 새로운 비교 기준에 대해 적극적으로 자료를 요구하는 자세가 필요하다. 가맹점 수나 점포당 면적으로 자랑하려는 담당 직원에게 "귀 브랜드가 속한 업종의 다점포율과 면적당 매출을 비교 분석한 데이터를 보여달라"고 당당하게 요구하자. 그래야 소모적인 출점 경쟁에서 매출 증대 경쟁으로, 점주들에게 유리한 방향의 프랜차이즈 경쟁이 비로소 시작된다.

여기까지만 해도 상당한 진척이 될 것이다. 그러나 기자는 여기서 만족하지 않는다. 면적당 매출은 '정보공개서 기재 의무화'를 통해 제도화됐지만 다점포율은 아직 제도화되지 않았다. 4년째 기자 혼자 조사 중이고 2017년부터는 매경이코노미 나건웅 후배 기자가 힘을 보탰다. 마음 같아선 모든 브랜드를 다 조사해서 공개하고 싶지만 프랜차이즈 본사들의 비협조적 태도와 시간적, 물리적, 체력적 한계로 인해 힘에 부친다. 면적당 매출처럼 다점포율도 정보공개서 기재가 의무화돼 모든 프랜차이즈 점주들의 알 권리가 보장되는 날이 하루 속히 오길 고대한다.

다점포율로 보는 2018년 프랜차이즈 트렌드

디저트, 생활용품, 스크린야구 뜨고 편의점, 커피, 외식 지고

창업 시장 트렌드를 가장 잘 반영할 수 있는 지표는 없을까. 주요 브랜드의 기존 점주들은 과연 얼마나 만족하고 있을까. 이런 고민 끝에 기자는 '다(多)점포율'을 고안해냈다. 다점포율이란 프랜차이즈의 전체 가맹점 중 점주 한 명이 2개 이상 다점포를 거느리는 경우의 수다. 1개 점포를 해보고 꽤나 만족스러우니 같은 브랜드의 점포를 추가 출점했을 터. 따라서 다점포율이 높을수록 해당 브랜드에 대한 점주들의 만족도나 신뢰도가 높다고 볼 만하다.

다점포율은 전체 가맹점포 수 대비 다점포 수(점주가 복수 점포를 거느린 경우의 총합) 비율로 계산했다. 가령 전체 가맹점이 100개인 프랜차이즈에서 A점주가 2개 점, B점주가 3개 점, 나머지 점주 95명이 각 1개 점씩 운영 중이라면 이 프랜차이즈의 다점포율은 5/100=5%가 된다. 직영점은 계산에서 제외했다.[1]

일반 점주가 '생계형 점주'라면 다점포 점주는 '투자형 점주'다. 일반 점주보다 자본력과 정보력, 본사와의 협상력 등이 월등히 높고 시장 트렌드에도 관심이 많다. 다점포 점주는 사업 전망에 따라 언제든 점포를 늘리거나 줄이며 시장 트렌드에 탄력적으로 대응한다. 다점포율이 프랜차이즈 시장의 트렌드를 더 잘 보여주는 지표로 주목받는 이유다.

최근 국내 프랜차이즈 산업 규모가 커지고 다점포를 거느리는 점주들도 늘어나면서 그 중요성이 점점 커지고 있다. 실제 같은 브랜드 점포를 2개, 3개, 심지어 10개 이상 운영하는 다점포 점주들이 적잖다. 트렌드에 맞는 알짜 브랜드라면 점포를 여럿 늘려서 수익을 극대화하려는 전략일 테다. 특히 요즘은 소비자들이 검증된 프랜차이즈 브랜드를 선호하고, 점포가 여럿이더라도 '풀오토(Full-auto)'로 운영할 수 있게 시스템이 발달했다. 전문가들이 갈수록 다점포 점주가 많아질 것으로 내다보는 배경이다.

물론 다점포율도 약점은 있다. 점주 만족도와는 별개로 업종 특성이나 본사 출점 전략에 따라 다점포 출점이 제한되는 경우도 적지 않기 때문이다. 새마을식당, 한신포차 등을 운영하는 더본코리아가 대표적인 경우다. 더본코리아는 "2호점 개설에 대해 엄격히 평가, 제한하고 있기 때문에 그 수가 극비 미비한 상황"이라고 밝혔다. 굽네치킨도 "창업 초

---

1   다점포 수는 기본적으로 명의자가 같은 점포를 기준으로 했다. 부부, 자녀 등 가족이나 친구, 후배 등 지인이 운영하는 점포까지 포함하면 다점포율은 훨씬 높아진다. 가족이나 지인이 점포를 추가 출점한 것은 기존 점주가 브랜드에 만족해서 추천을 했기 때문이므로 사실상 다점포 운영 사례라고 볼 수 있다. 그러나 가족과 지인 점포를 구분하지 못하는 프랜차이즈가 적잖아 데이터 확보가 어려운 곳이 많았다. 다점포율이 실제로는 훨씬 더 높을 수 있지만, 공정한 비교를 위해 가장 보수적인 기준으로 다점포율을 산출한 것이다.

기에는 다점포가 많았지만 요즘은 일부러 안 내주는 추세다. 두 개 이상 점포를 운영하면 집중력이 흩어져 매출이 떨어지는 사례가 발생했기 때문"이라고 전했다.

따라서 다점포율이 낮다고 무조건 수익성이나 점주 만족도가 낮다고 보긴 어렵다. 다만, 다점포율 변화를 보고 시장 트렌드 변동을 읽어내는 참고 자료로 활용하는 것이 바람직하다.

○ 2018년 프랜차이즈 다점포율

〈단위: 개, %, %포인트〉

| 구분 | 상호 | 총점포 | 직영점 | 가맹점 | 다점포 | 다점포율 | | | | 증감 |
						2018년	2017년	2016년	2015년	
편의점	세븐일레븐	9,099	109	8,990	2,911	32.4	25.4	24.4	20.1	7
	GS25	1만 2,065	134	1만 1,931	3,720	31.2	31.3	34.7	31.8	-0.1
	CU	1만 2,085	137	1만 1,948	3,689	30.9	37	40.9	39.9	-6.1
	미니스톱	2,420	65	2,355	553	23.5	26.2	23.3	20.9	-2.7
	이마트24	2,330	114	2,216	162	7.3	7.8	7.1	1	-0.5
피자	파파존스	123	38	85	45	52.9	54.4	49.2	–	-1.5
	피자알볼로	270	11	259	81	31.3	27.1	–	–	4.2
	피자헛	322	0	322	89	27.6	27.5	9.5	37.1	0.1
	미스터피자	337	20	317	68	21.5	24.5	32	40.1	-3
	도미노피자	440	110	330	비공개	비공개	비공개	38.9	36.7	추후
커피	마노핀	43	28	15	6	40	40	22.2	–	0
	이디야커피	2,052	9	2,043	568	27.8	33.6	29.2	27.8	-5.8
	엔제리너스	793	103	690	162	23.5	46.4	27.5	29.8	-22.9
	빽다방	541	3	538	97	18	비공개	–	–	–
	커피랑도서관	43	5	38	6	15.8	11.1	–	–	4.7
	파스쿠찌	439	39	400	50	12.5	12.6	16.1	–	-0.1
	드롭탑	218	6	212	23	10.8	11.3	–	–	-0.5
	탐앤탐스	448	55	393	31	7.9	8.9	11.2	17.4	-1
	투썸플레이스	904	53	851	64	7.5	8.6	9.6	–	-1.1
	셀렉토커피	204	1	203	4	2	1.5	–	–	0.5
	커피베이	447	4	443	4	0.9	0.5	1.7	0.5	0.4
	요거프레소	792	0	792	0	0	1.3	1	–	-1.3

| 구분 | 상호 | 총점포 | 직영점 | 가맹점 | 다점포 | 다점포율 | | | | 증감 |
						2018년	2017년	2016년	2015년	
저가주스	쥬씨	795	5	790	56	7.1	17.5	–	–	-10.4
외식	에머이	79	5	74	40	54.1	–	–	–	–
	한촌설렁탕	76	8	68	23	33.8	36.7	36.7	36.7	-2.9
	하남돼지집	208	9	199	62	31.2	40	40.0	43.3	-8.8
	포메인	134	1	133	40	30.1	31.8	31.8	32.5	-1.7
	유가네닭갈비	143	2	141	36	25.5	24.8	14.4	14.7	0.7
	원할머니보쌈족발	262	5	257	47	18.3	10.7	18.2	13.5	7.6
	박가부대	144	2	142	8	5.6	3.2			2.4
	큰맘할매순대국	390	0	390	50	12.8	–	–	20.6	-8.3
	본죽	1,170	3	1,167	125	9.1	17.4	13	9.3	
	본죽&비빔밥카페	214	7	207						2.4
	오니기리와이규동	93	2	91	2	2.2	2.8	–	–	-0.6
	그램그램	220	0	220	0	0	–	–	–	–
패스트푸드	롯데리아	1,357	135	1,222	278	22.7	24.6	26.5	28.2	-1.9
	버거킹	294	205	89	10	11.2	비공개	–	4.3	–
	써브웨이	282	0	282	31	11	16.4	12.6	10.8	-5.4
	파파이스	94	15	79	6	7.6	9	10.4	8.3	-1.4
	맘스터치	1,061	0	1,061	70	6.6	6.6	–	–	0
생활용품	양키캔들	142	17	125	49	39.2	37	31	16.3	2.2
	다이소	1,200	750	450	55	12.2	12.4	14.1	6.3	-0.2
디저트	스무디킹	109	29	80	26	32.5	15.6	–	15.4	16.9
	옥루몽	17	0	17	5	29.4	26.3	4.5	–	3.1
	오가다	92	14	78	12	15.4	15.4	–	–	0
	던킨도너츠	724	175	549	80	14.6	8.5	14.1	–	6.1
	설빙	441	7	434	49	11.3	4.8	5.7	–	6.5
	배스킨라빈스	1,316	90	1,226	50	4.1	3.8	3.2	–	0.3
도시락	본도시락	286	4	282	24	8.5	9.6	10.3	7.7	-1.1
	한솥	692	5	687	28	4.1	6.3	8.4	7.5	-2.2
빵	브레댄코	72	5	67	17	25.4	32.8	26.9	24	-7.4
	파리바게뜨	3,440	47	3,393	400	11.8	6.7	6.8	6.9	5.1
	뚜레쥬르	1,336	16	1,320	110	8.3	7.8	8	9	0.5
주점	생활맥주	96	6	90	8	8.9	–	–	–	–
	청담동말자싸롱	250	4	246	6	2.4	9.2	–	–	-6.8
김밥	바르다김선생	181	4	177	19	10.7	5.5	3.6	–	5.2
	김가네	435	1	434	43	9.9	7.1	7.5	5.6	2.8

구분	상호	총점포	직영점	가맹점	다점포	다점포율				증감
						2018년	2017년	2016년	2015년	
치킨	BBQ치킨	1,490	16	1,474	165	11.2	2.8	10.2	9.8	8.4
	bhc치킨	1,450	0	1,450	80	5.5	6.5	3.4	3.2	-1
	호식이두마리치킨*	940	2	938	44	4.7	0	-	-	4.7
	교촌치킨	1,015	0	1,015	12	1.2	1.6	7.7	7.4	-0.4
	굽네치킨	993	1	992	0	0	0	0	0	0
세탁	크린토피아	2,494	87	2,407	71	2.9	4.1	1.1	0.9	-1.2
떡볶이	신전떡볶이	565	8	557	50	9	-	-	-	-
	죠스떡볶이	285	1	284	11	3.9	3.2	3.5	7.9	0.7
	국대떡볶이	80	4	76	2	2.6	0	0	1.9	2.6
	두끼떡볶이	127	1	126	3	2.4	-	-	-	-
문구	모닝글로리	305	4	301	6	2	2	2	1.9	0
프리미엄 독서실	그린램프라이브러리	31	7	24	9	37.5	47.6	-	-	-10.1
	온더데스크	71	1	70	11	15.7	16.3	18.2	-	-0.6
	토즈스터디센터	299	8	291	25	8.6	16.6	24.4	-	-8
힐링카페	미스터힐링	64	1	63	13	20.6	11.4	-	-	9.2
코인 노래방	슈퍼스타	53	0	53	4	7.5	-	-	-	-
	세븐스타	105	1	104	4	3.8	-	-	-	-
스크린 야구	스트라이크존	136	3	133	36	27.1	33.3	-	-	-6.2
	리얼야구존	178	4	174	40	23	14.3	-	-	8.7
모텔	야놀자	127	7	120	38	31.7	31.1	20	-	0.6
	여기어때	20	1	19	6	31.6	-	-	-	-

* 가족 포함 기준
2017년 3분기 말 기준

디저트 · 김밥 · 스크린야구 '맑음'
설빙 '왕의 귀환', 김가네 '승승장구'

2017년에 점주들로부터 '앙코르'를 가장 많이 받은 프랜차이즈는 어디일까. 결론부터 얘기하면 업종별로 디저트, 김밥, 생활용품, 스크린야구, 힐링카페 등은 뜨고 편의점, 피자, 커피전문점, 외식, 패스트푸드, 주점, 저가 주스 등은 지는 흐름이다. 다점포율이 감소한 업종이 증가한 업종보다 훨씬 많다는 점에서, 자영업 시장 전반에 위기감이 엿보인다.

디저트 업종에선 배스킨라빈스, 스무디킹, 설빙의 다점포율이 올랐다. 최근 디저트 시장의 급성장을 단적으로 보여주는 장면이다. 특히, 설빙은 '왕의 귀환'이 따로 없다. 2016년 쥬씨, 쥬스식스 등 저가 주스의 등장으로 여름 디저트 시장에서 가성비에 밀려 고전했는데, 2017년 저가 주스 시장이 위축되면서 다시 인기를 얻고 있다. 멜론, 복숭아 등 여름 과일을 이용한 신메뉴가 매출 상승을 견인했다. 수년째 이어지는 역대급 무더위도 한몫했다는 평가다.

단, 가맹점 감소는 부정적 신호다. 설빙의 다점포가 2016년 22개에서 2017년 49개로 두 배 이상 늘었지만, 전체 가맹점은 459개에서 434개로 25개 줄었다. 일부 점주들의 폐업 물량을 기존 점주들이 인수해 다점포 점주가 됐을 가능성이 제기된다.

던킨도너츠도 비슷하다. 다점포가 56개에서 80개로 24개 늘었지만, 가맹점은 655개에서 549개로 106개나 감소했다. 다점포율이 급상승한 이유가 가맹점 대폭 감소에 기인한다면 긍정적으로 보기 어렵다.

스무디킹은 가맹점과 다점포가 모두 늘었다. 가맹점은 68개에서 80개로, 다점포는 15개에서 26개로 각각 증가했다. 덕분에 스무디킹도 한동안 다점포율이 15~16%대로 정체 상태였는데 이번에 32.5%로 두 배 이상 급등했다. 다양한 가맹점 지원 제도를 통해 가맹점과의 신뢰 관계가 구축된 게 주효했다는 게 회사 설명이다. 스무디킹 관계자는 "스무디킹은 매출이 안 나오거나 뜻밖의 사고를 당한 가맹점에 대해 신규 인테리어 비용 등 각종 지원을 한다. 일례로 동탄 메타폴리스에 화재가 났을 때 가맹점은 직접적인 화재 피해는 없었지만, 화재 점검으로 인해 한 달간 영업에 차질을 빚어 물품 등 다양한 지원을 했다. 디저트 시장 확대에 따른 수혜도 물론 영향을 미쳤다"고 전했다.

한방차 전문 오가다도 다점포율은 15.4%로 전년과 똑같았지만 내용은 더 좋아졌다. 가맹점과 다점포가 65개, 10개에서 78개, 12개로 함께 늘어 다점포율이 유지됐다. 오가다는 같은 기간 직영점도 13개에서 14개로 1개 늘었다. 본사도 사업 전망을 밝게 보고 직접 투자를 늘렸다는 얘기다.[2] 최승윤 오가다 대표는 "직영점의 또 다른 기능은 인재 육성이다. 오가다는 슈퍼바이저는 물론, 다른 부서 직원들도 웬만하면 직영점 출신을 뽑는다. 현장에서 직접 고객을 상대해봐야 점주들에게 제대로 된 조언을 해줄 수 있기 때문"이라며 "가맹으로 임대차 계약이 안 되는

---

2   교촌치킨, 굽네치킨, bhc, 맘스터치 등은 가맹점이 1,000개가 넘는데도 직영점은 하나도 운영하지 않는다. 모든 매장을 점주들의 투자로만 출점, 운영하고 있다. 직영점은 본사가 가맹점에 새로운 상품이나 서비스를 도입하기 전 테스트 매장으로서의 역할을 한다는 점에서 꼭 필요하다고 본다.

특수상권이나 수수료가 높은 매장에 홍보 목적으로 안테나숍을 출점하는 것도 직영점이 많은 이유 중 하나"라고 말했다.

던킨도너츠는 다점포율이 2016년 8.5%에서 2017년 14.6%로 급상승했지만 착시 현상을 주의해야 한다. 다점포가 56개에서 80개로 늘었다는 점은 일단 긍정적이다. 그러나 같은 기간 가맹점은 655개에서 549개로 100개 이상 급감했다. 기존 가맹점이 폐업한 물건을 다른 가맹점주가 헐값에 인수해 다점포를 늘린 것으로 추정된다. 이런 경우는 다점포율이 올라도 지속되기 힘들다는 점에서 주의가 필요하다. 가맹점과 다점포가 동시에 늘어 다점포율도 상승하는 모양이 가장 바람직하다.

'한국인의 영원한 간편식' 김밥도 주요 브랜드인 김가네(7.1%→9.9%)와 바르다김선생(5.5%→10.7%)의 다점포율이 모두 올랐다. 김가네는 가맹점과 다점포가 425개, 30개에서 434개, 43개로 각각 9개, 13개 늘어 순조로운 성장세를 보였다. 반면, 바르다김선생은 다점포는 증가했지만(10개→19개) 가맹점이 다소 줄어(182개→177개) 상대적으로 다점포율이 급등했다. 생계형 점주는 일부 폐점하고 투자형 점주는 추가 출점한 것으로 보인다.

힐링카페 1위 '미스터힐링'도 다점포율이 11.4%에서 20.6%로 2배 가까이 급등했다. 가맹점이 35개에서 63개로 2배가량 느는 동안, 다점포는 4개에서 13개로 3배 이상 급증한 덕분이다. 힐링카페는 그간 소셜커머스 등에서 B2C 고객을 상대로 영업했지만, 앞으로는 B2B 영업을 더 강화한다는 복안이다. 이상목 미스터힐링 대표는 "힐링은 내 돈으로 하기보다는 남이 선물해 줄 때 더 기분이 좋다. 때문에 대기업들이 직원들에 대한 복지 선물로 미스터힐링 이용권을 나눠주도록 기업 상대 영업에 힘을 쏟고 있다. 실제 내로라하는 대기업과 공기업을 상대로 성과가 나고 있다. 최근 미스터힐링 전용 휴식문화상품권을 출시한 것도 같은 맥락이다. 휴식전문기업으로서 '힐링을 선물하는 문화'를 만들어나갈 것"이라고 전했다.

스크린야구 시장도 다점포가 급증했다. 다점포율만 보면 리얼야구존은 8.7%포인트 증가하고(14.3%→23%) 스트라이크존은 6.2%포인트 감소한 것(33.3%→27.1%)으로 집계된다. 그러나 역시 착시 현상이 있다. 스트라이크존은 다점포가 27개에서 36개로 9개 늘어난 반면, 같은 기간 가맹점이 92개에서 133개로 41개나 급증했다. 즉, 스트라이크존 가맹점 증가 속도가 다점포보다 빨라 상대적으로 다점포율이 감소한 것. 반면, 리얼야구존은 가맹점이 126개에서 174개로 48개 급증했고, 이 중 다점포는 18개에서 40개로 2배 이상 증가해 다점포율도 급등했다.

편의점 · 피자 · 커피 · 패스트푸드 '흐림'
CU · 하남돼지집 · 토즈 다점포율 급락

반면, 편의점은 세븐일레븐을 제외한 4사가 모두 다점포율이 급감했다. 특히, 1만 개 이상 점포로 업계 1위, 2위인 CU와 GS25는 전년에 이어 연속으로 다점포율이 줄었다. GS25는 31.3%에서 31.2%로 0.1%포인트 감소하는 데 그쳤지만, CU는 37%에서 30.9%로 6.1%포인트나 급감했다. 미니스톱과 이마트24도 전년 대비 각각 2.7%포인트, 0.5%포인트 감소했다. 편의점은 5사 모두 가맹점이 급증하고 있는데도 기존 점주들은 가게를 정리하고 있다는 점에서 창업 전망에 빨간불이 켜졌다는 평가다.

피자와 외식업도 고전을 면치 못했다. 피자는 미스터피자와 파파존스의 다점포율이 각각 3%포인트, 1.5%포인트 감소했다. 피자는 가격대가 2만 원대 이상으로 높고 양도 많아 1인 가구 증가 트렌드의 수혜를 보지 못하는 대표 업종으로 꼽힌다. 단, 피자알볼로는 27.1%에서 31.3%로 4.2%포인트 늘어 눈길을 끈다. 이재욱 피자알볼로 대표는 "가성비 트렌드가 위세를 떨칠 때 프리미엄 수제피자 전략을 채택한 역발상이 효과를 본 것 같다"고 자랑했다.

2015년에 뜨거웠던 프리미엄 독서실은 2016년에 이어 2017년에도 다점포율이 확연한 감소세를 보였다. 그린램프라이브러리가 10.1%포인트(47.6%→37.5%), 토즈스터디센터가 8%포인트(16.6%→8.6%) 줄었다.

외식업도 대부분 마이너스다. 그나마 원할머니보쌈족발과 박가부대, 유가네닭갈비가 선방했다. 다점포율이 각각 전년 대비 7.6%포인트, 2.4%포인트, 0.7%포인트 늘어 18.3%, 5.6%, 25.5%를 기록했다.

원할머니보쌈족발과 박가부대는 원앤원주식회사가 운영한다. 보쌈, 부대찌개는 너무 익숙한 먹거리여서 자칫 고루해 보이기 쉬운데, 최근 신논현역 먹자골목에 '원래족발' 등 신규 브랜드를 내며 적극적인 마케팅을 벌인 게 주효했다는 평가다. 유가네닭갈비도 닭갈비 업계 1위 브랜드로서 꾸준한 네임밸류를 유지하고 있는 데다, 인기 배우 임시완 씨를 2017년 전속 모델로 발탁하는 등 마케팅에 공을 들인 보람이 있었다. 유가네닭갈비 관계자는 "어려운 외식 환경을 고려해 브랜드 홍보를 위한 마케팅비는 점주 분담금 없이 본사가 전액 부담한다"고 귀띔했다.

한편, 다점포율이 전년과 대동소이한 업종도 여럿이다. 세탁, 문구, 떡볶이, 도시락, 치킨, 모텔 등은 다점포율이 전년 대비 다소 늘거나 줄었지만 변동 폭은 2%포인트 안팎에 그쳤다. 모텔의 경우 여기어때는 2017년에 가맹 사업을 본격화해 비교 대상이 없고, 야놀자는 전년 대비 다점포율이 0.6%포인트 상승했을 뿐이다. 최근 숙박앱의 성매매와 부정 후기 삭제 논란이 이어지자 추가 출점을 자제하고 내실 다지기에 돌입한 결과다. 이수진 야놀자 대표는 "지금도 기존 점주들의 추가 출점 문의가 잇따르지만 모두 보류하고 있다. 성급한 사세 확장보다는 원래 목표였던 모텔 시장 양성화가 더 급선무라 판단했기 때문"이라고 설명했다. 실제 야놀자 다점포는 38개로 전년과 동일했고, 가맹점만 113개에서 120개로 7개 늘렸다.

면적당 매출로 보는
'가장 장사 잘한 프랜차이즈'

☀ GS25 · 교촌치킨 · 김가네… 업종별 1위 우뚝

> ❝
> 2017년 발표된 정보공개서부터 '면적당 매출' 신설
> 편의점 면적당 매출 GS25, 미니스톱, 세븐일레븐 순
> CU, 가맹점 수 가장 많아도 가맹점 매출은 4위 그쳐
> ❞

프랜차이즈 창업 전 꼭 해야 하는 일, 바로 관심 있는 브랜드의 정보 공개서를 꼼꼼히 들여다보는 것이다. 정보공개서는 상장기업으로 치면 '사업보고서'다. 프랜차이즈의 가맹점 수와 가맹본부 매출, 가맹점당 평균 매출 등 핵심 경영 정보가 들어 있다.

2017년 7~8월에 발표된 2016년 말 기준 정보공개서부터는 새로운 정보가 추가됐다. '가맹점 면적(3.3제곱미터)당 평균 매출액(면적당 매출)'이다. 점포당 매출은 낮아도 면적당 매출이 높다면 그 브랜드는 더 효율적으로 장사를 했을 가능성이 높다. 다른 브랜드보다 더 작은 점포에서 더 높은 매출을 거뒀다는 뜻이기 때문이다. 국내 프랜차이즈 중 가장 장사

를 잘한 브랜드는 어디일까.

업종별 장사 잘한 브랜드는
미니스톱, CU보다 20% 이상 짭짤

먼저 편의점 업종에선 '만년 2위'였던 GS25가 당당히 1위를 차지했다. 비록 가맹점 수는 CU보다 다소 적지만, 점포당 매출(6억 7,922만 원)과 면적당 매출(3,719만 원) 모두 압도적인 1위였다. 2위는 뜻밖에도 미니스톱(면적당 매출 3,370만 원). 이어 세븐일레븐(3,005만 원), CU(2,781만 원), 이마트24(2,258만 원) 순이었다. GS25 관계자는 "가맹점을 열 때 매출이 잘 나오는 곳인지 꼼꼼히 살피는 것은 물론, 본부 차원에서 마케팅을 적극적으로 한 게 주효했던 것 같다. 편의점 중 유일하게 통신사 할인을 KT와 LG유플러스 2개 사와 하는 게 대표적인 예다. 이동 거리가 비슷하면 통신사 할인 10%를 받기 위해 GS25로 오는 고객이 적잖다"고 자랑했다. 미니스톱은 가맹점 수는 적지만 면적당 매출은 업계 1위 CU보다 20% 이상 높았다(단, CU는 창고 등 기타 공간을 면적에 포함하고 미니스톱은 포함하지 않았다). 치킨 등 즉석 패스트푸드와 소프트아이스크림을 특화한 게 부가 매출로 이어졌다는 평가다.

치킨 업종에선 업계 1위인 교촌치킨이 역시 돋보였다. 점포당 매출(5억 74만 원)과 면적당 매출(3,274만 원) 모두 넉넉히 앞섰다. 이어 BBQ(2,771만 원), 호식이두마리치킨(2,404만 원), 처갓집양념치킨(2,148만 원), 굽네치킨(2,001만 원), bhc(약 1,800만 원) 순이었다.

○ 프랜차이즈 가맹점 '면적당 매출'

〈단위: 만 원〉

업종	브랜드	점포당 매출	면적(3.3㎡)당 매출
편의점	GS25	6억 7,922	3,719
	미니스톱	6억 4,099	3,370
	세븐일레븐	4억 9,938	3,005
	CU	6억 1,682	2,781
	이마트24	4억 475	2,258
치킨	교촌치킨	5억 74	3,274
	BBQ*	3억 7,159	2,771
	호식이두마리치킨	3억 2,913	2,404
	처갓집양념치킨	2억 5,870	2,148
	굽네치킨	2억 9,183	2,001
	bhc	3억 2,000	1,800
	네네치킨	2억 2,662	1,577
	페리카나치킨	1억 1,824	900
커피	쥬씨	2억 2,827	2,172
	이디야	2억 3,130	1,020
	요거프레소	1억 551	696
디저트	배스킨라빈스	4억 6,518	2,614
	던킨도너츠	2억 8,599	1,609
세탁	크린토피아	1억 348	939
생활용품	양키캔들	2억 615	1,824
빵	브레댄코	4억 5,379	2,754
	파리바게뜨	6억 6,420	2,531
	뚜레쥬르	4억 5,887	1,932
외식	김가네김밥	3억 7,144	2,545
	죠스떡볶이	2억 3,903	2,098
	바르다김선생	3억 3,587	1,901
	하남돼지집	7억 6,454	1,872
	본죽	2억 145	1,692
	맘스터치	4억 3,639	1,559
	원할머니보쌈족발	5억 1,225	1,553
	본죽&비빔밥카페	3억 1,458	1,514
	유가네닭갈비	4억 878	962
모텔	야놀자	4억 706	114

* 2016년 말 기준(BBQ는 2015년 말 기준)
* bhc는 근사치

자료: 공정거래조정원, 각 사

외식 업종에선 김가네김밥의 면적당 매출이 2,545만 원으로 가장 높다. 같은 분식 브랜드인 죠스떡볶이(2,098만 원), 바르다김선생(1,901만 원)보다 20~30% 이상 높았다. 이어 하남돼지집(1,872만 원), 본죽(1,692만 원), 맘스터치(1,559만 원), 원할머니보쌈족발(1,553만 원), 본죽&비빔밥카페(1,514만 원) 순이었다.

재미있는 건 같은 계열사인 본죽과 본죽&비빔밥카페의 엇갈린 매출이다. 점포당 매출만 보면 본죽&비빔밥카페(3억 1,458만 원)가 본죽(2억 145만 원)보다 56% 높다. 당연한 결과다. 본죽&비빔밥카페는 기준 매장 면적이 16평으로, 10평인 본죽보다 60% 크기 때문. 단, 면적당 매출은 본죽이 본죽&비빔밥카페보다 10% 이상 높다. 같은 면적이면 본죽이 더 장사를 잘했다고 볼 수 있는 대목이다.

면적당 매출 비교 시 주의할 점
상권 · 창업 비용 · 마진율 꼼꼼히 따져봐야

면적당 매출도 약점은 있다. '창업 비용'이란 변수가 여전히 고려되지 않는다. 가령 교촌치킨이 굽네치킨보다 면적당 매출은 60% 이상 높지만, 교촌치킨을 카페형 매장으로 창업했다면 그만큼 창업 비용도 높아지므로 실제 수익성은 달라질 수 있다. 카페형 매장은 점포가 크고 입지도 중요해 보증금, 권리금, 임차료가 모두 더 들기 때문이다.

또, 수도권 중심으로 출점한 브랜드와 지방 위주로 출점한 브랜드의 면적당 매출이 대동소이하다면 후자의 수익성이 더 높을 수 있다. 지방이 수도권보다 상대적으로 창업 비용이 저렴하기 때문이다.

　마진율도 따져봐야 한다. 가령 커피·주스 업종에선 쥬씨의 면적당 매출(2,172만 원)이 이디야(1,020만 원), 요거프레소(696만 원)보다 2~3배 높다. 그러나 객단가나 판매당 마진율은 반대로 요거프레소, 이디야, 쥬씨 순이다.

　기타 업종도 마찬가지. 양키캔들(1,824만 원)이 배스킨라빈스(2,614만 원)보다 면적당 매출은 낮지만 매출총이익률은 더 높아 실제 수익성은 달라질 수 있다. 즉, 높은 매출의 비결이 박리다매라면, 점주가 바쁘게 일하고도 정작 수익성은 더 낮을 수 있으니 주의해야 한다. 실제 편의점도 매출은 전 업종을 통틀어 가장 높지만 수익성은 가장 낮은 업종으로 분류된다.

　매출 산정 기준이 브랜드마다 조금씩 다른 점도 주의해야 한다. 가령 치킨 업종은 POS 시스템 문제로 가맹본부가 가맹점 매출을 100% 집계하지 못한다. 때문에 가맹본부들은 각기 다른 공식으로 가맹점 매출을 '추산'한다. 보통은 물품 공급액의 2~2.5배로 추산하지만 예외도 적잖다. 가령 BBQ는 가맹점 타입에 따라 물품 공급액의 2.7~4.3배, 페리카나는 공급 수량×권장소비자가격, 교촌치킨은 공급 물량×평균 판매가로 계산한다. bhc 관계자는 "추산 방식이 제각각이어서 정보공개서상의 면적당 매출을 단순 비교하는 건 바람직하지 않다. 가맹본부 매출 등 다양한 지표를 함께 봐야 한다"고 강조했다.

　이처럼 면적당 매출 외에 고려할 변수는 적지 않다. 그럼에도 전문가들은 창업 전 브랜드별 면적당 매출을 살펴볼 것을 권한다. 가맹본부가 제공하는 몇 안 되는 수익성 관련 지표인 데다 점포당 매출보다 더 세분화된 수치기 때문. 무엇보다 면적당 매출을 비교하는 건 국내 프랜차이즈 산업 발전을 위해서도 의미가 있다. 점포 수로 경쟁하는 현행 방식은 출점 경쟁을 과열시켜 점주 수익성을 떨어뜨리지만, 면적당 매출로 경쟁하게 되면 점주 매출을 끌어올리기 위한 선의의 경쟁이 될 수 있다는 이유에서다.

강병오 FC창업코리아 대표는 "상장사는 분기별로 실적을 발표하고 주가도 매일 공개된다. 그러나 프랜차이즈는 상장사가 거의 없어 1년에 한 번 발표되는 정보공개서가 거의 유일한 비교 잣대다. 그것도 전년 정보공개서가 이듬해 7~8월에 늦게 공개돼 시의성이 떨어진다. 이런 이유에서 어느 브랜드의 점포 수가 많은지로 업계 순위가 매겨져 온 것"이라며 "그러나 이는 소모적인 출점 경쟁으로 이어져 점주에게 오히려 피해를 준다. 면적당 매출 비교를 통해 어디가 장사를 더 잘했는지로 비교하는 게 바람직하다"고 말했다.

갈수록 빨라지는 트렌드 변화 속도

∷ '단타'냐 '장투'냐, 그것이 문제로다

> 66
>
> 트렌드 변화 주기 2~3년에서 3~6개월로 짧아져
> '황혼의 글쓰기'에서 '대낮의 글쓰기' 시대로
> 보편적 아이템으로 장투 or 트렌드 따라서 단타
>
> 99

　요즘 유통업계와 프랜차이즈 시장을 취재하면서 자주 듣는 얘기가 있다. 트렌드를 예측하기는커녕, 눈에 보이는 트렌드를 좇기도 힘들다는 것이다. 뭐 하나 유행이다 싶어 모방하려 하면 금세 바뀌어 있다 보니 투자 시점을 찾기 어렵다는 하소연이다. 업계에서 기자가 체감하는 트렌드 변화 주기는 2000년대에 2~3년이었다면 2010년대 초기엔 1~2년, 2010년대 중반엔 6개월~1년, 요즘은 3~6개월인 것 같다. 이처럼 트렌드 변화 속도는 갈수록 빨라지는 추세다. 스타벅스가 한시적 신메뉴로 내놓은 '슈크림 라떼'가 인기를 끌자 정규 메뉴 승격을 검토했지만, 3개월도 안 돼 인기가 시들해져 승격을 포기한 사례가 대표적이다.

트렌드를 좇는 건 모든 업계가 마찬가지. 출판업계도 그중 하나다. 최근 트렌드 변화에 대해 민음사 대표를 지낸 장은수 편집문화실험실 대표의 통찰이 드러난 글이 있어 전하고자 한다.[3]

이분은 요즘 출판 시장이 '황혼의 글쓰기'에서 '대낮의 글쓰기'로 옮겨가고 있다고 말한다. 이게 무슨 뜻일까. 과거에는 책을 쓸 때 보통 사건이 완전히 종결되고, 그에 관한 지식이 체계적으로 정리된 뒤 기록을 했다. 대표적인 예는 '교과서'다. 교과서는 보통 역사적 사건이나 현상에 대해 학자들의 연구가 마무리되고, 어느 정도 사회적 합의가 이뤄진 것만 다루니 말이다. 이런 글쓰기를 '황혼의 글쓰기'라 할 수 있다.

그런데 요즘은 사회 변화 속도가 엄청나게 빨라졌다. 어떤 사건에 대해 글을 쓰려고 예전처럼 그 사건이 종결되고 사회적 합의가 이뤄지길 기다리다 보면 이미 그건 너무 오래전 얘기가 돼버린다. 그동안 사회는 새롭게 변해서 그 사건에 대한 지식이 쓸모가 없어지게 된다. 지식의 '유효기간'이 짧아진 것이다. 이제는 사건이 일어나고 있는 대낮에, 즉, '사건의 한복판'에서 글쓰기를 시도해야 한다. 이게 바로 '대낮의 글쓰기'다.

트렌드에 민감한 프랜차이즈 시장도 이런 변화의 물결을 정면으로 맞고 있다.

기자는 공정거래조정원 정보공개 청구를 통해, 2007년 이후 10년간 유행했던 프랜차이즈 브랜드의 가맹점 수가 어떻게 변화해왔는지 분석

---

3 출처: blog.naver.com/khhan21

해봤다. 그 결과, 2000년대 중반에 인기를 끈 브랜드들이 가맹점이 늘어나다가 줄어들기 시작하는 데까지 걸리는 기간, 즉, 인기가 시드는 데 걸린 기간은 보통 5~6년이었다. 그런데 2010년대 초반 유행한 브랜드들은 이 주기가 3~4년, 1~2년으로 단축되더니 요즘은 1년도 채 안 돼서 '반짝' 떴다 지는 것으로 확인됐다.

주목할 점은 인기를 '잃는 속도'와 '얻는 속도'가 모두 빨라졌다는 것이다. 과거에는 가맹점 수 변화를 그래프로 그리면 우상향 곡선이 완만하게 그려지다가 또 서서히 우하향 곡선을 그리며 떨어졌다. 요즘은 아주 가파른 우상향 직선이 수직 상승하다가 금세 우하향 직선으로 수직 낙하해 뾰족한 산 모양의 그래프가 그려진다(그래프 참조). 과거보다 유행

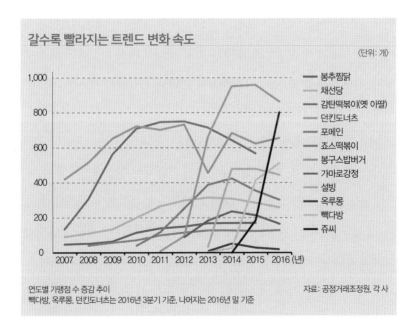

갈수록 빨라지는 트렌드 변화 속도

〈단위: 개〉

— 봉추찜닭
— 채선당
— 감탄떡볶이(옛 아딸)
— 던킨도너츠
— 포메인
— 죠스떡볶이
— 봉구스밥버거
— 가마로강정
— 설빙
— 옥루몽
— 빽다방
— 쥬씨

연도별 가맹점 수 증감 추이
빽다방, 옥루몽, 던킨도너츠는 2016년 3분기 기준, 나머지는 2016년 말 기준

자료: 공정거래조정원, 각 사

이 금세 퍼졌다가 금세 가라앉는 현상을 보여준다.

이렇게 트렌드 변화 속도가 점점 빨라지는 이유는 뭘까? 세 가지로 해석할 수 있다.

첫째, IT 기술 발달 때문이다. 스마트폰과 SNS 대중화로 이제 정보는 실시간으로 전파된다. 과거에는 서울과 지방이 유행하는 시차가 1년 정도 걸렸다면, 요즘은 거의 동시에 유행한다. 뽑기방이나 대만카스테라, 저가 주스, 핫도그 같은 것도 서울에서 많이 보인다 싶으면 지방에서도 금방 생겨난다.

일례로 프랜차이즈 가맹점이 500호점을 돌파하는 데 걸리는 기간이 점점 짧아지고 있다. 과거에는 떡볶이, 도너츠, 팥빙수 전문점이 500호점 오픈하는 데 빨라도 2년 걸렸다. 그런데 2016년에는 저가 주스가 1년 만에, 2017년에는 핫도그 프랜차이즈가 겨우 6개월 만에 500호점을 돌파했다. 서울에서 지방으로 유행이 '순차적으로' 퍼져 나갔다면 출점 속도가 이렇게 빠를 수 없다. IT 기술의 발달로 전국에서 '동시에' 출점이 이뤄졌기 때문이라고 봐야 한다.

이는 자영업자에게 기회이자 위기로 다가온다.

먼저 기회인 이유. 트렌드에 부합하는 프랜차이즈를 발견했을 때, 그 가맹점을 전국 곳곳에서 내는 다점포 전략으로 이익을 극대화할 수 있다. 충청도, 전라도, 경상도, 제주도 등에서 두끼떡볶이 3개를 포함해 총 11개의 프랜차이즈 점포를 운영하는 김완엽 다점포 점주가 그런 예다.

다음은 위기인 이유. 경쟁자의 추격 속도가 매우 빨라졌다. 대형 커

준비 없이 자영업에 뛰어든 이들은 반짝 유행하는 아이템을 따랐다가 손해를 보는 경우가 많다. 사진은 2017년 초 잠시 유행하다 금세 사그라든 대만 카스테라점.

피전문점을 4개 운영하던 한 다점포 점주는 최근 장사가 안돼서 1개를 접었다. 그는 "요즘은 새로운 아이템으로 창업해도 경쟁자 없이 1년만 버티면 잘하는 것"이라고 말했다.

트렌드 변화 속도가 빨라지는 두 번째 이유는 '저가 창업'이 늘어난 때문이다.

저가 주스나 핫도그는 창업 비용이 3,000만~5,000만 원 정도밖에 안 된다. 보증금, 권리금을 포함한 총 창업 비용도 대개 1억 원 이하다. 무일푼인 사람도 대출만 받으면 얼마든지 창업에 뛰어들 수 있는 금액이다. 매장도 10평이 안 되는 소형이다 보니 점포를 구하기도 쉽다. 이렇게 곳곳에서 출점이 일어나면 트렌드는 그만큼 빨리 '소비'된다. 소비자 입장에선 금세 질리게 되는 것이다.

이런 프랜차이즈는 절대 조심해야 한다. 가령 명랑핫도그는 2017년 초 한창 인기를 끌자 홈페이지에 '5개월 만에 300호점 돌파' 식으로 빠른 출점 속도를 자랑했다. 그만큼 자사 브랜드가 대세임을 자랑하려는 의도였 겠지만, 사실 이는 결코 자랑이 아니다. 가맹점주 입장에선 그만큼 자신 의 경쟁점이 빨리 늘어나고 있다는 위기의 징표나 마찬가지이니 말이다.

실제 2016년에 폭발적 인기를 끈 저가 주스는 2016년 여름 일 매출이 평균 100만 원을 넘겼지만, 2017년 1월에는 일 매출이 10만 원대까지 떨어졌다. 계절적 비수기 영향과 동시에 저가 주스 매장이 전국에 수천 개로 늘어난 때문이다.

끝으로 셋째, 국내 소비자 취향이 다양화, 개성화되고 있다. 기자는 지난 2016년 5월 쥬스식스를 론칭할 당시 故 강훈 망고식스 대표를 인 터뷰했다. 그가 누군가. 2000년대에 할리스와 카페베네를 연달아 성공 시켜 '커피왕'이라 불린 인물이다. 당연히 커피 시장 트렌드에 대해 누구 보다 잘 알고 있으리라 기대하고 물었다. 그러나 그의 대답은 뜻밖에도 "모르겠다"였다. "과거에는 손님 100명이 와도 메뉴 5~6개 안에서 골랐 는데, 요즘은 100명이 각자 100가지를 찾는다. 도저히 취향을 다 맞출 수가 없다"는 하소연이었다. 돌아보면 아주 솔직한 고백이었다. 그는 결 국 소비자의 취향을 제대로 파악하지 못한 끝에 커피 사업에 실패하고 스스로 세상을 등졌다.

최근 유통업계와 프랜차이즈 현장에선 故 강훈 대표와 같은 고백을 하는 이들이 한둘이 아니다. '소비자가 뭘 좋아하는지 모르겠다', '트렌드가 아예 실종됐다', '트렌드가 없는 것 같다'는 얘기가 곳곳에서 나온다. 실제로 2017년 프랜차이즈 시장에선 이렇다 할 눈에 띄는 신흥 브랜드가 거의 없었다. 다이소, 야놀자, 써브웨이, bhc 등 기존 인기 브랜드가 꾸준히 세를 확장했을 뿐이다. 김상조 공정거래위원장이 프랜차이즈 시장의 갑질 행태를 단속하며 시장이 위축된 영향도 없지 않겠지만, 그것만으로는 설명할 수 없다. 시장은 생물과 같아서 아무리 누르고 억압해도 수요가 있으면 풍선효과를 내서라도 어떻게든 폭발하기 마련이다. 이쯤 되면 소비자 취향이 너무 다양해진 탓에 하나의 큰 트렌드로 수렴되지 않고 작은 물줄기로 분산된 때문이 아닌가 싶다.

물론 그렇다고 해서 앞으로 저가 주스나 핫도그와 같은 신흥 브랜드가 더 이상 나오지 않을 것이라 단정할 수는 없다. 소비자 니즈를 정확히 파악한 아이템이 발달한 IT 기술과 저가 창업 등의 기교와 만나 임계점을 넘으면 얼마든지 새로운 트렌드는 다시 등장할 것이다.

새로운 트렌드를 예측하거나 좇기 어렵다면, 다른 세 가지 방법이 있다.

첫째, 이것저것 다 시도해보는 거다. 2017년에 마케팅 업계에서 유행한 카피는 '너가 뭘 좋아할지 몰라서 다 준비했어~'였다. 소비자 취향이 개성화, 다양화되니 기업들도 선택과 집중을 통한 '소품종 대량 생산' 대신 소비자 선택권을 극대화한 '다품종 소량 생산'으로 전략을 수정한 듯하다. 이런 변화는 가까운 편의점만 가봐도 발견할 수 있다. 생수나 우유 종류가 얼마나 다양해졌는가.

둘째, 그냥 유행을 타지 않는 보편적인 아이템을 선택하되, 정말 뛰어난 맛과 실력으로 승부하는 것이다. 즉, 첫째가 '넓고 얕게'라면 둘째는 '좁고 깊게'에 해당한다. 주식으로 치면 '장투(장기 투자)'다. 일본의 수백 년 된 식당들이 바로 이런 성공 모델이다. 자영업을 정말 장인 수준으로 끌어올릴 자신이 있다면 쉽게 덤비기 어려운, 그러나 한 번 이름을 떨치면 대를 이어 성공가도를 달릴 수 있는 방식이다. 최근 미쉐린가이드와 먹방 열풍은 이런 방식의 성공 가능성을 높이는 환경 요인으로 작용하고 있다고 본다.

셋째, '좁고 얕게' 가는 방식도 있다. 바로 초기 시장을 개척하거나 트렌드를 직접 만드는, '트렌드 세터'가 되는 것이다. 주식으로 치면 '단타 매매'에 가깝다.

일례로 대만카스테라 프랜차이즈를 유행 초기에 선보여 재미를 본 모 대표는 일찌감치 업체를 매각하고 다시 베트남으로 새로운 아이템을 찾으러 다닌다고 한다. 그가 대만카스테라를 몇 달만 늦게 넘겼어도 트렌드 변화의 후폭풍에 직격탄을 맞았을 것이다. 단, 이런 '치고 빠지기' 전략은 주식의 단타 매매만큼이나 쉽지 않은 전략이다. 아무리 전문가라도 빠르게 바뀌는 트렌드를 번번이 맞추기란 어렵기 때문이다. 그저 '트렌드가 오래가지 못할 것'이란 사실을 항상 염두에 두고 출구전략을 깊이 고민해볼 일이다.

핵심 콕! 귀에 쏙!
업종별 트렌드

치킨

☀ 한국인 1등 먹거리… 1인 1닭 시대

2017년 치킨 시장은 그야말로 아수라장이었다. 2017년 초 업체들의 치킨값 인상으로 원가 논란이 인 데 이어 호식이두마리치킨 회장의 성추문 사태까지 덮치면서 연일 도마 위에 올랐다. 기자는 2016년 7월에 출간한 《노기자의 창업트렌드》에서 '치킨값 2만 원 시대'의 도래를 예견한 바 있다. 실제 2만 원 치킨 시대는 업체들의 가격 인상으로 잠시 실현된 듯했으나 정부의 강제적인 가격 조정 압박에 의해 결국 제자리로 돌아갔다.

치킨값 인상에 온 나라가 시끄러운 이 상황을 어떻게 봐야 할까. 결론부터 얘기하면 정부 개입에 의한 치킨값 원상 복귀는 개탄스러운 일이다. 치킨 업체들은 조류인플루엔자(AI)에 따른 생닭 시세 인상을 표면적인 이유로 들었고, 농림부가 여기에 발끈하면서 정부의 압박이 시작됐다. 치킨의 원재료인 생닭값은 2017년 초 1,490원에서 3월 2,590원으로 정점을 찍은 뒤 6월 말 다시 1,690원으로 하락했다(중간 크기 생닭 기준). 물론 농림부의 주장대로 이런 산지 가격 급등락이 치킨 가격에 미치는 영향은 미미하다. 치킨 프랜차이즈 본사는 대부분 연간 단위로 일정한 가격에 닭을 공급받는 선물 계약을 하기 때문이다.

그러나 이런 이유로 지난 8년간이나 동결된 치킨값 인상이 무위로 돌아간 건 뒷맛이 개운치 않다. 일부 업체는 시류에 편승하기 위해 오히려 치킨값을 한시적으로 500~1,000원 낮추는 마케팅까지 벌였다. 치킨 업체들의 전략 부재가 낳은 촌극이 아닐 수 없다. 이들은 치킨값 인상 근거로 애꿎은 생닭 시세가 아닌, 지난 8년간 생활 물가와 임차료 상승에 따른 점주들의 수익성 감소를 제시했어야 했다.

설령 가격 인상 이유가 잘못됐다 해도 정부가 나서서 가격 인하를 강제하는 건 바람직하지 않다. 우리나라에 치킨 업종만큼 완전 경쟁이 이뤄지는 시장이 어디 있는가. 치킨을 조각 단위로 1,000~2,000원대에 파는 편의점부터 반 마리를 5,000원 정도에 파는 맘스터치, 그리고 한 마리도 테이크아웃(take-out, 포장)하면 할인해서 1만 원 언저리에 파는 치킨 프랜차이즈까지 정말 다양한 가격대가 형성돼 있다. 상위 5개 업체 매출을 다 더해도 시장점유율은 20% 안팎에 불과하다. 일부 상위권 치킨 업체들이 가격을 올려도 얼마든지 대체재가 널렸다는 얘기다. 만일 이들의 가격 인상이 무리한 시도라면, 시장 원리에 의해 매출이 감소하면서 다시 가격을 내리는 식으로 자연스럽게 조정될 텐데 굳이 정부가 인위적으로 가격을 통제하는 건 문제가 있다.

그럼에도 이번 사태로 당분간 프랜차이즈 업체들의 치킨값 인상은 제동이 걸릴 전망이다. 업계 관계자는 "최근 프랜차이즈 업계에 대해 공정위와 검찰까지 나서서 조사를 벌이는데 어떻게 가격 인상을 재추진할 수 있겠나"라며 "요즘 점주들한테 고개를 못 들고 다닌다"고 하소연했다.

상황이 이렇자 업체들은 허리띠 졸라매기에 나섰다. 2017년 광고비 30%를 줄여 운영비 부담을 상쇄키로 한 교촌치킨이 대표적이다. 금융감독원 전자공시에 따르면 교촌치킨은 2016년에 광고비로 147억 원을, BBQ는 128억 원, bhc는 101억 원, 굽네치킨은 98억 원을 지출했다. 업계 1위인 교촌을 따라 다른 업체들도 광고비 감축에 나설 공산이 크다. 그러나 광고비에는 소비자에게 제공하는 할인쿠폰 등 판촉 행사 비용도 상당 부분 포함돼 있다. 정부의 치킨업계 때리기가 자칫 소비자 피해로 이어질 것이란 우려가 나오는 배경이다.

치킨값 원가 논란도 점주들로선 억울한 면이 있다. 1,500~2,500원 안팎 생닭값을 곧바로 '치킨의 원가'로 보는 시선이 그렇다. 한국육계협회가 공표하는 생닭값은 말 그대로 농가에서 성체로 자란 '살아 있는 닭'의 가격이다. 이를 먹을 수 있는 형태로 도축해 프랜차이즈 업체에 납품하면 가격은 3,500~5,000원대로 훌쩍 뛴다. 프랜차이즈 본사는 여기에 염지 등 전처리 비용과 운반비, 그리고 마진을 붙여 4,500~6,000원대에 가맹점에 납품한다. 날개, 닭다리 등 소비자가 즐겨 찾는 부분육은 최고 7,000원대로 가격이 뛰어오른다.

게다가 염지가 된 닭만으로 치킨 원가를 계산하는 것은 무리다. 치킨을 튀기기 위한 기름과 튀김용 파우더, 포장재, 그리고 치킨과 함께 제공되는 치킨무, 소금, 소스, 탄산음료 등도 모두 더해야 한다. 이 비용만 3,000원가량 된다. 여기에 배달 건당 인건비 3,500원(배달대행업체 기준), 배달앱 광고비, 가게 월세, 광열비 등 제반 비용을 모두 더하면 마리당 평균 원가는 1만 2,500~1만 5,000원가량이란 게 업계 설명이다(대형 프랜차이즈 기준). 이를 감안하면 1만 6,000~1만 8,000원 안팎의 치킨값은 절대로 비싸다고 볼 수 없다. 사실 매일 먹는 음식도 아닌 치킨을 1,000~2,000원 인상했다고 정부가 세무조사까지 벌이려 하는 것도 코미디다. 치킨값이 동결된 지난 8년간 서울 시민들이 매일 이용하는 지하철 요금은 50% 가까이 올랐는데도 말이다.

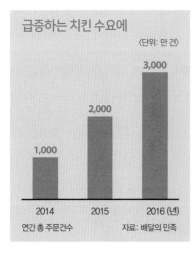

급증하는 치킨 수요에
〈단위: 만 건〉

- 2014 연간 총 주문건수: 1,000
- 2015: 2,000
- 2016 (년): 3,000

자료: 배달의 민족

압도적으로 많은 치킨 프랜차이즈

〈단위: 개, %〉

영업표지 포함 단어	개수	비중
치킨 or 통닭	249	5.1
커피 or 카페	230	4.7
피자	76	1.6
떡볶이	62	1.3
김밥	53	1.1
족발	53	1.1

2016년 말 기준

자료: 공정거래조정원

한국인의 유별난 치킨사랑
'배민' 치킨 주문 매년 1,000만 건씩 늘어

2017년의 치킨값 인상 논란은 역설적으로 한국인의 '치킨사랑'이 얼마나 유별난지를 보여준다. 닭고기는 잘 안 먹어도 치킨은 없어서 못 먹는다. 관련 통계가 있다. OECD가 2014년 발표한 우리나라 국민 1인당 연간 닭고기 소비량은 15.4kg으로 OECD 회원국 평균(27.5kg)의 절반 수준에 그쳤다. 그러나 닭고기 소비량의 약 30%는 치킨이다. 전국에서 매일 200만 마리 이상의 닭이 도축되는데, 이 중 튀김옷을 입고 치킨이 되는 닭이 절반에 달한다.

외식 시장에서도 치킨의 비중은 절대적이다. 배달의민족에 따르면 월평균 주문 건수 약 1,000만 건 중 치킨은 약 300만 건으로 전체의 30%를 차지한다. 단일 카테고리 메뉴 중에 압도적 1위다. 전체 주문 건수도 2014년 약 1,000만 건에서 2015년 약 2,000만 건, 2016년 약 3,000만 건으로 매년 1,000만 건씩 급증하고 있다. 같은 기간 배달의민족 앱 전체 이용자가 증가했음을 감안해도 놀라운 성장세다.

수요가 많으니 공급이 많은 건 당연지사. 업계 추산 국내 치킨집은 약 4만 개. 전 세계 맥도날드 매장보다 많고 국내 편의점보다도 많다. 치킨 프랜차이즈도 셀 수 없다. 2016년 말 기준 공정거래조정원에 등록된 프랜차이즈 브랜드 4,844개 중 영업표지에 '치킨'이나 '통닭'이 들어간 곳은 총 249개(5.1%)로 가장 많다. 이어 '커피'나 '카페'가 들어간 곳 230개(4.7%), 피자(76개, 1.6%), 떡볶이(62개, 1.3%), 김밥·족발(각 53개, 1.1%) 순이다. 가맹점을 1,000개 넘게 거느린 '메가 프랜차이즈'도 치킨 업종은 7개(BBQ, bhc, 페리카나, 네네치킨, 교촌치킨, 호식이두마리치킨, 맘스터치)로 5개인 편의점을 제치고 1위다.

이처럼 공급도 수요도 많으니 치킨집은 창업과 폐업이 가장 흔한 업종이기도 하다. 공정거래위원회 가맹 사업 거래 통계에 따르면 2016년 새로 문을 연 치킨집은 3,980개(일평균 11곳), 문 닫은 치킨집은 2,973개(일평균 8곳)였다. 업계 관계자는 "외식 프랜차이즈로 성공하고 나면 제2 브랜드로 치킨을 선택하는 곳이 적잖다. 한 김밥 프랜차이즈는 치킨 브랜드를 내놨다가 두 번이나 실패하고도 미련을 못 버리고 세 번째 도전 중"이라고 귀띔했다.

2018년에도 치킨 시장은 꾸준한 성장세를 이어갈 전망이다. 치킨의 주 수요층인 1인 가구 증가가 이어질 것이기 때문이다. 치킨의 라이벌인 피자는 최근 하락세를 면치 못하고 있다. 미스터피자가 갑질 경영 논란으로 매출이 급감했고, 피자헛도 본사가 매각되며 부침을 겪었다. 도미노피자와 피자알볼로도 2017년 상반기 매출이 2016년 대비 10% 정도 하락한 것으로 알려진다. 업계에선 피자 시장의 침체가 1인 가구 증가에 따른 영향이 적잖은 것으로 분석한다. 1인 가구가 식사를 위해 배달 주문을 하기에 피자는 레귤러 사이즈라도 가격이 2만 원이 훌쩍 넘고 양도 많은 데다, 다음 날 남은 피자를 데워 먹어도 맛이 현저히 떨어지기 때문이다. 반면, 치킨은 2만 원 이하인 데다 '1인 1닭'이 가능한 편이고, 남기더라도 다음 날 전자레인지에 데우면 이내 원래의 맛을 되찾는다. 이런 장점 덕분에 설령 치킨이 2만 원을 넘더라도 치킨의 경쟁력은 유지될 것으로 보인다. 다만, 치킨 시장도 포화돼 경쟁이 치열하니 장밋빛 전망에만 혹하지 말고 차별화 전략을 준비해야 한다.

기자는 치킨도 이제 프리미엄 브랜드가 나올 때가 됐다고 본다. 한 마리에 2만 5,000~3만 원가량 받고, 대신 그만한 가치를 제공하는 것이다. 가성비를 앞세운 저가 피자가 유행할 때 오히려 더 비싼 프리미엄 피자로 치고 나간 피자알볼로처럼 말이다. 치킨은 메이저 브랜드는 있어도 프리미엄 브랜드는 거의 없는 만큼, 등장만 하면 이내 언론의 스포트라이트를 받으며 상당한 마케팅 효과도 기대할 수 있다. 프리미엄 브랜드를 새로 론칭하기가 버겁다면 프리미엄 메뉴만 추가하는 것도 괜찮다. '60계'처럼 새 기름으로 위생이나 웰빙을 강조하는 것도 방법이다. 우리 국민은 다소 비싸더라도 맛 좋고 건강한 치킨을 맛볼 권리가 있다.

커피전문점

:: 편의점 포화의 4배··· '커피왕'도 스러지다

> 시장 포화 · 저가 커피 · 메뉴 다변화에 수익성 '뚝'
> '가성비' 열풍에 수익상품에서 미끼상품 전락
> 빽다방 출점 거리 100m 불과··· 점포당 인구 350명 줄어

2017년 커피전문점 시장에서 단연 주목할 사건은 강훈 망고식스 대표의 부고다. 할리스와 카페베네를 성공시켜 '커피왕'이라 불리던 그가 끝내 스러졌다. 망고식스, 커피 · 쥬스식스, 디센트 등 2010년대 들어 커피 관련 신규 프랜차이즈에 잇따라 도전했지만 옛날의 영광을 되찾기엔 역부족이었다.

그는 왜 재기에 실패했을까. 업계에선 故 강훈 대표가 전성기를 보낸 2000년대와 최근의 커피전문점 시장 환경이 크게 달라진 때문으로 풀이한다. 이전과 달리 커피전문점 포화도가 극심해진 데다 소비자 취향도 다양해져 특정 콘셉트를 앞세운 '기획형 프랜차이즈'가 성공하기 힘들어졌다는 것. 돌아 보니 복선이 있었다. 기자가 2016년 5월 쥬스식스 론칭 당시 강훈 대표를 인터뷰했을 때 그는 뜻밖의 고민을 털어놨다. "과거에는 100명의 고객이 와도 5~6개 인기 메뉴만 찾았는데, 요즘은 100명이 100가지를 찾으니 도무지 종잡을 수가 없다"고. '커피왕'이란 별명과 어울리지 않는, 너무도 솔직한 고백이어서 당황스러웠던 기억이 난다. 어쩌면 이때부터 故 강훈 대표는 사업의 맥을 찾지 못하고 헤매고 있었던 게 아닐가.

이처럼 내로라하는 커피왕도 쉽지 않은 게 요즘 커피전문점 시장이다. 그런데도 일선 프랜차이즈 업계에선 여전히 장밋빛 전망을 앞세워 가맹점 창업을 유도하고 있어 주의가 요구된다.

커피전문점 포화도 어떻길래
편의점, 빵집서도 팔아 15만 개 훌쩍

9만 2,201개.

소상공인시장진흥공단이 집계한 2017년 6월 말 기준 국내 커피전문점 수다. 생과일주스 전문점과 전통 찻집을 모두 포함한 수치로, 포화가 심각한 편의점(2017년 5월 말 기준 약 3만 7,000개)보다 2.5배나 많다. 그뿐 아니다. 요즘은 편의점과 베이커리, 패스트푸드, 아이스크림, 만화 카페 등 웬만한 매장에서도 커피를 판다. 이를 더하면 국내 커피 판매점은 15만 개가 훌쩍 넘을 전망이다. 커피전문점당 평균 배후인구는 350명 이하. 동네 어귀마다 있는 편의점(배후인구 1,400명 이하)보다 포화도가 4배 이상 높다. 이쯤 되면 시내 어디서든 커피를 사 마실 수 있는 매장이 100미터 이내에 포진해 있는 셈이다.

　반면 채산성은 갈수록 떨어진다. 커피전문점의 매출 효자는 단연 아메리카노다. 커피와 음료, 베이커리류를 통틀어 전체 매출의 약 20%를 혼자 담당한다. 아메리카노는 1잔에 들어가는 원두 비용이 100원 안팎에 불과해 마진율도 가장 높다. 그러나 2014년부터 시작된 저가 커피 열풍으로 커피 가격은 갈수록 낮아지는 추세다. 업계에 따르면 아메리카노 가격이 4,000원 이상인 곳은 대형 프랜차이즈 매장 5,000여 곳(약 3%)에 불과하고, 90% 이상은 2,000원대 이하, 그중 절반은 1,000원대 이하인 것으로 알려진다. 2017년 들어선 900원짜리 초저가 커피 프랜차이즈도 생겨났다.

　일산에서 개인 커피전문점을 운영하는 A점주는 "저가 커피 매장이 하나 들어서면 주변 상권 커피 가격은 그에 맞춰 수렴하는 경향이 있다. 일례로 프랜차이즈인 드롭탑은 원래 아메리카노 가격이 4,100원이지만,

커피전문점 포화가 심각해 창업에 주의가 요구된다. 사진은 건물 안에 잇따라 입점해 있는 커피전문점 매장들.

저가 커피 매장이 들어서자 2,800원으로 낮췄다. 한시적 이벤트라고 했지만 6개월가량이나 지속됐다"고 말했다. 또 다른 B점주는 "커피 가격 경쟁이 치열하다 보니 인건비 등 물가가 올라도 메뉴 가격을 올리는 데 엄청나게 눈치가 보인다. 커피만으로는 대책이 안 서 브런치 메뉴 개발 등으로 살길을 모색할 수밖에 없다. 커피가 수익 상품에서 미끼 상품으로 전락한 셈"이라고 토로했다.

게다가 갈수록 다변화되는 소비자 취향은 커피전문점을 더욱 '어려운 시장'으로 만드는 요인이다. 특히 주력인 커피 대신 비(非)커피 음료 수요가 증가하는 추세다. 스타벅스에 따르면 커피와 비커피 판매 비중은 2017년 1분기 80:20에서 2분기에는 76:24로, 이디야도 2014년 7월 66:34에서 2017년 7월 60:40으로 바뀌었다. 국내 대표 커피전문점에서 커피 판매 비중이 줄고 있는 것이다.

다양한 소비자 취향을 충족시키려면 메뉴를 늘려야 한다. 이는 R&D, 마케팅, 재고 관리 등 각종 비용 부담 증가로 이어진다. 이디야는 메뉴 종류가 2014년 7월 133개에서 2017년 7월 178개로 3년 만에 45개 (33.8%)나 급증했다. 스타벅스는 2017년 초 시즌 한정 메뉴로 선보인 '슈크림 라떼'가 대박을 터뜨리자 정규 메뉴 승격을 검토했지만 결국 하지 않았다. 생각보다 빠르게 수요가 줄어든 데다 식재료 조달 등의 준비가 안 된 때문이다. 업계 관계자는 "요즘은 유행이 1년도 못 가 금세 바뀐다. R&D나 마케팅에 투자하기 힘든 중소 커피전문점에는 갈수록 대응하기 힘든 시장이 돼가고 있다"고 토로했다.

커피전문점 창업주의보
수요보다 공급 증가 더 빨라 '공급 과잉'

상황이 이런데도 커피 프랜차이즈 업계는 여전히 온갖 감언이설로 예비창업자들에게 가맹점 창업을 종용한다. 업체들이 전가의 보도처럼 내세우는 근거는 두 가지다. 급증하는 커피 원두 수입 규모와 선진국에 비해 낮은 1인당 커피 소비량이다.

실제 국내 커피류(볶음 공정을 거친 원두와 인스턴트커피 등 각종 커피 제품) 수입액은 2010년 9,991만 달러(약 1,150억 원)에서 2016년 2,044만 달러(약 2,350억 원)로 6년 만에 2배 이상 급증했다. 커피전문점 시장 규모는 2014년 2조 6,000억 원에서 2016년 4조 원으로 2년 새 53.8% 성장했다. 성인 1인당 연간 커피 소비량도 2012년 288잔에서 2016년 377잔으로 연평균 7%씩 늘었지만 독일, 프랑스, 이탈리아 등에 비하면 절반도 안 되

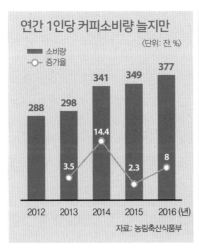

연간 1인당 커피소비량 늘지만
〈단위: 잔, %〉
■ 소비량
○ 증가율

288 298 341 349 377
3.5   14.4   2.3   8

2012 2013 2014 2015 2016 (년)
자료: 농림축산식품부

더 빨리 늘어나는 커피전문점
〈단위: 개, %〉
■ 커피 전문점 수
○ 증가율

5만 4,416 6만 9,133 8만 4,580 9만 2,201
27   22.3   9

2014 2015 2016 2017년 6월
자료: 소상공인시장진흥공단

는 수준이다. 이 숫자들만 보면 커피전문점 시장 전망은 밝아 보인다.

그러나 업체들이 숨기는 정보가 있다. 바로 커피 수요보다 공급이 훨씬 빨리 증가하고 있다는 것. 2017년 6월 9만 2,201개로 집계된 국내 커피전문점 수는 2014년 말에는 5만 4,416개에 불과했다. 2년 반 만에 70%나 급증한 것이다. 공급이 수요보다 더 빨리 증가하면 공급 과잉이 일어나 공급자(커피전문점) 수익성은 악화될 수밖에 없다.

점주들의 수익성이 유지되려면 본사가 과잉 출점을 자제해야 한다. 그러나 이마저도 제대로 지켜지지 않는다. 빽다방은 자체 설정한 출점 제한 거리가 반경 100미터에 불과해 250미터인 편의점의 절반에도 못 미친다. 더구나 복합쇼핑몰이나 대형마트는 특수상권으로 분류해 기존 매장과 100미터 이내라도 추가 출점을 진행한다. 무리한 출점 경쟁에 점주들의 생존권이 위협받는 상황이다.

업계 관계자는 "커피는 일정 수준 맛과 가격대만 지키면 구매가 이뤄지는 저관여 상품이다. 식후땡으로 가볍게 마시는 커피를 위해 가까운 매장을 두고 일부러 멀리 '커피 맛집'을 찾아가는 소비자는 거의 없다. 가격과 맛으로 차별화가 어렵다면 결국 승부처는 입지다. 하지만 좋은 입지는 한정돼 있고 벌써 다 꿰찼다. 그런데도 커피전문점은 계속 늘어나니 매출이 안 나오는 게 당연하다"고 말했다.

실제 소상공인시장진흥공단에 따르면 전국 커피전문점의 업력 비중은 '2년 미만'이 41.1%로 가장 많고, '5년 이상'은 29.8에 그쳤다. '5년 이상'이 절반을 넘는 전체 업종 평균 대비는 물론, 포화도가 높은 음식 · 배달 서비스 업종(2년 미만 35.2%, 5년 이상 43.1%)보다도 생존율이 떨어졌다.

　전문가들은 커피전문점 포화가 심각한 만큼 창업에 신중을 기할 것을 주문한다. 이경희 한국창업전략연구소장은 "커피 시장이 심각하게 포화된 데에는 정부도 책임이 있다. 지자체별로 앞다퉈 무료 바리스타 교육을 시행하며 창업을 유도했다"며 "커피전문점 시장은 이미 포화돼 창업을 말리고 싶다. 그래도 창업하려 한다면 가장 중요한 건 입지다. 반드시 목 좋은 곳이 아닌, 살아남을 수 있는 곳인지를 보고 창업해야 한다"고 조언했다. 강병오 FC창업코리아 대표는 "저가 커피는 알바 인건비 상승으로 수익성이 저하되고, 고가 커피는 가성비 트렌드에 안 맞아 가격 저항이 있다. 25평 안팎 매장에 앉아서 먹는 중가 커피(아메리카노 기준 2,000원대), 그리고 커피와 잘 어울리는 디저트 메뉴를 갖춘 '스몰 스타벅스' 콘셉트가 경쟁력이 있을 것"이라고 전했다.

편의점

☀ 최저임금 인상 '태풍의 눈'··· 상품 차별화 관건

한때 국내에서 가장 많은 편의점을 운영하던 A씨. 종각, 종로3가, 을지로, 신촌, 답십리 등 서울 시내 점포만 13개에 달했다. 2008년부터 시작한 편의점 영업이 생각보다 잘돼 매년 1~2개씩 늘려온 결과다. 지금은 달라졌다. A씨는 2016년부터 폐점을 시작, 최근 7개까지 줄였다.

주변에 편의점이 너무 많이 생겨 매출이 정체된 데다 최저임금 인상 등 인건비 증가도 부담스러워졌기 때문이다. A씨는 "편의점은 파트타임 아르바이트생이 많아 매장당 고용 직원이 10여 명에 이른다. 이들에 대한 4대 보험과 주휴수당을 주고 나면 남는 게 없다. 조만간 2개를 추가로 폐점할 계획"이라며 고개를 내저었다.

2018년 편의점 시장 전망은 매우 어둡다. 시장 포화도는 갈수록 높아져 매출 성장은 둔화되는데 임차료, 인건비 등 제반 비용은 계속 늘어 수익성이 곤두박질치고 있기 때문이다. 국내 최다 점주였던 A씨의 '점포 정리'가 대표적인 예다. 그런데도 편의점 출점 속도는 갈수록 빨라지니 신규 점주들이 '상투'를 잡지 않을까 우려된다.

국내 편의점 포화 세계 최고 수준
일평균 점포 순증 11.4개서 14.5개로

국내 편의점 포화도는 세계 최고 수준이다. 2016년 말 기준 한국, 일본, 대만의 편의점 수는 각각 3만 5,000여 개, 5만 7,000여 개, 1만 300여 개. 나라별 인구를 감안하면 편의점당 배후인구는 한국 1,500여 명, 일본과 대만은 2,200여 명이다. 2017년 8월 말 국내 편의점이 4만여 개에 육박했으니 한국의 편의점당 배후인구는 1,300여 명으로 떨어졌다. 일본, 대만 편의점보다 배후 수요가 절반 수준에 불과한 셈이다.

업계에선 "편의점으로 돈을 버는 시대는 끝났다"는 얘기가 진작부터 흘러나왔다. "점주가 하루 8시간, 주 7일 일해도 본인 월급으로 250만 원을 가져가기 힘들다" "편의점이 10개라면 1~2개만 잘되고 나머지는 겨우 먹고살거나 적자"라는 게 업계 중론이다.

문제는 이렇게 포화도가 높은데도 편의점 출점 속도는 갈수록 빨라지고 있다는 것. 편의점 5사(CU, GS25, 세븐일레븐, 미니스톱, 이마트24)의 총 가맹점 수는 2015년 말 2만 9,588개에서 2016년 9월 말 3만 2,687개로, 2017년 8월 말에는 3만 7,999개로 증가했다. 앞서 9개월간 3,099개, 일평균 11.4개씩 늘었는데, 최근 11개월간은 5,312개, 일평균 14.5개씩 순증했다.

구체적으로 보면 미니스톱을 제외한 4사 모두 출점 속도가 빨라졌

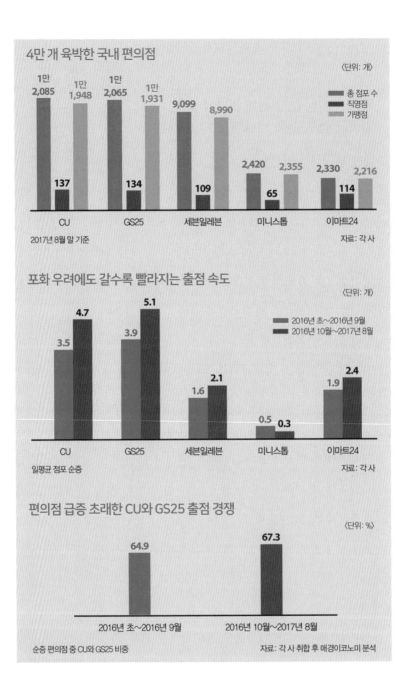

4만 개 육박한 국내 편의점

〈단위: 개〉

■ 총 점포 수
■ 직영점
□ 가맹점

	CU	GS25	세븐일레븐	미니스톱	이마트24
총 점포 수	1만 2,085	1만 2,065	9,099	2,420	2,330
직영점	137	134	109	65	114
가맹점	1만 1,948	1만 1,931	8,990	2,355	2,216

2017년 8월 말 기준

자료: 각 사

포화 우려에도 갈수록 빨라지는 출점 속도

〈단위: 개〉

■ 2016년 초~2016년 9월
■ 2016년 10월~2017년 8월

	CU	GS25	세븐일레븐	미니스톱	이마트24
2016년 초~2016년 9월	3.5	3.9	1.6	0.5	1.9
2016년 10월~2017년 8월	4.7	5.1	2.1	0.3	2.4

일평균 점포 순증

자료: 각 사

편의점 급증 초래한 CU와 GS25 출점 경쟁

〈단위: %〉

2016년 초~2016년 9월	2016년 10월~2017년 8월
64.9	67.3

순증 편의점 중 CU와 GS25 비중

자료: 각 사 취합 후 매경이코노미 분석

다. 미니스톱의 일평균 순증가분은 2016년 0.5개에서 2017년 0.3개로 40% 줄었다. 반면 CU는 3.5개→4.7개(증가율 34%), GS25 3.9개→5.1 개(31%), 세븐일레븐 1.6개→2.1개(31%), 이마트24는 1.9개→2.4개(26%) 로 늘었다.

시장이 성숙기에 다다르면 출점 속도도 느려지게 마련이다. 그런데 우리나라 편의점 시장은 오히려 출점 속도가 갈수록 빨라지고 있어 기형적이다. 왜 그럴까. 가맹점 수를 기준으로 순위를 다투는 잘못된 경쟁 관행, 그리고 점주들의 이익이야 어찌 됐든 제 이익을 위해 점포를 늘리고 보는 본사들의 도덕적 해이가 핵심 이유다.

특히 업계 1·2위인 CU와 GS25의 출점 경쟁은 더없이 치열하다. 전체 일평균 순증가분 중 양 사가 차지하는 비중은 2016년 64.9%에서 2017년 67.3%로 2.4%포인트 높아졌다. 양 사가 출점 속도 증가를 견인하고 있다는 얘기다. 그럴 만한 이유가 있다. 양 사의 가맹점 수 차이는 2015년 말 175개에서 2016년 9월 87개로 줄더니, 2017년 8월에는 17개

편의점 포화도가 심각한데도 CU와 GS25의 1위 경쟁으로 추가 출점 속도가 갈수록 빨라지고 있어 점주들의 피해가 우려된다.

까지 좁혀졌다. 직영점을 포함하면 양 사의 점포 수 차이는 20개뿐이다. 이런 추세라면 GS25가 CU 점포 수를 추월하는 건 시간문제다. CU는 추월당하지 않기 위해, GS25는 추월하기 위해 출점 속도를 늦출 수 없는 것이다.

양 사는 편의점 포화 논란을 의식해 겉으로는 '점포 수 경쟁에 연연하지 않는다'고 말한다. 그러나 창업설명회를 주말에도 열거나, 평일에도 예약 없이 갈 수 있는 건 CU와 GS25뿐이다. 심지어 CU는 유일하게 일요일에도 창업설명회를 연다. 업계 관계자는 "출점을 서두르다 보면 수익성이 낮은 입지에도 마구잡이로 점포를 내주기 십상이다. 이렇게 포화도가 높아지면 CU와 GS25 점주는 물론, 타 사 점주들도 매출이 동반 하락하게 된다"고 꼬집었다.

점주들의 영업권 보호를 위해 업계는 나름의 안전장치를 마련해놨다. 담배 판매점 거리 제한 50미터, 동일 브랜드 간 거리 제한 250미터가 그것이다. 그러나 최근 출점 경쟁이 치열해지면서 이마저도 제대로 지켜지지 않고 있다. 한 편의점 점주는 "동일 브랜드 간 거리 제한 규정은 250미터 이내 기존 점주들이 동의만 해주면 안 지켜도 된다. 때문에 본사들은 기존 점주한테 도시락 등의 폐기 지원금 6개월치, 또는 월 점주 정산금 3개월치를 지원해주는 조건으로 출점 동의를 요구한다. 장기적으로 보면 영업권이 침해돼 손해지만 당장 수백만 원의 유혹을 못 이겨 동의해주는 점주들이 적잖다"고 전했다.

최저임금 1만 원, 임차료 상승도 부담
일부 점주들 "24시간 영업 못 하겠다"

2018년부터 최저임금이 큰 폭으로 인상되는 것도 편의점 점주들의 어깨를 짓누른다. 문재인 대통령 공약대로 2020년까지 최저임금 1만 원을 달성하려면 매년 최저임금이 15%씩 증가해야 한다. 실제 2018년 최저임금은 기존 6,470원에서 7,530원으로 올라 시간당 1,060원, 야간에는 1,530원씩 인건비가 늘어날 전망이다. 점주가 매일 낮 8시간씩 근무하고 나머지 시간에 아르바이트생을 채용한다면 월 60만 원, 연간 700만 원 이상 소득이 줄어든다는 계산이 나온다. 2020년에 최저임금 1만 원이 현실화되면 점주 순이익은 지금보다 210만 원가량 줄어들게 된다.

여기에 임차료(월세) 상승 부담을 포함하면 얘기는 더 심각해진다. 최근 5년간 미니스톱의 서울 시내 직영점 임차료는 평균 34.9% 상승한 것으로 조사됐다. 미니스톱의 매출 대비 임차료 비중은 평균 12.2%. 이를 종합하면 미니스톱 임차료는 2015년 평균 650만 원에서 2020년 880만 원으로 230만 원가량 늘어날 전망이다. 점주가 매일 8시간씩 일해도 한 푼도 못 벌 가능성마저 제기된다.

물론 정부도 손을 놓고 있는 건 아니다. 자영업자 대책으로 카드 수수료 인하를 제시한다. 중소 가맹점 기준을 연 매출 3억 원 이하에서 5억 원 이하로 올리는 내용의 여신전문금융업법 시행령 개정안이 2017년 7월 말부터 시행됐다. 이를 통해 연 매출액 2억~5억 원 구간 소상공인(약 46만 개)은 연간 약 80만 원 내외의 수수료 절감 효과가 발생할 것이란 게 정부의 기대다.

그러나 대표적인 박리다매 업종인 편의점은 연 매출이 대부분 5억 원을 넘어 혜택을 받지 못할 가능성이 크다. 2016년 정보공개서에 따르면 가맹점 평균 연 매출은 GS25 6억 7,922만 원, 미니스톱 6억 4,099만 원, CU 6억 1,682만 원, 세븐일레븐 4억 9,938만 원, 이마트24 4억 475만 원이었다. 편의점 매출 증가율이 두 자릿수임을 감안하면 세븐일레븐은 2017년에 가맹점 평균 연 매출이 5억 원을 넘어설 것이 확실시된다. 이마트24는 가맹점의 65%가 야간 영업을 하지 않아 다른 브랜드에 비해 평균 매출이 크게 낮다. 전년 대비 매출 성장률도 6%에 불과했다. 단, 이를 감안해도 2020년께면 이마트24도 가맹점 평균 매출이 5억 원을 넘어설 전망이다. 정부의 카드 수수료 인하 정책이 편의점에는 별다른 도움이 되지 않는 것이다.

이는 편의점의 독특한 수익 구조에서 비롯된다. 일반적으로 편의점 매출의 40%는 담배, 10%는 주류다. 그런데 담배는 매출이익률(상품마진율)이 10%가 채 안 돼 30% 정도인 다른 상품에 비해 박리다매 품목이다. 4,500원짜리 담배 하나 팔아서 카드 수수료 내고 본사랑 이익 분배하고 나면 점주가 손에 쥐는 건 100원 안팎에 불과하다. 티머니 충전, 택배 등 서비스 매출도 마찬가지로 이익률이 저조하다. 그래도 이들을 안 팔 수 없는 게 담배를 사거나 티머니 충전을 하러 왔다가 다른 상품도 같이 구매하는 고객이 적잖아 전형적인 '미끼 상품' 역할을 하기 때문이다. 상황이 이렇자 편의점 점주들은 "편의점에 실질적인 혜택을 주려면 카드 수수료 인하 대신 담배와 서비스를 제외하고 상품 매출만 집계하거나, 5,000원 이하 소액 결제는 수수료를 면제해줘야 한다"고 목소리를 높인다.

한쪽에선 현재 점주 자율인 '24시간 영업'을 더 이상 못 하겠다는 목소리도 나온다. 매출 성장이 둔화되는 상황에서 주간의 1.5배인 야간 인건비를 감당하기 어렵다는 이유에서다. 실제 업계에선 최저임금 인상이 현실화되는 2018년 초부터 편의점 시장에 지각변동이 일 것으로 우려하는 목소리가 많다. 일각에선 2013년 편의점 점주들의 잇딴 자살 사태가 재연될지 모른다는 최악의 시나리오마저 제기된다. 편의점에 관심있는 예비창업자라면 주의, 또 주의가 필요한 상황이다.

최악의 상황에서 편의점 창업 필승전략은
이마트24로 대형 매장 출점해볼 만

그렇다면 편의점 시장은 이대로 끝인가? 그렇지만은 않다. 편의점과 치킨집, 그리고 커피전문점은 공통점이 있다. 국내 자영업 시장에서 창업이 가장 많이 일어나는 인기 업종이란 점이다. 그래서 시장 수요 증가 속도보다 공급(창업) 증가 속도가 더 빨라 점주들의 수익성이 하향평준화되고 있는 시장이다.

이를 다시 해석하면 시장은 계속 성장하고 있다는 얘기도 된다. 즉, 주변의 수많은 경쟁 점포들과 확실히 차별화만 할 수 있다면, 급성장하는 수요를 혼자 독차지해 크게 성공할 수도 있다는 것이다. 기자는 이런 의미에서 《프랜차이즈 트렌드 2017》에서 근린궁핍화 전략을 소개했다. 편의점의 수를 늘리는 시대는 지났으니, 기존점을 확장해 30평 안팎 대형 편의점으로 키우고, 경쟁점과 차별화되는 상품 및 서비스 콘텐츠를 제공하면 승산이 있다는 제안이었다. 그러면서 먼저 30평 대형 편의점으로 치고 나간 미니스톱을 주요 모델로 소개했다.

그런데 지난 1년간 시장의 흐름을 지켜보니, 안타깝게도 매장 대형화와 콘텐츠 차별화 모두 큰 진전이 없었다. 미니스톱은 일단 대형화에는 성공했지만, 대형 매장 물건을 찾기 힘든 탓에 빠른 출점을 포기해야 했다. 또 선두권 업체들처럼 공격적으로 새로운 콘텐츠를 선보이지도 못했다. 애써 매장 규모를 키웠는데도 그 공간을 채울 역량은 부족했던 것이다. 가맹점 수가 적은 탓에 규모의 경제 효과가 부족해 신규 콘텐츠 개발에 부담을 느낀 때문으로 풀이된다. 미니스톱을 제외한 편의점 4사는 또 어떤가. 여전히 가맹점 수 늘리기에 급급해 매장 대형화에도 나서지 못하고 있다. 결국 기자는 국내 편의점 선진화가 기대보다 훨씬 느리게 진전되고 있다는 결론에 이르렀다.

그나마 새로운 가능성을 보여준 브랜드는 이마트24다. '피코크', '노브랜드' 등 1인 가구 증가와 가성비 트렌드에 걸맞은 것으로 검증된 이마트 PB 브랜드를 편의점 계열사인 이마트24에 적용한 게 눈에 띈다. 다른 편의점들도 자체 PB 브랜드를 운영하고는 있지만, 피코크나 노브랜드만큼의 상품 경쟁력과 인지도, 고객 충성도를 확보하진 못했다는 평가다. 그런 점에서 피코크와 노브랜드는 이마트24에 천군만마 같은 존

재라고 본다.

문제는 후발주자인 이마트24가 너무 늦게 편의점 시장에 진출했다는 것이다. 신세계가 지난 2013년 위드미를 처음 선보일 때만이라도 진작에 이런 전략을 폈더라면 지금쯤 이마트24의 성장 곡선은 확연히 달라졌을 것이다. 이미 국내 편의점 시장이 세계 최고 수준의 포화도를 기록한 상황에서 이마트24가 새롭게 비집고 들어갈 만한 입지가 있을지는 의문이다. 요컨대 매장 대형화와 상품 차별화 중 미니스톱은 전자, 이마트24는 후자만을 달성해 반쪽짜리 경쟁력을 갖고 있는 상황이다.

이럴 때 편의점을 창업한다면 어떤 전략이 바람직할까. 기자는 기존 미니스톱이나 그에 상응하는 규모의 대형 편의점을 '인수'한 뒤, 이마트24 브랜드로 갈아타는 전략을 추천한다. 또는 중소형 편의점을 '인수'하고 확장 공사를 한 뒤, 이마트24로 여는 것도 방법이다. 여기서 매장을 '인수'할 것을 강조하는 이유는 간단하다. 상권이 이미 꽉 짜여졌거나, 아직 채 형성되지 않은 곳에 신규 매장을 오픈하는 건, 권리금 등 비용은 적게 들겠지만 그만큼 수익도 검증되지 않아 리스크가 크기 때문이다. 다시 한 번 말하지만 국내 편의점 포화도는 세계 최고 수준이고, 인건비도 전례 없이 높아졌다. 시장 상황이 편의점 창업에 매우 불리하므로 매출이 검증된 점포를 인수하는 게 그나마 안정적인 창업 전략이라고 판단된다.

생활용품

☼ 가성비 · 탕진잼 · 집 꾸미기 열풍… '패스트 리빙' 떴다

2017년 8월 23일 수요일 저녁 7시 다이소 명동역점. 8층 건물 하나가 통째로 다이소 매장이다. 백화점처럼 각 층마다 상품 카테고리가 달라 고객들은 엘리베이터를 타고 다니며 쇼핑을 즐긴다. 둘 중 한 명꼴로 손에 든 장바구니에는 각종 상품으로 그득하다. 커플 고객들도 각자한 개씩 장바구니를 꿰찼다. 계산대 앞의 줄은 돌고 돌아 10미터 넘게 이어지지만 생각보다 빨리 줄어 누구 하나 불평하지 않는다. 한 쇼핑객은 "엘리베이터를 타고 8층까지 올라간 뒤 계단으로 한 층씩 내려오며 쇼핑한다. 가격도 저렴하고 올 때마다 새로운 상품이 눈에 띄어 이것저것 담는데 그래도 2만~3만 원어치밖에 안 돼 명동에 오면 꼭 들른다"며 흡족해했다.

불황이 장기화되며 가성비(가격 대비 성능)를 앞세운 저가 라이프스타일숍(저가숍) 시장이 급성장하고 있다. 다이소 · 노브랜드 · 모던하우스 · 버터 등 국내 업체는 물론, 미니소(중국) · 리빙도쿄(일본) · 플라잉타이거코펜하겐(덴마크) 등 해외 업체들도 잇따라 뛰어들며 춘추전국시대를 맞았다.

춘추전국시대 맞은 저가숍
2016년 2조→2019년 4조 '급성장'

통계청에 따르면 국내 생활용품 시장은 2008년 7조 원에서 2015년 12조 5,000억 원으로 7년 새 두 배 가까이 성장했다. 이 중 저가 생활용품 시장 규모는 2016년 약 2조 원에서 2019년에는 4조 원대로 급성장할 것이란 게 업계 관측이다.

8층 건물을 통째로 쓰는 다이소 명동역점 전경. 국내 최고층 저가숍 매장이다.

저가숍의 성장동력은 크게 3가지다. 첫째는 단연 '가성비'다. 저가숍은 평균 제품 가격이 대부분 5,000원을 넘지 않고 객단가도 1만 원이 채 안 돼 남녀노소 누구나 부담 없이 쇼핑을 즐길 수 있다. '소소하게 낭비하는 재미'란 뜻의 '탕진잼'이라는 신어가 등장했을 정도다. 여기에 1인 가구의 증가로 가구 수가 늘고 집 꾸미기(home furnishing) 열풍까지 겹치며 생활용품 수요가 급증하는 추세다.

저가숍의 대표주자는 단연 '다이소'. 전국 매장 수는 지난 7월 말 기준 1,190개로 웬만한 치킨집, 커피전문점 브랜드보다 많다. 2016년 매출은 1조 5,600억 원. 같은 기간 카카오(1조 4,642억 원)보다도 높다. 연평균 매출 성장률도 20%가 넘어 빠르면 2017년 2조 원 돌파가 예상된다. 목표로 했던 2020년보다 3년 앞당길 판이다.

비결은 뛰어난 가성비와 다양한 상품력이다. 다이소는 '다 있소'와 비슷한 이름처럼 온갖 생활용품을 판다. 주방ㆍ미용ㆍ인테리어ㆍ문구 등 총 20여 개 카테고리의 총 3만 2,000여 가지 상품을 취급한다. 이 중 1,000원짜리가 약 50%, 2,000원 이하는 80% 이상이다. 가장 비싸도 5,000원을 넘기지 않는다. 전체 제품의 평균 가격은 1,200원. 평균 객단가가 7,000원이니 고객당 평균 약 6개씩 상품을 사 가는 셈이다.

시장이 커지자 대기업들도 속속 뛰어들고 있다. 신세계의 노브랜드, 이랜드가 선보였다가 최근 사모펀드에 매각이 확정된 모던하우스, 버터가 대표적이다. 노브랜드는 국내에 40여 개 매장이 있다(2017년 7월 기준). 물티슈, 감자칩, 버터쿠키 등을 타 브랜드 대비 최대 50% 이상 싸게 팔아 초반 흥행몰이에 성공했다. 단, 대기업이 운영하다 보니 골목상권 침해 논란이 인다. 때문에 로드숍 형태의 전문점보다는 이마트나 이마트24에 입점하는 형태로 출점할 것이란 게 업계 관측이다. 신세계 관계자는 "특정 가격을 넘기지 않는다는 별도 제한은 없다. 단, 불필요한 광고비나 과다한 포장비, 복잡한 기능을 만드는 데 따른 부가 비용 등을 최소화하고 핵심 기능에만 집중한다는 게 주요 전략이다. 최근에는 핵심 기능을 강조한 전자레인지, 이어폰 등 가전 관련 상품도 판매가 크게 늘고 있다. 노브랜드 전문점은 전국의 다양한 상권에서 여러 형태의 점포로 테스트하고 있는 단계"라고 밝혔다.

모던하우스와 버터는 각각 54개, 12개 매장을 운영한다. 모던하우스는 생활용품 전문 디자이너가 만든 8,000여 가지 가구와 소품을 판매한다. 주 고객층은 20~40대 여성으로, 혼자 사는 직장인 여성이나 신혼부부, 주부들이 주로 이용한다. 버터는 20~30대 소비자를 대상으로 팬시 상품 55%, 생활용품 45% 비율로 운영한다.

이랜드 관계자는 "최근 침구류가 잘 나간다. 마이크로화이바 경추 베개와 메모리폼 베개 매출이 2016년보다 120% 늘었다. 그 밖에 수납식탁과 와우델카 원목 테이블, 무선 전기주전자, 베이직 선풍기 등의 판매가 늘었다. 버터에선 브로콜리 인형 매출이 전년 대비 300% 성장했다. 여름이어서 핸디형 선풍기와 발 각질팩, 선인장 비치타월, 목 안마기도 잘 팔린다"고 전했다.

해외 업체들도 잇따라 도전장을 내밀었다. 미니소, 플라잉타이거코펜하겐, 리빙도쿄 등이 대표적이다. 플라잉타이거코펜하겐의 '타이거(TIGER)'는 10크로네(약 1,400원)를 뜻하는 덴마크 속어 'tier'에서 비롯됐다. 즉, 덴마크의 '천냥백화점'인 셈이다. 실제 제품의 약 80%가 1,000~5,000원대다. 현재 9개 직영점을 운영 중이며, 육아를 담당하는

3040 여성이 주 타깃 고객층이다. 플라잉타이거코펜하겐 관계자는 "일상에서 느끼는 소소한 행복과 가치가 콘셉트다. 실용성 외에도 기발함, 참신함 등을 담아 일상 속 소소한 재미를 선사하려 한다. 독특하고 재미있는 디자인의 오피스 제품이 최근 인기를 끌고 있다"고 말했다.

미니소는 15~25세 여성을 타깃으로 디지털, 뷰티, 인형, 문구팬시류 등에서 강점을 보인다. 2017년 들어 화장품과 뷰티 소품 매출은 전년 대비 8배, 최고 인기 인형인 '자이언트 베어'는 7배 이상 급증하며 젊은 여성층을 우군으로 확보했다는 평가다. 다양한 디자인의 블루투스 스피커도 신제품이 나올 때마다 높은 판매량을 보이고 있다. 미니소 관계자는 "현재 37개 매장을 운영 중이며 향후 수도권과 미입점된 지역 중심으로 매장을 확장할 계획이다. 다양한 규모의 매장을 연내 70개 오픈할 것"이라며 "사업 3년 차인 내년에 매출 3,000억 원, 영업이익 180억 원을 달성하는 게 목표다"라고 말했다.

리빙도쿄는 20~50대 1~2인 가구 여성과 학생을 주 고객층으로 설정하고 2만여 종 50만 개 이상 상품을 판매한다. 브랜드 이름처럼 국내 상품(전체의 30%)보다는 일본 상품(70%)을 주로 수입해서 판다. 생활용품(전체의 70%) 외에도 아이디어 상품(15%), 디자인 상품(15%)을 구비해 '보다 여유로운 생활'을 제안한다. 자매 브랜드인 '리빙코리아(이마트 에브리데이 입점)'와 함께 36개 매장을 운영 중이며, 2022년까지 500개 출점을 목표로 내걸었다. 가격대는 1,000원부터 3만 원 이하다. 리빙도쿄 관계자는 "일본에서 검증된 상품과 국산 상품을 조합해 국내 시장의 니즈를 충실

국내 저가숍 시장이 커지자 해외 브랜드도 잇따라 진출하고 있다. 중국 미니소(위)와 덴마크 플라잉타이거코펜하겐 (아래) 매장 모습.

히 담은 상품들로 구비했다. 최근 전자레인지 용기와 밀폐용기류 판매가 전년 대비 2배 가까이 급증했다"고 전했다.

"저가숍 넘어 '초저가 슈퍼' 뜬다"

저가숍 브랜드마다 콘셉트는 조금씩 다르지만 눈에 띄는 공통점이 있다. 바로 PB 상품이 주를 이룬다는 것. 저가숍은 그저 싸게 납품할 수 있는 협력사를 찾아 제품을 공급받는 데 그치지 않는다. 협력사와 함께 가성비를 실현할 수 있는 최적의 소재와 제조법을 연구한다. 일례로 미니소는 제품 디자인부터 제조, 판매 전 과정을 수직계열화해 중간 유통 과정에서의 가격 거품을 없앴다. 다이소도 협력사에 생산만 위탁하는 OEM 방식과, 개선안을 선(先) 제안하고 협력사가 이를 취사 선택하는 상생협력 방식을 병행한다. 노브랜드도 중소기업과 함께 개발한 PB 상품이 주를 이룬다.

신제품 출시 주기를 단축시켜 최신 라이프스타일 트렌드를 선도하는 것도 공통점이다. 모던하우스는 매장 입구에 마련된 메인 스테이지를 2~3주에 한 번씩 새로운 콘셉트로 교체한다. 다이소도 매달 600여 가지의 신상품을 기획해서 선보인다. 최신 트렌드를 반영하되 저렴한 가격과 빠른 상품 회전으로 승부하는 '패스트 리빙(fast living)' 전략이다.

전문가들은 향후 저가숍 시장에 대해 긍정적 전망을 내놓는다. 장기 불황을 겪으며 100엔숍 시장이 성장한 일본처럼, 저성장이 고착화된 우리나라도 비슷한 흐름을 보일 것이란 관측이다. 박종대 하나금융투자

애널리스트는 "PC, 가전 등 스펙이 표준화돼 있고 가성비를 추구하는 제품은 온라인 구매 비중이 점차 늘겠지만, 신선도나 체험이 중요한 식품·화장품 등은 여전히 오프라인 구매 비중이 높게 유지될 것이다. 이 중 브랜드 충성도가 떨어지는 제품은 PB로 전환될 것이다. 이는 저가숍 시장의 핵심 성장 요인이다. 이런 흐름이 지속되면 유럽의 '알디' '리들' 같은 '초저가 슈퍼(Hard Discount Store)'가 한국에서도 확산될 것"이라고 내다봤다.

초저가 슈퍼의 등장은 골목상권의 소상공인들에겐 또 하나의 재앙이 될 수 있다. 대기업처럼 대량 구매를 통한 '규모의 경제'를 달성하기 힘든 소상공인들은 초저가 슈퍼의 저가 공세에 대응하기가 쉽지 않다. 물론 상생을 외면한다는 여론의 눈치를 보느라 대기업들이 공격적으로 출점을 하지는 못할 것이다. 그러나 가성비가 앞으로도 지속될 메가 트렌드임을 감안하면, 대기업들의 출점을 막는 수준에서 안심해선 안 된다. 현명한 자영업자라면 고객의 니즈가 초저가에 있음을 깨닫고 관련 트렌드에 적극 대응하는 게 바람직하다.

초저가 트렌드는 시장 곳곳에서 감지된다. 2014~2015년에 저가 커피, 2016년에 저가 주스가 유행이었는데, 이들은 저가 마지노선으로 1,500원을 설정했다. 그런데 2017년에는 아메리카노 가격이 900원인 초저가 커피 프랜차이즈가 등장했고, 명랑핫도그도 1,000원짜리 핫도그를 주요 메뉴로 내걸었다. 저가숍이 인기를 얻는 것도 '1,000원의 행복'을 누릴 수 있는 몇 안 되는 공간이기 때문이다.

'싼 게 비지떡'이라고 치부한다면 오산이다. 요즘은 품질이 괜찮은 제품도 100% 물류 자동화, 경영 효율화, 규모의 경제 등 선진 경영 기법을 활용해 얼마든지 가격을 낮출 수 있는 시대다. 다이소 물류센터도 상품 입고에서부터 출고까지 모든 운영이 자동화돼. 하루 3만여 종의 상품을 옮기는 데 투입되는 인력이 거의 없다. 또, 코스트코 같은 창고형 할인 마트는 포장이나 진열을 최대한 간소하게 해놔 예쁘게 진열하는 데 드는 인건비나 포장비, 인테리어비를 절감했다. 가격 경쟁력을 높이기 위해 불필요한 낭비 요소를 최대한 제거한 것이다. 이런 식의 저가 공세라면 소비자 입장에서도 긍정적이지 않겠는가.

프리미엄 전략을 구사하지 않는 한, 가성비는 이제 필수인 시대가 됐다. 대기업들은 가성비를 추구하기 위해 진열 상품 수를 줄이고 자동화 공장을 지으며 다양한 투자를 한다. 자영업자도 살아남으려면 단순히 원료만 싸게 조달하는 수준에서 더 나아가, 사업 공정 전반에 걸쳐 불필요한 낭비 요소를 제거해 가성비를 추구해야 한다. 가령 창업 단계에서부터 발품을 팔아 더 저렴한 업체를 찾아 인테리어비를 낮추거나 권리금을 낮추는 것도 다 가성비 추구 전략의 일환이 될 수 있다.

상품 가짓수를 줄이는 것도 자영업자 단위에서 해볼 만한 방법이다. 요즘 편의점 업계에선 상품 가짓수 줄이기에 한창이다. 가령 '새우맛 과자'가 과거에는 3~4가지 진열돼 있었다면 요즘은 가장 잘 팔리는 상품 1~2가지만 진열하는 식이다. 잼이나 새우맛 과자처럼 소비자가 구매할 때 크게 고민하지 않는 '저관여 상품'은 선택의 폭이 좁을수록 오히려 더 잘 팔린다. 소비자가 고민하지 않고 구매할 수 있게, 그러면서도 제품에 만족할 수 있게 질 좋은 상품을 추천하는 '선택과 집중', '큐레이션 서비스'가 중요하다.

식품 업체는 폐기 비용을 줄이는 것도 관건이다. 가령 일본 식료품점들은 고기나 채소 같은 신선식품이 유통기한이 얼마 안 남아서 안 팔리면 그냥 버리지 않고 돈가스로 튀겨 파는 식으로 유통기한을 늘린다. 상해서 버려질 뻔한 신선식품이 가공식품으로 업그레이드되면 유통기한도 늘고 가격 인하 여력도 생긴다. 이처럼 '어떻게 하면 비용을 줄여서 가격을 낮출 수 있을까' '고객들한테 혜택을 줄 수 있을까' 끊임없이 혁신하려는 자세가 필요하다.

향기는 인테리어의 완성!
광고 안 해도
가맹점 저절로 늘어요~

임미숙 아로마무역 대표

임미숙 아로마무역 대표는 국내 향기 비즈니스 시장의 1세대다. 2000년대 초부터 국내 빅 브랜드가 장악하고 있던 화장품 시장의 틈새를 공략하기 위해 유럽산 아로마 보디용품의 수입 판매를 시작했다.

이때도 향초(캔들) 상품을 조금씩 취급했지만, 본격적인 향기 사업을 시작한 건 2007년부터다. 종합방향제가 선진국형 힐링 아이템임을 눈여겨보고 미국 양키캔들 본사와 국내 독점 수입 계약을 공식 체결했다. 이후 2012년부터 가맹 사업을 시작, 현재 150여 개 가맹점을 운영하며 국내 시장 점유율 1위를 지키고 있다. 그에게 국내 향기 시장 트렌드와 향후 전망을 물었다.

Q 향기 사업 불모지이던 국내 시장을 개척하셨습니다. 사업 초기와 비교하면 현재 국내 향기 시장은 어떻게 달라졌나요?

A 국내 방향 시장은 2016년 약 4,000억 원대 시장으로 규모가 커

졌습니다. 타깃 고객층이 제한적이지 않고 남녀노소가 다 즐길 수 있는 아이템으로 인식되면서 집들이나 생일, 연인 간 기념일 등에 선물로 각광받고 있어요. 양키캔들의 주고객층은 20~50대 여성입니다. 이들이 전체 고객의 70%를 차지하고, 나머지는 20~40대 남성이에요. 방향, 탈취, 제습의 목적으로도 활용되며 생활 필수 아이템으로 자리 잡은 분위기입니다. 양키캔들은 국내에 정식 수입되기 전부터도 브랜드 인지도가 꽤 있었어요. 사업 초기에는 향초가 주목을 받았지만 요즘은 디퓨저, 차량용 방향제를 비롯해 홈 데코(집 꾸미기), 액세서리, 소품류에 이르기까지 다양한 제품군이 인기를 끌고 있습니다.

Q 프랜차이즈는 베끼기식 아류 브랜드가 금세 생겨나는 게 위험 요인인데요. 양키캔들도 아류 브랜드가 많지 않나요?

A 방향 시장이 커지자 2014년부터 약 100여 종의 해외 향초 브랜드가 우후죽순 수입되더군요. 그러나 대부분 인기를 끌지 못해 이렇다 할 경쟁 브랜드가 나타나지 않고 있습니다. 인지도가 낮고 양키캔들의 상품력을 따라가지 못하기 때문이죠. 여러 수입상품을 취급하는 편집숍도 생겼으나, 현재는 대부분 사업을 정리한 상황입니다.

Q 양키캔들의 장점은 무엇인가요?

A 독보적인 업계 1위 브랜드로서 안정적인 수익 창출이 가능합

니다. 매장 운영에 따른 육체 피로도 적어 여성 1인 창업에 적합합니다. 완제품이 판매되므로 관리가 쉽고, 화장품과 달리 재고 부담이나 유통기한에 대한 걱정도 없죠. 초기 시설 투자 비용 부담이 적어 소자본 창업이 가능한 점, 특별한 전문 지식 없이 초보자도 손쉽게 운영이 가능한 점도 강점이고요.

Q 양키캔들은 가맹 사업에 그리 적극적이지 않은 듯 보입니다. 실제 광고나 마케팅을 자주 접하기 어렵던데요?

A 가맹점주의 높은 만족도가 입소문으로 퍼지면서 별도의 광고나 마케팅 없이도 꾸준히 매장이 증가하고 있어요. 양키캔들은 가맹점주가 2개 이상 운영하는 다점포 창업 비율이 40%에 달하고, 기존 가맹점주가 가족, 지인에게 소개해 창업한 비율도 37%에 달할 정도로 가맹점주의 만족도가 높답니다.

Q 양키캔들을 비롯해 방향 전문점을 창업할 때 주의할 점은 무엇인가요?

A 단순히 향초를 파는 장사꾼이 아니라, 향에 대한 관심과 열정을 가지고 향 문화를 소개하는 '향기 전도사'로 접근해야 합니다. 창업에 별도의 기술과 능력을 필요로 하는 것은 아니지만, 향기 사업에 대한 이해와 서비스 정신은 필수입니다.

Q 최근 방향 시장 트렌드는 무엇인가요?

A 향에 대한 수요가 다양화되고 있습니다. 거실, 안방 등 공간별로 향을 바꾸고, 차량 등에서도 향을 다채롭게 사용하죠. 기능별로도 방향을 하는 추세입니다. 탈취, 방향, 기분 전환 또는 담배 냄새 제거, 애완동물 냄새 제거 등 목적에 알맞은 향을 찾아 쓰시더군요.

Q 향후 방향 시장 전망과 경영계획을 말씀해주세요.

A 선진국 사례와 산업통상자원부 자료를 참고하면 국내 방향 시장은 지속적으로 확대될 가능성이 가장 높은 산업군입니다. 국내 방향 시장은 2017년 약 5,000억 원대로 성장한 뒤 매년 10% 이상 고성장할 것으로 예상됩니다. 시장에서도 향초, 디퓨저처럼 향기로 인테리어를 완성하는 수요가 계속 늘어날 것으로 봅니다. 제품도 계속 업그레이드될 거예요. 최근 미세먼지에 대한 우려가 많으니 공기 정화 기능도 겸비한 상품이 등장해 인기를 끌 것으로 기대합니다. 이런 트렌드에 발맞춰 아로마무역도 자체 생산한 디퓨저 브랜드 '라프라비'를 중국 등 해외에 수출할 준비를 하고 있습니다.

게스트하우스

가성비 찾는 혼행족에 인기 폭발

가성비, 1인 가구, 여행….

2018년에도, 그리고 앞으로도 이어질 '메가 트렌드'다. 이들을 모두 충족시키는 창업 아이템이라면 전망이 밝다고 할 수 있다. 게스트하우스도 그런 예다. 가장 저렴한 숙박지인 게스트하우스는 혼행족(혼자 여행족) 증가로 갈수록 각광받고 있다. 특히, 최근에는 청춘남녀의 이색 미팅 장소로 주목받으며 전성기를 맞고 있다. 종합 숙박 O2O 기업 야놀자에 따르면 2017년 7월 게스트하우스 이용률은 전년 대비 5배 가까이 증가했다.

게스트하우스도 프랜차이즈 창업이 가능하다. 야놀자는 자회사 '지냄'을 통해 가맹 사업을 하고 있다. 여기어때는 자사 모텔 가맹점 창업 시 점주가 원하면 일부 객실을 게스트하우스 형태로 설계해 모텔과 게스트하우스 고객을 함께 받고 있다. 2017년 상반기 기준 프랜차이즈로 운영되는 게스트하우스는 전국에 약 200개로 추산된다.

게스트하우스 창업 비용은 천차만별이다. 자가 건물 여부와 지역, 위치, 규모 등에 따라 창업 비용은 달라진다. 임차를 해서 창업할 경우 평균 창업 비용은 3억~4억 원 정도다. 서울에서 20객실 규모로 창업했을 때 보증금과 인테리어 비용 및 시설 잡비를 감안한 금액 기준이다.

수익률은 객실 가동률에 달렸다. 야놀자에 따르면, 서울 명동의 경우 평균 성수기 객실 가동률은 85% 이상, 비수기에는 평균 70% 이상이라고 한다. 평균 객실 객단가는 4만~6만 원 선이고, 도미토리(기숙사 형태의 다인실)는 2만 원 정도다. 운영이 잘되는 게스트하우스는 보통 2~3년이면 초기 인테리어 투자비를 뽑을 수 있다고 한다.

주 고객층은 지역에 따라 다르다. 관광객이 많이 찾는 서울은 해외 자유여행객과 내국인 비중이 70:30 정도다. 반면, 지방은 내국인 비중이 해외 자유여행객 비중보다 훨씬 높은 편이다. 이처럼 국적은 지역에 따라 다르지만, 연령대는 내외국인 모두 20~30대 젊은 자유여행객이 대부분이다.

야놀자 관계자는 "게스트하우스는 중국인 관광객 외에도 서양, 대만, 동남아 등 세계 각지에서 온 자유여행객들이 고루 방문한다. 때문에 사드 이슈에도 불구하고, 특정 지역을 제외하고 큰 악재는 없다. 특히 서울은 해외 자유여행객 비중이 높아 절대로 내국인만 보고 창업해서는 안 된다. 지방도 마찬가지로 어느 정도 해외 여행객이 유입돼야 안정적으로 운영할 수 있다"고 귀띔했다.

게스트하우스 창업의 장점은 여러 가지다.

야놀자 지냄 게스트하우스(위)와 여기어때 수원인계점(아래).

우선 창업 비용이 저렴하고 운영도 수월하다. 가령 창업 수요가 가장 많은 요식업은 노동 강도가 높고, 종업원 인건비 지출도 적잖다. 점주가 직접 요리를 하지 않는다면 주방장 등 특정 인력에 대한 의존도도 높을 수밖에 없다. 장사가 잘될 때는 많이 벌 수 있다는 장점도 있지만, 반대로 장사가 안되면 높은 고정비 부담 때문에 적자를 보기 십상이다. 이에 비해 게스트하우스는 상대적으로 노동 강도가 낮고, 인건비가 적게 든다. 운영 방법도 비교적 쉽고 간단해 노후 창업 또는 투잡에 유리하다는 평가다.

무엇보다 숙박업 유형 중 창업 비용이 가장 저렴해 리스크가 낮다. 건물을 통으로 매입해 리모델링하는 모텔이나 여관에 비해 게스트하우스는 5개 남짓 적은 객실로도 창업이 가능하고, 가동률 유지 부담도 적다. 또, 요식업은 메인 상권에 입점해야 유리한 탓에 보증금과 권리금 부담이 크지만, 게스트하우스는 고객 대부분이 온라인 예약을 통해 들어오기 때문에 이면도로에 위치해도 전혀 문제되지 않는다. 주요 수입원은 물론 숙박료이지만, 여행사들과 제휴 프로그램을 운영하거나 F&B 또는 기념품 판매를 통해 일정한 부대수입도 기대할 수 있다.

여행을 즐기는 점주라면 수많은 여행객들과 매일 만나며 여행을 간접 체험하는 즐거움도 덤으로 얻을 수 있다. 다양한 문화권의 사람들을 접하며 문화 교류를 하고, 민간 외교 사절로서 한국의 매력을 알리는 역할을 해보는 재미가 쏠쏠할 것이다.

게스트하우스의 단점은 푸드트럭과 비슷하다. 현행 외국인관광 도시민박업 제도에 따르면, 게스트하우스는 외국인 숙박객만 이용 가능한 시설로 분류된다. 즉, 내국인의 숙박은 엄연히 불법이다. 외국인 대상 업소인 만큼 외국어가 능통한 인력도 꼭 상주해야 한다.

그러나 현실에선 푸드트럭과 마찬가지로 단속이 제대로 이뤄지지 않고 있어 불법 영업이 성행하는 형편이다. 여기에 사드 보복으로 중국인 관광객이 급감하자 업체들은 내국인을 대상으로 한 마케팅으로 방향을 선회하고 있다. 물론 언젠가는 사드 이슈도 해결돼 중국인 관광객들이 다시 몰려올 것이다. 이런 흐름을 눈여겨보다가 적당한 때에 창업에 나서는 게 바람직해 보인다.

향후 시장 전망이 밝은 만큼 게스트하우스도 경쟁이 치열하다. 업계에 따르면 전국 게스트하우스 수는 4,000개가 넘는 것으로 추산된다. 민박 형태를 포함하면 그 숫자는 더 많을 것이다. 따라서 후발 주자라면 자신만의 차별화 전략은 필수다.

온라인 예약 고객이 대부분인 만큼, SNS 등을 활용한 온라인 마케팅은 기본이다. 여기에 특정 국가 관광객에 특화된 게스트하우스를 운영해보는 것도 방법이다. 관광객이 접근하기 쉽도록 홈페이지를 해당국 언어로 꾸미고 인테리어나 비품, 아침식사 메뉴도 해당국 문화를 반영해 준비하는 것이다.

법무부 출입국 외국인정책본부에 따르면, 최신 자료인 2016년에 한국을 가장 많이 방문한 상위 10개국은 중국, 일본, 미국, 대만, 홍콩, 필리핀, 태국, 말레이시아, 베트남, 인도네시아였다. 중국인 관광객만 800

만 명으로 나머지 9개국을 다 더한 것보다 많았다. 그러나 2017년에는
사드 사태로 중국인 관광객이 거의 반 토막 났다. 반면 일본, 대만과 동
남아 국가들은 메르스 사태가 있었던 2015년에 잠깐 주춤했을 뿐, 한국
방문이 꾸준히 증가하는 추세다. 따라서 중국, 일본, 대만 등 동북아 3국
과 동남아 국가들에 특화된 게스트하우스에 도전해볼 만하다.

일단 중국인 관광객은 애국심이 높고 수요층이 어마어마하니 투자
가치가 충분해 보인다. 일본인 관광객도 인구가 적잖은 데다 한국, 대

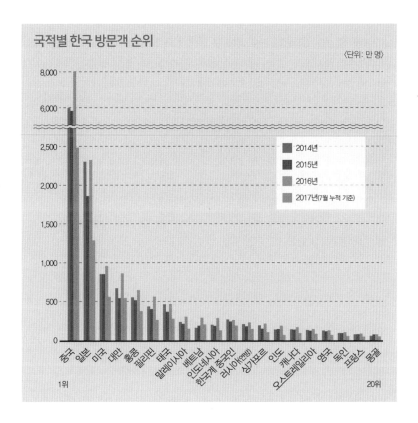

국적별 한국 방문객 순위

〈단위: 만 명〉

2014년
2015년
2016년
2017년(7월 누적 기준)

만, 서양 등 일본 문화를 좋아하는 마니아층의 추가 수요도 기대해볼 수 있다. 동남아는 한류 콘텐츠에 매료된 관광객이 많을 테니 이를 활용해 볼 만하다. 또 이슬람 관광객은 율법상 못 먹는 음식들이 있으므로, 아침 식사로 할랄푸드[4]를 제공한다면 상당한 입소문을 기대할 수 있을 듯하다.

모텔과 게스트하우스 겸업하는 여기어때 수원인계점

4인실 '함께좋은방' 가성비 앞세워 만실 행진

여기어때 수원인계점은 원래 모텔이지만, 3개 층에 걸쳐 각 층에 1객실은 게스트하우스로 운영한다. 전체 객실 40개 중 3개 객실을 도미토리 형태로 꾸몄다. 이름하여 '함께좋은방'. 각 방에는 4인 침대를 배치했고, 화장실과 PC 등을 공동 사용하는 형태다. 일반 객실 숙박 비용이 5만~9만 원인 반면, 함께좋은방은 2만~3만 원에 불과하다. 덕분에 2017년 6월부터 2개월간 운영한 결과, 주중과 주말 대부분 만실을 기록 중이라고.

여기어때 관계자는 "주로 3인 이상의 비즈니스 고객과 단체로 방문하는 친구들이 즐겨 찾는다.

화성, 행궁 등 수원 지역을 찾은 외국인 관광객들도 자주 온다"며 "향후 다른 가맹점도 점주 의견을 반영해 게스트하우스 등 상권 특성에 맞춘 객실 형태를 도입할 계획이다"라고 밝혔다.

---

4   식물성 음식과 해산물, 육류 중 이슬람 율법에 따라 가공해 무슬림이 먹을 수 있도록 허용된 식품.

자판기

☀ 최저임금 인상에 이색자판기 봇물… 대박 열쇠는 '입지'

> 66
>
> 최대 경쟁자 편의점서 안 파는 아이템으로 차별화
> 식품 자판기는 운영비 비싸고 식중독 위험 '비추'
> 자판기도 하나의 매장… 입지는 생명, 관리는 필수
>
> 99

2018년 자영업 시장의 키워드는 단연 역대 최고로 오른 최저임금이다. 문재인 대통령은 2020년까지 최저임금 1만 원 달성을 공약으로 내걸었고, 2018년 최저임금 협상에서 보란 듯이 실천해 보였다. 이제 고용원을 둔 대한민국 자영업자라면 누구나 계산기를 다시 두드려봐야 한다.

어쩌면 이런 변화는 어느 정도 시대 흐름과 부합하기도 한다. 경제학적으로 보면 원래 국가경제는 선진국이 돼 갈수록 재화(상품) 가격은 저렴해지고, 용역(서비스)은 비싸지는 게 일반적인 흐름이기 때문이다. 선진국은 대개 인건비가 저렴한 개발도상국들과 자유무역을 하고, 효율적인 경영 환경 덕분에 생산 단가가 낮아지며, M&A 등 규모의 경제를 극대화해 재화 가격을 한껏 낮출 수 있게 된다. 실제 100엔숍이나 초저가 슈퍼가 먼저 활성화된 나라들은 의외로 독일, 일본, 미국 같은 잘사는 나라들이었다. 반면 서비스 비용은 자국민의 인건비 증가로 갈수록 비싸지기 마련이다.

이런 흐름을 감안할 때, 향후 창업 성공의 키워드는 인건비 부담이 적은 무인 운영 아이템이 될 수밖에 없다. 전국 각지에서 식당을 11개나 운영하는 김완엽 다점포 점주는 2016년에 선풍적인 인기를 끌었던 인형뽑기에 대해 "대한민국 창업 성공 노하우의 핵심이 함축돼 있다"고 말한다. 무인 운영(인건비 최소화), 치고 빠지기(트렌디한 업종), 100% 현금 장사 등이 매력적이었다는 분석이다.

그런 점에서 인형뽑기의 성공 비결을 차용한 또 다른 자판기 창업을 노려볼 만하다. 다크호스는 바로 꽃, 건강식품, 성인용품 등 이색 자판기다. 최근 업계에선 신용카드는 물론, 간편결제도 가능한 자판기를 속속 선보이며 자판기 시장의 제2전성기를 준비하고 있다.

국내 자판기의 역사는 40여 년 전으로 거슬러 올라간다. 1976년 1월 서울 지하철 9곳에 50대의 음료 자판기가 설치됐고, 이듬해 롯데산업이 일본 샤프에서 커피 자판기 400대를 들여오면서 본격 대중화됐다. 이후 자판기는 한때 '황금알을 낳는 사업'으로 불리며 승승장구했다.

그러나 최근 커피 자판기 시장은 빠르게 축소되고 있다. 서울시에 따르면 서울 내 식품 자판기 업소 수는 2008년 1만 5,623개에서 2016년

최저임금 1만 원 인상이 예고된 가운데 인건비를 최소화한 자판기 창업이 주목받고 있다. 사진은 홍대 한 편의점 앞에 설치된 꽃 자판기를 이용하는 모습.

6,658개로 8년 만에 절반 이상 줄었다. 일반 커피전문점과 편의점이 급증하면서 커피의 품질과 접근성이 대폭 높아져서다.

상황이 이렇자 업계에선 커피전문점이나 편의점에서 팔지 않는 상품을 중심으로 이색 자판기 개발에 몰두하는 분위기다.

이색 자판기 뭐 있나
사과 · 샐러드 · 모자… 뭐든 개발 가능

현재까지 상용화된 자판기는 꽃, 사과, 성인용품, 건강식품, 아이스크림, 피자, 샐러드, 라면, 모자 등 다양하다.

꽃 자판기는 최근 개발된 자판기 중 가장 시장성이 높은 상품으로 평가된다. 유행을 타지 않는 데다 선물용, 파티용 등 일상에서 수요가 꾸준하기 때문이다. 과거에는 자판기로 생화(生花)를 팔았기 때문에 금세 시드는 등 관리가 쉽지 않았다. 그러나 요즘은 생화에 약품 처리를 해 반영구적으로 만든 '보존화(preserved flower)'가 개발돼 진짜 꽃과 같은 느낌을 주면서도 관리가 수월해졌다.

업계 관계자는 "꽃 자판기는 현재까지 나온 종류만 6~7가지나 된다. 상품도 꽃송이나 꽃다발, 꽃으로 장식된 시계, 향수 등 다양하다. 점주가 상품을 구성하기 나름"이라며 "데이트나 축하 파티 등 꽃이 필요한 경우 근처에 꽃집이 없거나 문을 닫았을 때 유용하다"고 전했다.

피자나 라면 자판기가 설치된 곳도 있다. 버튼을 누르고 결제를 하면 밀가루 반죽이 피자 도우로 만들어지고, 그 위에 토마토 소스와 토핑이 올라간 다음 오븐에서 1분 20초 동안 구워져 나오는 식이다. 라면도 버튼만 누르면 컵라면이 아닌, 면발이 충분히 익은 끓인 라면을 5분 안에 먹을 수 있다. 학교나 기업 내 매점, 고속도로 휴게소 등에서 간단히 허기를 때우는 용도로 인기다.

성인용품 자판기는 모텔의 일부 객실 안에 설치돼 있다. 현행법상 성인용품은 청소년이 이용 가능한 시설에선 판매할 수 없다. 때문에 모텔이라도 복도에는 설치가 불가능하다. 모텔에 부모 등과 동반 투숙한 청소년의 눈에 띌 수 있기 때문이다. 하지만 일부 객실에만 설치하면 성인 전용룸으로 분리 운영할 수 있다. 업계에선 성인용품 자판기를 이용해

성인인증 후 출입할 수 있는 무인 성인용품 판매점도 조만간 선보일 계획이다.

헬스장 전용 자판기도 있다. 단백질 보충제, 근력 강화제, 지방 분해제 등 몸매 관리에 유용한 제품을 무인으로 파는 식이다. 업계 관계자는 "일부 헬스장에서 10대를 시범 운영 중인데 반응이 좋아 상용화를 준비하고 있다. 가격은 제품당 2,000원 정도고 현금은 물론, 스마트폰을 통한 간편결제도 가능하게 했다"고 말했다.

심지어 고민 상담이나 힐링을 위한 자판기도 있다. 500원을 넣고 '월요병 말기', '현실 도피증' 같은 21가지 증상 중 하나를 누르면 '약 봉투'가 나온다. 열어보면 위안을 주는 문구가 적힌 종이, 산책 코스 지도, 요리 레시피, 추천 도서 · 영화 목록 등이 담겨 있다. 서울문화재단이 2016년 개설했다.

나만의 자판기 주문 제작도 성행
아이템만 좋으면 2개월 안에 '뚝딱'

최근에는 자판기를 주문 · 생산해주는 업체도 생겨났다. 덕분에 아이디어만 있으면 얼마든지 '나만의 자판기'를 만들어 운영할 수 있다. 나만의 자판기 제작 순서는 대략 다음과 같다. 자판기 주문→아이템 사업성 검토→상담 · 견적→계약→시제품 제작→성능 테스트→수정 · 보완 후 양산. 주문부터 양산까지 걸리는 시간은 빠르면 1개월, 늦어도 2~3개월 안에 가능하다.

문제는 아이템의 사업성과 비싼 초기 개발 비용. 시제품 개발에 적게는 수백만 원에서 많게는 2,000만~3,000만 원이 들다 보니 이를 감당할수 있을 만큼의 사업성이 있는지가 중요하다. 자판기 주문·생산업체인 미래자판기연구소의 이영환 대표는 "자판기 제작 문의가 하도 쏟아져 수개월치 주문이 밀려 있다. 현재 기술력으로 웬만한 자판기는 다 만들 수 있다. 단 세상에 없던 자판기를 만들려다 보니 초기 개발비가 비싼 편이다. 때문에 자판기 제작 문의가 100개면 실제 제작으로 이어지는 경우는 5% 미만에 불과하다"고 귀띔했다.

창업 비용과 수익률은
입지 따라 적자~수백만 '제각각'

자판기 창업 비용과 수익률은 어떨까. 결론부터 얘기하면 자판기 종류와 입지에 따라 천차만별이다. 자판기는 입지에 따라 자릿세가 월 수만 원에서 수십만 원으로 다양하다. 전기요금도 고려해야 한다. 일반 자판기는 전기요금이 월 3,000원도 들지 않지만 아이스크림, 사과 등 냉장·냉동 기능이 필요한 식품 자판기는 최고 월 10만 원 이상 든다. 때문에 업계에선 식품 자판기 운영을 그리 추천하지 않는다. 업계 관계자는 "식품 자판기는 유통기한이 짧아 상품을 자주 갈아줘야 하는 등 관리가 쉽지 않다. 자칫 상한 음식을 먹고 고객이 피해를 입게 되면 보상해줘야 하는 리스크도 있다"고 조언했다.

수익률은 고객의 이용 빈도와 점주의 가격 책정에 달렸다. 자판기는 점주가 가격을 마음대로 정할 수 있지만, 유인(有人) 매장에 비해 상대적으로 저렴해야 재구매율이 높아진다. 이를 감안할 때 업계에선 자판기 영업이익률이 매출의 50% 안팎이 적당하다고 강조한다.

이영환 대표는 "꽃 자판기는 입지만 좋으면 하루 10다발 이상 팔린다. 2만 원짜리 꽃다발이 10개씩 팔린다면 월 매출 600만 원, 자릿세와 전기요금을 내고도 순이익 200만 원 이상을 기대할 수 있다. 물론 하루 한 다발도 안 팔리는 경우도 있으니 입지가 가장 중요하다. 입지에 따라 매출이 몇 배씩 차이 난다"고 말했다.

자판기 창업 시 주의사항은 다음과 같다.

첫째, 유행을 타지 않으면서도 편의점에 없는 아이템이 유리하다. 우리나라는 편의점 포화도가 세계 최고 수준이어서 그만큼 고객 접근성이 뛰어나다. 때문에 편의점에서 대체 구매가 가능한 상품은 사업성이 떨어진다.

둘째, 실외보단 실내에 설치하는 게 제품 수명이 오래간다. 일반적으로 자판기는 관리만 잘되면 10년 이상 사용이 가능하다. 그러나 실외에 두면 비바람이나 취객의 발길질 등에 의해 3년도 못 가 고장 날 수도 있다.

셋째, AS가 용이해야 한다. 자판기는 고장이 나면 매출이 '0'이 된다. 이럴 땐 신속·정확하게 AS가 이뤄져야 하므로 AS를 잘해주는 믿을 만한 업체에서 구입하는 게 중요하다.

이영환 대표는 "인건비가 급등하는 시대에 자판기는 장기적으로 유망한 창업 아이템"이라며 "자판기도 하나의 매장인 만큼, 유동인구가 많고 타깃 고객층이 있는 입지를 발품을 팔아 알아보고 꾸준히 관리하는 노력이 필요하다"고 강조했다.

푸드트럭

☼ 소자본 창업 · 메뉴 변경 유리… 영업지 부족은 과제

한국 자영업 창업의 가장 큰 문제 중 하나는 비싼 초기 비용이다. 우리나라에만 있는 권리금, 그리고 세계 최고 수준의 자영업 포화는 보증금과 임차료(월세)를 천정부지로 띄워놨다. 여기에 창업 경험도 없는 이들이 처음부터 목 좋은 곳에 화려한 시설을 갖추고 가게를 열려다 보니 퇴직금과 담보 대출, 신용 대출, 주류 대출까지 다 끌어다 창업한다. 그러다 망하면 재기는커녕 바로 신용불량자가 되기 십상이다. 너무도 안타까운 현상이다.

그런 점에서 소자본 창업이 용이한 푸드트럭을 대안으로 주목하는 이들이 많아졌다. 최근 밤도깨비야시장이 활기를 띠고, BBQ도 푸드트럭 프랜차이즈 사업을 준비 중이라니 더욱 혹할 만하다. 때마침 TV에서도 백종원 씨가 등장하는 푸드트럭 프로그램이 인기리에 방송되면서 관심은 더욱 높아지고 있다. 푸드트럭, 정말 괜찮은 걸까?

결론부터 얘기하면 전업 창업은 반대, 부업 창업은 '상황에 따라서'

다. 일단 합법적 영업지가 태부족하고 지역 상권과의 상생 대책도 미비해 전업 창업은 필경 불법 영업으로 귀결될 수밖에 없다. 기자는 푸드트럭을 외식 창업에 관심있는 청년들이 부업 또는 '린(lean) 스타트업' 개념으로 접근할 것을 추천한다.

식품의약품안전처에 따르면 국내 푸드트럭은 지난 2014년 3월 합법화된 후 서서히 늘어나 2017년 4월 기준 652개까지 늘었다. 2016년 3월까진 124개에 불과했지만 이후 1여 년간 528개가 급증했다. 서울시 밤도깨비야시장이 활성화되며 푸드트럭 영업에 날개를 달아준 덕분이다. 2017년에 상설 운영 2년 차를 맞은 밤도깨비야시장은 2016년 여의도, 목동, DDP에서 100여 개 푸드트럭을 동원, 일평균 7만 3,000명, 연인원 330만 명을 유치해 총 76억 원의 매출을 올렸다. '외국인이 본 인상 깊은 서울시 정책' 1위로 꼽히며 관광 명물로 자리 잡았다는 평가다.

그간 푸드트럭 활성화를 어렵게 한 가장 큰 요인은 합법적 영업지가 부족하다는 점이었다. 안타깝게도 이 문제는 여전히 해결되지 않고 있다. 푸드트럭 영업지는 지자체 조례로 정할 수 있다. 그러나 지역 상인들의 상권 침해를 우려해 지자체들의 지원은 소극적인 편이다. 그나마도 지역 상인들의 반발로 공원 구석 등 상권이 거의 없는 곳에 배치되는 경우가 많다.

2017년 들어 지자체별로 조금씩 긍정적인 변화가 나타나고 있긴 하다. 서울시는 마포구와 서초구에 보조금을 교부, '푸드트럭 시범거리 조성' 사업을 추진 중이다. 밤도깨비야시장도 2017년에는 여의도, DDP,

청계광장, 청계천, 반포한강공원으로 영업지를 확대하고 푸드트럭도 2016년 102대에서 2017년 132대로 30% 늘렸다. 경기도는 화성행궁에 푸드트럭존을 설치할 계획이며, 전북 군산 내항과 대구 중구 하천변, 제주 서귀포에도 20여 대씩 푸드트럭이 투입될 예정이다. 지자체 축제에 푸드트럭을 도입하는 곳도 꽤 늘었다. 식약처 식품안전정책과는 "2016년 96개 지자체 축제에서 누적 614대의 푸드트럭이 영업했는데 2017년에는 206개 축제에서 1,544대의 푸드트럭을 도입키로 했다. 푸드트럭이 지역 축제의 새로운 트렌드로 정착되는 추세"라고 밝혔다. 그러나 이런 장밋빛 전망에 혹해서 섣불리 푸드트럭 창업에 뛰어드는 건 위험하다. 우선 푸드트럭 창업의 장점과 단점에 대해 자세히 알아보자.

푸드트럭의 장점은 크게 두 가지다.

첫째, 소자본 창업이 가능하다. 우리나라는 창업 비용이 세계적으로 매우 비싼 편이다. 자영업자 비중이 높아 점포 확보 경쟁이 치열한 데다 법적 정체성도 모호한 권리금도 상당한 부담이다. 이에 반해 푸드트럭은 창업 비용이 여간해선 3,000만 원을 넘지 않는다. 일반 트럭을 사서 영업용으로 개조(튜닝)하면 중고 트럭 구입비 500만~1,500만 원, 개조비 100만~1,000만 원 정도가 든다. 트럭 상태나 시설 수준에 따라 개조 기간은 짧게는 2주, 길게는 2개월가량 걸린다. 아직은 트럭을 직접 사서 개조해 쓰는 경우가 많지만 최근 푸드트럭 매물이 늘고 창업을 앞당길 수 있다는 이점 때문에 중고 푸드트럭을 구입하는 이들도 늘어나는 추세다. 업계 관계자는 "야시장 등에서 다른 푸드트럭들과 경쟁하려면 트

밤도깨비야시장이 인기를 끌면서 푸드트럭 창업이 늘고 있다. 사진은 여의도 밤도깨비야시장 푸드트럭(아래)과 일반
도로에서 불법 영업하는 푸드트럭들(위).

력이 크고 화려한 게 유리하다. 때문에 푸드트럭도 점점 창업 비용이 비싸지는 분위기"라고 귀띔했다.

최근에는 푸드트럭을 월 단위로 빌리는 렌털업체도 등장했다. 렌털비는 트럭 상태에 따라 월 50만~100만 원 정도. 야시장이나 지역 축제 등 단기 행사에 일회성으로 참여하려는 이들에게 적합하다. '푸드트럭 창업하기'의 저자 김홍섭 씨는 "월 70만~80만 원의 렌털비를 내고는 수익을 내기가 쉽지 않다. 장기 이용 목적이라면 렌털보다 구입하는 게 낫다"고 조언했다.

둘째, 다양한 메뉴를 시도하기가 수월하다. 일반 식당은 한 번 창업하면 업종이나 메뉴 변경이 쉽지 않다. 간판부터 인테리어까지 싹 바꿔야 하고 해당 상권에서 다시 인지도를 쌓는 시간도 필요하다. 반면 푸드트럭은 장비만 일부 교체하면 완전히 새로운 푸드트럭이 된다. '2016년에는 찹스테이크, 2017년에는 핫도그' 식으로 매년 유행하는 아이템으로 갈아탈 수 있는 것. 전민영 제이(J)프레시 대표는 "매년 다른 메뉴를 시도한다. 그러려면 푸드트럭 이름(간판)도 중립적으로 짓는 게 좋다. 사업자등록증에 메뉴 이름이 들어가면 소비자가 혼동할 수 있기 때문"이라며 "푸드트럭은 테이크아웃으로 소량을 판매한다는 점에서 최근 1인 가구 증가 트렌드와도 잘 맞는다"고 말했다.

푸드트럭 창업의 단점은 뭐니 뭐니 해도 합법적 영업지 부족이다. 이하나의 단점이 모든 장점을 상쇄할 만큼 크다. 영업지가 부족하다 보니 푸드트럭들은 야시장 입점에 목을 맬 수밖에 없다. 2017년 하반기 기준 국내 푸드트럭의 약 5분의 1은 밤도깨비야시장에 들어가는 것으로 파악된다. 2017년 들어 푸드트럭이 급증한 것도 야시장을 노린 창업 수요가 많아서였다.

그러나 야시장에 들어가기만 하면 무조건 장사가 잘될 것으로 기대하다가는 큰코다친다. 야시장은 4~10월까지 주말에만 운영돼 실제 영업일은 100일이 채 안 된다. 그마저도 여름 장마철에는 비 때문에 폐장하는 날이 꽤 된다. 주말에 장사를 못 하면 미리 준비해둔 식재료를 모두 폐기해야 돼 본전도 못 찾을 수 있다. 야시장이 문을 닫으면 다른 영업지를 물색해야 하지만 영업지가 태부족해 개점휴업할 확률이 높다. 한 푸드트럭 점주는 "야시장 외에는 합법적 영업지가 거의 없어 불법인 줄 알면서도 생업을 위해 길가에서 운영하는 푸드트럭이 많다"고 토로했다.

야시장은 또 지역에 따라 매출이 천차만별이다. 업계에 따르면 야시장별 일평균 매출은 여의도 400만 원, 반포 200만 원, DDP 100만 원, 청계천 75만 원 정도로 알려진다(2017년 여름 기준). 반포, DDP, 청계천을 다 더해도 여의도에 못 미친다. 모두가 여의도 입점을 원하기 때문에 서울시는 형평성을 위해 지역별로 3주씩 순환 영업을 시키기로 했다. 즉 3개월(12주) 중 여의도에서 영업이 가능한 기간은 3주(주말 6일)에 불과하고, 이때 하필 비라도 오면 장사를 망칠 수도 있다. 밤도깨비야시장에서 2년째 영업 중인 한 푸드트럭 점주는 "2016년에 여의도 야시장을 보고 기대감에 창업한 이들이 많다. 실제 2017년에 입점한 푸드트럭의 절반 이상은 신규 창업자였다. 그러나 순환 영업제 탓에 실제 매출에 만족하는 이들은 10%밖에 안 될 것"이라고 말했다.

상황이 이렇다 보니 푸드트럭을 전업이나 생계형 대신 부업 또는 시장성 테스트용으로 활용하라는 게 전문가 조언이다. 강병오 FC창업코리아 대표는 "푸드트럭은 내가 가진 창업 아이템이 시장성이 있는지 저비용으로 실험해볼 수 있는 '린 스타트업' "이라며 "이런 장점을 십분 활용하는 게 바람직하다"고 말했다.

서울밤도깨비야시장에서 장사하려면

유동인구, 지하철 환승역 버금… 푸드트럭 경쟁률 2.3:1

야시장의 유동인구는 웬만한 서울 지하철 환승역의 일평균 승하차자 수와 맞먹는다. 야시장이 보통 저녁 6시부터 밤 11시까지 5시간 남짓 열리는 점을 감안하면 시간당 집중도는 훨씬 높은 셈. 야시장에 대한 예비창업자들의 입점 문의가 꾸준히 들어오고 있는 배경이다.

단, 푸드트럭은 기본 장비를 갖추는 데 비용이 들어 아직 경쟁률이 그리 높진 않은 편이다. 2017년 야시장 참가자 중 푸드트럭은 총 324명이 지원해 143명이 선발됐다. 경쟁률은 2.3:1. 이들은 2017년 3월부터 10월 말까지 7개월간 매 주말 야시장에서 장사할 권리를 보장받는다. 다음 해에는 제로베이스에서 새로 평가받는데, 2016년에 이어 2년 연속 입점한 상인도 일부 있다. 전민재 서울시 소상공인지원과 주무관은 "2017년 참가자 최종선발 이후에도 야시장에 참가하기 위한 자격이나 방법에 대해 매일 3~4건 이상 문의가 지속적으로 들어오고 있다. 단 수제 공예품 작가는 당초 계획된 인원수만큼의 참여자를 확보하지 못해 추가모집을 실시했다"고 전했다.

선정 절차는 1차 서류심사, 2차 현장품평회다. 서류심사는 서류구비와 판매품목의 현장판매 적합 여부, 가산점 등을 합산해 최종 선정자의 1.5배수 내외로 추린다. 현장품평회는 야시장 판매품목으로서의 적합성, 시장성, 품질도, 차별성 등에 대해 전문가평가(80%), 시민평가(20%)를 더해 고득점자 순으로 선정한다.

합법 영업 '하늘의 별 따기'… 화려함 뒤 어려움 알고 창업하세요

 전민영 제이(J)프레시 푸드트럭 대표

전민영 제이프레시 대표는 2016년부터 서울 밤도깨비야시장에 입점해 푸드트럭 영업을 해오고 있다. 2017년 밤도깨비야시장 푸드트럭 상인회장이자 한국푸드트럭협동조합 운영진으로서 푸드트럭 시장 활성화를 위해 앞장서고 있다. 그에게 푸드트럭 창업 방법과 주의할 점, 향후 전망에 대해 들어봤다.

Q 푸드트럭 창업 과정이 궁금합니다.

A 먼저 푸드트럭을 마련해야겠죠. 우리나라 푸드트럭은 1톤 이하 차량만 가능합니다. 라보(0.5톤), 포터(1톤), 봉고(1톤) 등의 차종을 많이 쓰죠. 1톤 초과 차량은 비영리 목적에 한해서만 허용됩니다.

푸드트럭을 마련하는 방법은 크게 3가지입니다. 중고 푸드트럭을 사거나, 일반 트럭을 사서 탑(트럭 천장과 벽)을 세우거나,

아예 처음부터 탑차를 사서 문만 내거나죠. 보통 둘째와 셋째 방법을 많이 씁니다. 저희도 탑차인 택배차를 사서 문을 냈죠. 트럭을 사서 구조 변경한 뒤 완성검사증명서까지 받으면 푸드트럭 합법화 과정이 완료됩니다.

Q 구조 변경은 어떻게 해야 하나요?

A 구조 변경은 흔히 '튜닝'이라고 하는데요. 일반 카센터에선 안되고 자동차 공업사에 가야 해줍니다. 트럭에 기본 설비가 얼마나 돼 있는가에 따라 짧게는 2주에서 길게는 2개월까지 걸립니다. 특히 가스시설이 들어가려면 각종 안전 검사 기간이 소요돼 오래 걸려요. 구조 변경 과정이 귀찮으신 분들은 중고 푸드트럭을 구입하기도 하죠. 도로교통안전공단 홈페이지에 가면 LPG가스 시설, 환풍구 등 푸드트럭 구조 변경 승인 요건이 나와있으니 참고하세요.

Q 비용은 얼마나 들까요?

A 트럭 구입 비용이 1,000만 원이라면, 탑을 세우는 데는 높이나 문 설치에 따라 최소 400만~600만 원이 듭니다. 바가지를 쓴다면 1,000만 원까지도 들죠. 높이는 170~175센티미터가 보통이고, 키가 크신 분이라면 180~190센티미터까지도 세울 수 있는데 그만큼 가격이 비싸지겠죠.
구조 변경을 할 때는 3면 개폐 여부와 문을 위로 여는 기본 형태인 쇼바탑으로 할지, 문의 절반 이상이 크게 열리는 형태인 윙바디로 할지 등을 선택해야 합니다. 윙바디는 문이 크게 열리니 시각적으로 보기 좋지만, 악천후에 취약하고 먼지도 많이 들어온다는 단점이 있어요. 또 시선을 너무 끌어 길에서 불법 영업을 할 때 단속에 걸리기 쉽죠. 그래서 윙바디는 대부분 밤도깨비야시장이나 지자체 행사를 노리는 분들이 많이 선택합니다.

반면, 쇼바탑은 악천후에 유리하지만 여름철에 환기가 힘들죠. 대체로 메뉴가 스테이크나 튀김류인 푸드트럭은 윙바디를, 그 외에는 쇼바탑을 많이 선택하는 편입니다. 요즘은 윙바디와 쇼바탑의 장점을 합친 모델도 늘어나는 추세입니다.

Q 푸드트럭은 합법 영업지가 많이 부족하다던데 실제 어떤가요?

A 우리나라에서 푸드트럭을 합법적으로만 운영한다는 건 사실상 불가능한 게 현실입니다. 서울시만 해도 합법 영업지는 20곳이 채 안 될 겁니다. 지자체에서 낸 영업지 공고 입찰에 성공하면 1~2년씩 계약이 가능하지만 자리가 적은 데다 상권도 안 좋은 곳이 많거든요. 때문에 합법 영업지를 얻은 이들도 생계를 위해 불법 영업을 하는 경우가 적잖습니다.

Q 푸드트럭으로 팔기에 좋은 메뉴는 뭘까요?

A 2015년부터 스테이크를 파는 푸드트럭이 한창 유행했어요.

2016년 여의도 밤도깨비야시장에 입점한 푸드트럭 42대 중 5대가 스테이크를 팔았는데, 2017년에는 스테이크를 아예 한 분야로 독립시켜 입찰을 받아 2016년보다도 더 늘었죠. 2016년 가을부터는 로브스터도 인기 메뉴가 됐고요.

저희는 2016년에 멕시코 요리를 팔았어요. 남편이 미국 푸드트럭 중 가장 유행하는 게 멕시코 요리라고 해서 요리법도 어렵지 않고 한국인 입맛에도 잘 맞을 것 같아 실험적으로 해봤죠. 당시에는 같은 메뉴의 푸드트럭이 2대뿐이었는데 2017년에는 6~7대로 확 늘었더군요. 음식도 트렌드가 자주 바뀌니 메뉴를 매년 바꿔주는 게 좋아요. 그러려면 푸드트럭 이름에 메뉴명을 넣으면 안 됩니다. 사업자등록증에 상호명을 '스테이크아웃', 'OO버거' 식으로 지으면 나중에 상호 때문에 메뉴를 못 바꾸는 문제가 생기니까요. 그래서 저희도 'J프레시' 등으로 지었답니다.

Q 2018년에는 어떤 메뉴가 유행할 것으로 예상하시나요?

A 솔직히 잘 모르겠어요. 2017년에는 특이한 음식들이 많이 나왔어요. 그릭요거트를 직접 만들거나 곱창 수비드, 에그 베네딕트, 네팔 요리 등등…. 이론적으로는 식당에서 파는 모든 메뉴가 가능하니까요.

유행할 메뉴를 쉽게 예측하기 힘든 이유는, 장소에 따라 인기 메뉴가 달라지기 때문이에요. 밤도깨비야시장이 여의도,

DDP, 반포, 청계, 마포 문화비축기지 등에서 열리는데 반포와 여의도는 가족 단위, 또는 3명 이상 친구끼리 자주 오고요, DDP와 청계는 혼자나 커플 고객이 많아요. 전자는 곱창, 닭갈비, 바비큐 등 여럿이 먹기 좋은 메뉴가, 후자는 혼자 가볍게 먹을 수 있는 메뉴를 선호합니다.

Q 푸드트럭을 하면서 영업지 외에 애로사항은 또 뭐가 있나요?

A 야시장에 입점해보니 영업시간이 부족하더라고요. 일주일에 단 이틀만 하니까 식재료 준비가 늘 고민이에요. 금·토요일에 영업을 하려면 보통 화·수·목요일에 재료 준비해야 하는데, 주말에 날씨가 흐리거나 비가 오면 남은 식재료는 버려야 되거든요. 그게 너무 아깝더라고요. 그런 점에서 유통기한이 길고 보관이 용이한 식재료가 유리합니다. 가령, 일반적인 멕시코 요리는 유통기한이 3일 정도인데, 훈제 바비큐는 2주까지도 괜찮습니다.

Q 푸드트럭 창업 시 주의할 점은 무엇인가요?

A 푸드트럭의 화려한 모습만 보고 너무 쉽게 창업을 생각하지 않으셨으면 좋겠습니다. 영업지가 부족해 처음에는 정말 힘듭니다. 여윳돈도 꼭 있어야 하고요. 제일 어이없는 말이 "다음달에 일 그만두고 푸드트럭 창업하려는데 아이템 하나 알려주세요"

였어요. 어떤 음식을 팔지, 마케팅은 어떻게 할지, 어떤 고객층을 대상으로 할지 미리 확실히 정해놓고 뛰어들어야 합니다.

푸드트럭도 잘 보고 사셔야 해요. 차량 상태에 따라 원하는 조리시설을 못 갖추는 경우도 있거든요. 가령 피자를 팔려는데 화구가 많이 장착돼 있는 차를 사면 다 떼 내고 다시 허가를 받아야 합니다. 차를 잘못 사서 후회하는 분들도 많아요. 가로 5미터, 세로 2미터 정도 되는 3평 남짓 공간에 장비 들일 공간은 정말 한정돼 있습니다. 전력량도 3킬로와트인지 5킬로와트인지 꼼꼼히 따져보세요.

Q 향후 푸드트럭 시장 전망 어떻게 보시는지요?

A 최근 1인 가구가 증가하면서 배달 음식이나 테이크아웃 음식이 상승세를 타고 있습니다. 푸드트럭은 나 홀로 식사족에게 다양한 음식을 간단히 제공할 수 있어 이런 소비 패턴 변화에

긍정적입니다. 메뉴도 다양해지고 객단가도 높아지는 데다, 카드 결제도 가능해 이전보다 구매의 폭이 넓어졌고요.

서울 밤도깨비야시장은 2018년에는 현행 5개소에서 추가를 검토 중입니다. 난지 한강공원, 망원 한강공원, 월드컵 공원, 서울식물원(마곡), 평화의 공원, 잠실 일대, 올림픽 공원, 김포 공항, 중계동 등 여러 지역을 물색 중이죠. 다만, 지자체들이 지역 내 상인들과 마찰을 우려해 야시장 유치에 소극적인 게 아쉽습니다.

Q 푸드트럭 시장 활성화를 위해 제언해 주신다면요?

A 푸드트럭에 영업권은 주어졌으나 관리가 허술해 식품위생 관련 사고가 적잖습니다. 미국처럼 푸드트럭에도 위생인증제를 도입해 푸드트럭들의 위생 수준을 더 높여야 합니다. 또 야시장에만 의존하지 말고, 푸드트럭의 자생력을 높일 수 있는 방안을 마련해야 합니다.

기존 상권과 조화를 이루는 방법도 고민해야 합니다. 우리나라는 외식업이 포화 상태여서 어딜 가도 상권이 겹칠 수밖에 없어요. 때문에 푸드트럭 상권을 따로 정하기보다는 같은 상권에서 영업 시간에 차등을 두는 편이 기존 상권을 침해하지 않으면서도 공생하는 방법이라고 봅니다. 낮에만 활성화되는 상권이나 심야 시간에 한해 푸드트럭 영업을 허용하는 방식을 고려해볼 만합니다.

NEW 카페

☀ 스크린야구 · 방탈출 카페 · VR방…
자영업에 부는 4차 산업혁명 열풍

한국은 방이 참 많은 나라다. 원룸 얘기는 물론 아니다. '놀 수 있는 실내 공간' 얘기다. 노래방, PC방, 당구장(방), DVD방, 멀티방 등등…. 시내 곳곳에 내걸린 간판 열의 한둘에는 어김없이 '방'이 들어간다. 대형 놀이시설을 만들기 어려운 한국의 좁은 땅덩이, 또 술자리가 끝나고도 함께 '으쌰으쌰' 노는 데 익숙한 사회 분위기가 방문화 융성에 영향을 끼치지 않았을까 싶다.

그런데 우리네 방은 오랜 기간 정체 상태에 놓여 있다. 노래방, 당구장, PC방이 등장한 지가 언제인가. 벌써 20년이 넘었다. '오늘은 뭐하고 놀지?' 고민하는 모습에는 새로운 놀이를 즐기고 싶은 욕구 불만이 반영돼 있다.

수요가 있다면 시장은 언제고 답을 내놓기 마련이다. 요즘엔 전에 없던 방들이 하나둘 모습을 드러내고 있다. 단, 21세기에는 '방' 대신 '카페'로 이름이 바뀌었다. 요즘은 어디서나 간단히 커피를 즐기는 시대인데다, 카페라고 하면 좀 더 세련된 이미지로 보이기 때문이다. 특히 요즘은 자영업 시장에도 4차 산업혁명 바람이 부는 듯하다. IT 신기술을 활용한 신개념 카페, 이른 바 '뉴 카페(New Cafe)'들이 속속 등장하고 있다.

스크린야구, 방탈출 카페, VR방이 대표적인 예다. 이들의 공통점은 VR, AR, 센서 등 첨단 기술을 적극 활용한다는 것. IT 강국답게 신기술에 유독 관심이 많은 우리나라 소비자들의 '취향저격'이다. 스마트폰도 저가폰보다는 최신 기능이 탑재된 고가 프리미엄 제품이 훨씬 인기이지 않은가.

이들의 또 다른 공통점은 프랜차이즈 형태로 운영하기 적합하다는 점이다. 기술적으로 진입장벽이 꽤 높은 데다 콘텐츠 업데이트를 꾸준히 해줘야 돼서 개인 자영업자가 하기엔 버겁다. 이는 시장만 잘 선점하면 외식업처럼 무분별한 경쟁 출점에서 자유롭다는 장점이 된다.

이들은 예전 방들의 장점도 고루 갖추고 있다. 도심 속 건물 안에 있어 날씨와 장소에 구애받지 않고 접근성도 뛰어나다. 초기 투자만 해놓으면 운영비는 적게 드는 '설치 산업'이란 점도 비슷하다. 운영 방법도 수월하고 깔끔해 기술이 없어도 누구나 창업할 수 있다. 물론 초기 투자비는 상당히 든다는 단점이 있지만 말이다.

요즘은 10~20대 학생들부터 30~40대 젊은 직장인들, 그리고 가족, 연인들까지 뉴 카페에서 모임이나 회식을 즐기는 문화가 확산되고 있어 시장 전망이 밝다는 평가다.

(1) 스크린야구

'스크린 스포츠'에 대한 관심이 높아지고 있는 요즘이다. 업계에 따르면 2007년 100억 원 규모였던 스크린 스포츠 시장은 2013년 1조 5,000억 원을 넘어 2017년 5조 원까지 급성장했다. 골프에 국한됐던 종목 역시 야구, 사격, 테니스, 볼링 등으로 다변화하고 있는 추세다.

그중에서도 가장 핫한 건 뭐니 뭐니 해도 '스크린야구'. 2014년 리얼야구존이 국내에 처음 선보인 이후 만으로 3년이 지난 현재까지 그 성장 속도가 남다르다. 스크린야구 시장 규모는 2015년 400억 원에서 2017년 2,000억 원까지 커졌다. 현재 전국 약 500개 매장이 성업 중인 것으로 알려진다. 20여 개 브랜드가 경합 중이지만 최근엔 리얼야구존(2017년 8월 말 기준 전국 매장 172개), 스트라이크존(136개), 레전드야구존(73개)의 3파전 양상이 공고해지는 모습이다.

야구는 대중적인 스포츠인 건 분명하지만 실제 운동으로 즐기고자 하면 까다로운 점이 한둘이 아니다. 우선 한 팀당 9명, 총 18명이란 대규모 인원이 필요하다. 배트와 글러브 등 장비 구입도 필수다. 무엇보다 공간을 섭외하기가 어렵다. 국내 몇 없는 야구 연습장을 빌리는 건 언감생심. 동네 학교 운동장을 이용하려 해도 공이 도로로 튀어나가기 십상이다.

스크린야구장에선 인원·장비에 구애받지 않는다. 매장에서 빌려주는 배트를 집어 들고 타석에 서면 화면 속 상대팀 투수가 공을 던진다. 스크린 너머 피칭머신에서 뿌리는 공을 때리면 그 힘과 방향을 센서가 인식해 스크린 속 필드로 공이 날아간다. 단순한 타격 연습이 아니라 말 그대로 '게임이 가능하다'. 비록 가상의 화면이지만 경기가 진행되는 장면을 눈으로 확인할 수 있다는 점 역시 기존 실내 야구 연습장과 다르다. 팀별로 점수를 낼 수 있고 승패도 갈리기 때문에 여럿이 팀을 짜서 내기를 하기에도 알맞다.

최근엔 이용자들이 모두 한 팀이 돼 인공지능을 상대로 게임을 즐기는 '단합 모드'도 나왔다. '인공지능 모드'는 인공지능 팀을 대상으로 투구와 타격 모두 가능한 방식이라 혼자 온 사람도 방망이만 지루하게 휘두르지 않아도 된다.

물론 창업 시 걸림돌도 여럿 있다. 무엇보다 높은 초기 창업 비용이 부담이다. 스크린야구 장비 시스템 1대는 5,000만 원 수준. 일반적으로

인원·장비·장소 제한 없이 야구를 즐길 수 있는 '스크린야구' 창업이 주목받고 있다.

한 매장에 장비가 4~5개 정도 들어가므로 장비값만 3억 원가량 소요된다. 여기에 인테리어와 임대 보증금 등 점포 비용까지 더하면 예상 창업 비용은 5억 원이 훌쩍 넘는다. 기계 고장 리스크도 무시할 수 없다. 정교한 센서와 부품으로 구성돼 있어 문외한인 점주가 함부로 손을 댔다간 화를 키울 수 있다. 매장에 4~5대밖에 없는 기계 중 하나라도 고장이 나면 매출에 심대한 타격을 입게 된다. 프랜차이즈 본사를 선택할 때 AS 제도와 즉각적인 피드백 체계가 제대로 갖춰져 있는지 꼼꼼히 살펴야 하는 이유다.

그럼에도 스크린야구 전망 시장은 매우 밝은 편이다. 야구를 좋아하는 이가 많아 잠재 고객층이 넓다. 최근 매장이 급격히 늘었음에도 불구 '수요에 비해 부족'하다는 데에 힘이 실리는 분위기다. "7,000개가 넘는 스크린골프장에 비해 스크린야구는 아직 500개 수준이다. '럭셔리 스포츠'란 인식이 강한 골프에 비해 야구는 대중성과 접근성이 뛰어난 만큼 스크린야구 시장은 앞으로도 성장 가능성이 충분하다." 스트라이크존을 운영하는 김효겸 뉴딘콘텐츠 대표의 설명이다.

(2) 방탈출 카페

몸보다는 머리를 더 열심히 써야 하는 뉴 카페도 있다. 일종의 '지적 유희'라고 할까. 2015년 4월 국내에 첫선을 보인 '방탈출 카페' 얘기다.

방탈출 카페는 영화에나 나올 법한 밀실 탈출을 현실에서 직접 체험할 수 있는 공간이다. 방 안에 흩어져 있는 여러 단서를 조합하고 그 과

VR · AR 등 최신 IT 기술을 활용한 방탈출 카페 테마가 인기를 얻고 있다. 사진은 스마트폰 AR 기술로 단서를 얻는 방탈출 카페 '셜록홈즈' 플레이 모습.

정에서 얻게 되는 힌트와 퀴즈를 풀어 탈출의 실마리를 얻는 게 핵심이다. 준비된 모든 미스터리를 해결하면 자연히 방에서 빠져나올 수 있도록 설계됐다. 탈출에 주어지는 시간은 1시간이다.

초창기엔 기대만큼이나 우려도 컸다. 워낙 마니아 성향이 강해 호불호가 극명하게 갈렸고 고객층도 10~20대 초반까지로 한정된 듯했다. '한 번은 재밌지만 두 번은 질릴 것'이란 전망도 많았다. 빠른 속도로 불어난 만큼 없어지는 것도 한순간이란 예상도 나왔다.

그러나 이런 우려와 달리 방탈출 카페는 꾸준한 성장세를 보이며 순항 중이다. 2017년 8월 기준 전국 방탈출 카페는 250여 개. 1년 전인 2016년 8월(100여 개)에 비해 두 배 이상 늘었다. 성수기인 방학 시즌과 주말엔 여전히 예약 없이 체험하기 힘들 정도로 인기가 뜨겁다. 프랜차이즈 중에선 '셜록홈즈'가 매장 수 30개로 업계에서 덩치가 가장 크다. 2위인 '비트포비아'도 직영점 포함 15개 카페를 운영 중이다.

방탈출 카페의 성공 비결은 지속적인 업데이트에 있다. 손님이 질릴 법하면 다른 테마로 빠르게 교체하는 게 핵심이다. 예를 들어 셜록홈즈는 현재 60개 이상의 테마를 보유 중이고, 사내 연구팀에선 매달 새로 개발한 콘셉트룸을 쏟아 낸다. 테마 교체를 원하는 가맹점주는 본사에 문의하면 6개월에 한 번씩 바꿀 수 있다.

단순히 테마 콘셉트에만 변화를 주는 게 아니다. 가상현실(VR), 증강현실(AR) 등 최근 핫한 신기술도 도입해 호기심을 자극한다. 기존 테마룸과 달리 아무 장치도 없는 공간에서 VR 영상만으로 플레이한다거나, 스마트폰 촬영으로 단서를 모아 탐정수첩으로 쓰는 등 AR 기술도 활용되고 있다. 게임 공간도 점차 확장되고 있다. 비트포비아 인기 테마 중 하나인 '사라진 그녀'는 아예 동대문디자인플라자에서 시작한다. 유저가 약속 장소에 도착하면 문자메시지로 지령을 내리는 방식으로 게임이 진행된다. 방을 성공적으로 탈출하기 위해선 협동이 필요하기 때문에 직장 단합대회나 회식장소로도 각광받는다. 이광국 비트포비아 대표는 "색다른 데이트를 원하는 커플 또는 직장 팀 단위 회식 오는 고객들이 많다. 온라인 동호회에서 만난 마니아들이 여러 테마를 하루에 모두 탈출하는 이른바 '도장깨기' 형태로 방문하는 경우도 최근 많이 늘었다"고 설명했다.

기대 순이익도 높은 편이다. 셜록홈즈가 공개한 잠실점 매출 구조를 통해 가늠해볼 수 있다. 테마룸 설치, 인테리어 등에 1억 5,000만 원. 여기에 보증금 7,500만 원, 기타 공사비를 포함하면 총 2억 5,000만 원 정도가 필요하다. 예상 매출은 성수기인 방학 시즌에 4,000만~5,000만 원, 비성수기엔 3,000만 원 수준. 비용은 임대료 550만 원, 인건비 600만 원, 기타 유지비를 포함해 월 1,400만 원이다. 이를 종합하면 평균 순수익이 2,500만 원가량이라는 계산이 나온다. 1년도 못 돼 창업 비용을 회수할 수 있는 구조인 셈이다. 가맹 사업보다 매장을 직접 운영하는 편이 수입이 더 좋아 다른 업종에 비해 직영 비율도 높은 편이다.

권충도 셜록홈즈 대표는 "시장이 어느 정도 성숙기에 접어들었다. 초반처럼 폭발적으로 성장하고 있지는 않지만 그때에 비해 안정감을 갖췄다. 묻지마 창업으로 우후죽순 늘어났던 초기 매장들도 어느 정도 옥석가리기가 진행돼 요즘은 전국 어떤 방탈출 카페에 가더라도 일정 수준 품질이 보장된다. 업계 전체로 보면 긍정적인 변화"라고 말했다.

(3) VR방

VR방은 PC방과 플스(플레이스테이션)방 뒤를 잇는 정통 게임방의 후계자로 주목받는다. VR헤드셋(HMD)을 착용하고 전용 컨트롤러와 어트랙션(체험형 놀이기구)을 조작하면 사격, 격투, 리듬게임, 레이싱 등 다양한 게임을 즐길 수 있다. 가상공간 속에서 주어진 미션에 맞춰 몸을 직접 움직여야 하는 게임이 많아 PC방·플스방 등에 비해 스포츠적 요소가 훨씬 강하다.

국내에서 처음으로 VR방을 선보인 건 'VR플러스'다. 1호점인 강남점을 '무료 체험형 쇼룸'으로 운영하던 VR플러스는 2016년 10월부터 본격 가맹 사업에 착수했다. 현재 전국 각지에 22개 매장을 갖고 있으며 창업 비용은 가맹비, 교육비, 인테리어비를 포함해 50평형 기준 1억 5,000만 원, 100평 기준 3억 원 정도다. 여기에 매장 내 VR 장비와 어트랙션을 어떻게 더하고 빼느냐에 따라 비용이 달라진다. 과금은 이용시간에 따라 요금이 달라지는 형태다. 가령 종일 자유이용권은 2만 5,000원, 100분 이용권은 1만 5,000원으로 나누는 식이다. 성수기인 여름방학 기준 50평형 매출이 4,000만 원까지 나온단다.

VR방의 강점은 '낯선 체험이 가져다주는 신선함'으로 요약 가능하다.

롤러코스터, 그네, 보트 등 VR방 어트랙션이 점점 다양해지고 있다.

지난 8월 인천 송도 VR테마파크 '몬스터VR'을 직접 방문했을 때 들었던 감정도 이와 동일했다. 예를 들어 '번지점프'라는 어트랙션은 그네가 수직으로 올라갔다 떨어지는 방식이다. 처음엔 우습게 보였지만 "안전고리에 손을 넣고 줄을 꼭 잡아주세요"라는 직원의 설명을 듣고 나니 괜히 떨리기 시작했다. VR 기기와 헤드셋을 착용하면 눈앞에 정글의 풍경이 펼쳐진다. 천천히 나무 위를 타고 올라가는 '나'. 지면에 간신히 닿아 있던 두 발도 어느새 공중에서 대롱거렸다. 시선을 밑으로 향하자 발아래로 새들이 날아다닌다. 물론 실제로는 2미터 정도의 높이일 테지만 식은 땀이 쭉 났다. 이윽고 추락! "악!" 하고 터져 나오는 비명을 참지 못했다. VR을 한 번이라도 체험해본 사람이라면 이 말이 결코 과장이 아님을 알 것이다.

VR방 시장은 4차 산업혁명의 관심을 업고 빠르게 성장할 것으로 기대된다. 몬스터VR을 운영하는 VR 스타트업 'GPM'의 이해열 본부장은 "어르신을 위한 해외 간접관광 체험, 아이를 위한 교육용 콘텐츠 등 VR방 활용 범위가 계속 넓어지고 있다. VR방과 VR테마파크는 남녀노소 누구나 부담 없이 함께 방문할 수 있는 문화 공간으로 거듭날 것"이라고 전망했다.

물론 단점도 있다. 아직은 조악한 화질 탓에 업계가 말하는 '생생한 간접체험'과는 다소 거리가 있다. 같은 이유에서 어지러움 증상도 동반된다. 여럿이서 동시에 즐길 수 있는 게임 콘텐츠도 부족해 보인다. 기존 방과 비교해 가장 치명적인 약점은 아직 고객을 구름처럼 끌어들일 만한 '킬러 콘텐츠'가 없다는 점이다. VR방이 대세로 자리 잡기 위해선 PC방 열풍을 이끌었던 '스타크래프트'나 '리그오브레전드', 플스방 탄생의 주역인 축구게임 '위닝일레븐' 같은 킬러 콘텐츠가 나와야 한다.

황명중 VR플러스 대표는 "VR은 아직 시장 극초반이다. VR 기술은 4차 산업혁명 등 전 세계적으로 주목받는 기술이기 때문에 앞으로 장비·콘텐츠 부문에서 급격한 진보가 예상된다. 우려와 달리 재방문율도 30% 정도로 기대 이상 나오고 있다"고 전했다.

스크린야구는 '2차 상권'
프로야구 인기는
든든한 지원군이죠!

 **김효겸** 뉴딘콘텐츠 대표

    스트라이크존은 후발주자다. 스크린야구장을 가장 먼저 선보인 리얼야구존보다 2년가량 출발이 늦었다. 하지만 성장 속도로만 따지면 업계에서 가장 빠르다. 출범 1년 반 만에 가맹점 계약 150개를 돌파, 업계 1위인 리얼야구존을 턱밑까지 추격하고 있다. 스트라이크존 개발부터 사업을 총괄해온 김효겸 뉴딘콘텐츠 대표의 기획력이 뒷받침한 덕분이란 평가다. 스트라이크존의 산파 역할을 한 그에게 스크린야구 시장의 현황과 향후 전망에 대해 물었다.

Q 스크린야구 인기 요인을 뭐라고 생각하십니까?

A '즐겁고 편한 분위기'가 아닐까 싶습니다. 도심 속에서 스크린야구장처럼 여럿이 웃고 마시며 놀 수 있는 공간을 찾기가 어렵습니다. 샷마다 고도의 집중력이 필요한 스크린골프와는 달리 플레이 도중 시끌벅적하게 고성을 질러도 전혀 상관없죠.

점주 입장에서 보면 다른 업종보다 상대적으로 편하게 장사할 수 있단 장점이 있습니다. 설비 관리만 철저하게 해주면 되니까요. 고객 불만 제기 빈도도 적은 편이라 매장 운영 시 특별히 스트레스 받을 만한 부분이 없습니다.

Q 국내 스크린야구 브랜드가 20개 정도 됩니다. 가맹 본사 선택 시 고려해야 할 부분은 무엇일까요?

A 먼저 기술력입니다. 스크린야구의 가장 큰 인기요인은 실감나는 게임 환경입니다. 센서 인식률이 떨어지면 재미가 반감될 수밖에 없죠. 매출에 큰 타격을 줄 수 있는 장비 고장과도 연관이 있기 때문에 원천 기술 보유 여부를 꼭 확인해야 합니다. 본사가 고객과 점주 피드백을 적극 반영하고 있는지도 중요합니다. 우리나라는 그 어느 나라보다 유행이 바뀌는 속도가 빠릅니다. 콘텐츠 업데이트를 소홀히 하는 브랜드는 살아남기 어렵습니다.

Q 초반 폭발적인 성장에 비하면 최근 매장 증가세가 다소 둔화된 것 같은데요?

A 현재 스크린야구 시장이 답보 상태인 건 인정합니다. 스트라이크존을 비롯해 이른바 메이저 브랜드 매장 증가가 전년보다 감소한 게 사실입니다. 하지만 스크린야구 자체에 관심이 줄었다고는 생각하지 않아요. 2016년 1월부터 8월 말까지 새로

생긴 스크린야구 매장이 약 100개입니다. 2017년에는 같은 기간 110개 정도 됩니다. 업계 전체로 보면 2017년에 오히려 더 많이 늘었죠. 또 여타 업종과 달리 스크린야구는 아예 태생부터 프랜차이즈로 성장한 시장입니다. 지역 상권에 대한 영업 독점권을 확실히 보장해주다 보니 매장 수가 빠르게 늘어나지 않는 탓도 있습니다.

Ⓠ 어떤 상권에 매장을 내는 것이 유리할까요?

Ⓐ 기본적으로 유흥상권이 적합합니다. 흔히 '2차 상권'이라고도 하는데요. 평일엔 식사나 술자리를 마치고 방문하는 손님들이 대부분이기 때문이죠. 2~3시까지 영업하는 매장이 많은 이유이기도 하구요. 스트라이크존이 자체 파악한 결과 스크린야구에 적합한 상권이 국내 1,280개 정도 됩니다. 스크린야구 전체 매장 개수가 약 500개인 점을 고려하면 여유가 있는 셈입니다. 현재로서는 힘들지만 지금보다 스크린야구가 놀이문화로서 더 대중화되며 일반 상권으로 확장될 가능성두 큽니다. 음식점 등 다른 매장과 결합한 형태의 '숍인숍(shop in shop) 창업'도 유망해 보입니다.

Ⓠ 향후 스크린야구 시장을 어떻게 전망하시나요?

Ⓐ 스크린야구 시장은 아직 걸음마 단계입니다. 그만큼 콘텐츠와 기술 측면에서 발전할 가능성이 무궁무진하단 얘기죠. 여럿이

땀 흘리며 운동할 수 있는 공간이 희박하기 때문에 스크린야구 수요는 꾸준히 증가할 것으로 보입니다. 국내 프로야구 인기가 식지 않고 꾸준히 늘어나고 있다는 점 역시 업계엔 호재입니다. 프로야구팬이야말로 스크린야구 시장 최대 고객이라고 볼 수 있으니까요.

Q 야구 외에 주목하고 있는 스크린 스포츠 종목이 있다면요?

A 2017년 말까지 스크린테니스, 내년엔 스크린볼링을 차례로 내놓을 계획입니다. 하지만 고객이 해당 종목에 기대하는 바가 다른 만큼 각각의 사업 운영방식에도 변화를 줄 예정이에요. 스크린야구에서 즐거움과 안전을 최우선했다면 테니스는 고객 개인의 실력 향상을, 볼링은 식음료 사업에 초점을 맞춰 여럿이 함께 웃고 떠들 수 있는 공간으로 만들어볼 생각입니다.

자고 나면 천지개벽 시장은 지금

막 오른 무점포 시대

☀ O2O 경제에 사라지는 오프라인 점포들

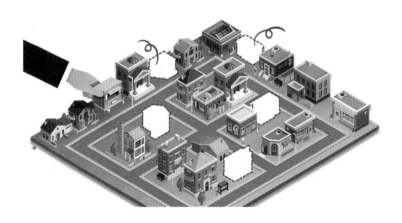

삐~ 삐~.

서울 역삼동에 위치한 수제버거 전문점 '레프트코스트 아티잔'. 이른 아침부터 포스기에서 울려대는 소리에 주방이 분주해진다. 햄버거 배달 주문이 들어왔다는 신호음이다. 그런데 전화를 받는 직원도, 주문하는 고객도 안 보인다. 5평 안팎 주방에 포스기 한 대만 놓여있을 뿐. 요리사는 익숙한 듯 노련한 솜씨로 빵과 패티를 굽기 시작한다.

삐~ 삐~. 그 와중에도 계속 주문이 들어온다. 이윽고 햄버거가 완성

될 즈음 배달부가 문을 열고 들어온다. 주방 한편에서 잠시 기다리던 배달부는 요리사가 포장해준 햄버거 세트를 받아들고 다시 나간다. 주방장은 또 다른 햄버거를 굽고, 이내 또 다른 배달부가 와서 대기한다.

배달의민족이 운영하는 '배민키친'의 한 장면이다. 알 만한 사람은 알겠지만, 레프트코스트 아티잔 본점은 이태원에 있다. '강남에 분점을 냈나' 싶다면 절반만 맞다. 사실은 이태원 본점의 주방과 요리사만 옮겨왔다. 혼자는 아니다. 배민키친에는 '라이너스바비큐' '챔프키친' 등 이태원의 다른 한식·양식 전문점 주방이 3개 더 들어와 있다. 이들은 모두 100% 배민라이더스(배달의민족 앱 내 외식 배달 서비스)로만 주문을 받는다. 배민키친의 배달권은 강남구와 서초구 일부. 이 지역 배후인구만 총 50만 명이 넘는다. 이태원 본점보다 가게는 더 작아졌지만, 잠재 고객은 훨씬 많아진 셈. 배달의민족 관계자는 "강남 주민들은 이제 이태원에 안

서울 역삼동 배민키친에 주방이 입점한 이태원 수제버거 전문점 '레프트코스트 아티잔'. '배민라이더스'로 주문을 받아 배달을 통해서만 음식을 파는 신개념 식당이다.

가도 이태원 맛집 음식을 즐길 수 있게 됐다"며 "향후 부산이나 광주에 배민키친이 오픈하면 서울의 맛집 음식을 전국에서 '오리지널' 그대로 맛보게 될 것"이라고 말했다.

4차 산업혁명 시대에 접어들며 오프라인 점포 형태에도 지각변동이 일고 있다. 식당에서 주방만 남기는가 하면, 아예 점포 자체가 사라지는 경우도 흔하다. 처음에는 금융·유통 등 일부 업종에 국한된 얘기처럼 들렸다. 그간 은행, 증권사 등의 지점을 수백 개 통폐합한 금융권이 대표적인 예다. 대형마트도 매출이 부진한 오프라인 지점을 접고 온라인 영업 강화에 나섰다. 하지만 최근에는 외식·농산물 업계도 잇따라 매장을 없애는 분위기다. 무(無)점포 영업이 산업계 곳곳으로 확산되고 있는 것이다.

기업들이 오프라인 매장을 없애고 온라인으로 옮겨가는 이유는 뭘까. 오프라인 매장은 이대로 영영 사라지게 되는 걸까. 무점포 비즈니스의 면면을 들여다보자.

곳곳서 무점포 영업 시작
은행 · 증권도 지점 폐쇄 잇따라

무점포 영업에 가장 적극적인 건 증권·은행 등 금융권이다.

증권업계는 지난 5년간 500개 가까이 지점을 줄였다. 금융투자협회 전자공시에 따르면 2012년 말 1,623개였던 국내 증권사 지점 수는 1,476개(2013년)→1,236개(2014년)→1,139개(2015년)→1,082개(2016년)로 해마다 급감했다. 은행도 마찬가지다. 5대 은행(KB국민, 우리, 농협, 신한, KEB 하나) 지점 수는 2012년 말 5,352개에서 2017년 2월 말 4,796개로 4년 새 556개 줄었다. 업계에선 5대 은행이 2017년에만 300여 개를 추가로 더 줄일 것으로 내다본다. 한국씨티은행은 전국 126개 지점 중 80%가 넘는 101개를 폐점키로 했다. K뱅크, 카카오뱅크는 아예 오프라인 지점을 두지 않는 인터넷전문은행으로 최근 영업을 시작했다.

금융권이 잇따라 지점 문을 닫는 이유는 간단하다. HTS · MTS(증권), 모바일 · 온라인뱅킹(은행) 등 핀테크 활성화로 거래 환경이 달라졌고, 이로 인해 오프라인 지점 운영의 효율성이 낮아졌기 때문. 우리은행 관계자는 "최근 AI(인공지능) 등 핀테크 기반 금융 서비스들이 상용화되면서 소비자들이 지점을 직접 방문하기보다는 비대면 개인 맞춤형 뱅킹 서비스를 선호하는 추세"라며 "기존 고객의 방문 거래가 적은 점포를 중심으로 통합, 대형화해 서비스질을 높일 계획"이라고 전했다. KEB하나은행도 '태블릿 브랜치 2.0'을 통해 사라진 영업점을 출장 영업으로 보완한다는 계획이다. 고객이 찾아올 매장이 없으니 직원이 고객을 찾아가는, 이른바 '아웃도어 세일즈'다. KEB하나은행 관계자는 "기존에는 현장에서 정보 투입 · 서식 작성 후 영업점에서 업무를 마무리하는 식이었다. 이제는 현장에서 개인신용대출 신청 · 대출 가능 여부 확인, 신용 · 체크카드 신청, 예금 신규계좌 개설 등을 실시간으로 진행할 수 있게 했다"고 말했다.

무점포 · 비대면 영업이 늘어나는 이유는 비용이 획기적으로 절감되

○ 무점포 영업 사례

업종	사례
금융	씨티은행 지점 80% 폐쇄 예정
	카카오뱅크, K뱅크 등 인터넷은행 인기
	은행, 증권사 수백 개 폐점 도미노
외식	배민키친, 홀 없이 주방만 두고 배달 영업
	미스터피자, 가맹점 문 닫아도 출점 자제
유통	이마트, 창사 24년 만에 학성점 폐점키로
농산물	카카오파머, 판매점 안 거치고 농장에서 직거래

기 때문이다. 게다가 지역적 제한 없이 어느 곳에서나 소비자를 상대할
수 있다. 지점이 없는 인터넷전문은행은 기존 은행과 비교, 여·수신 금
리 면에서 상당한 우위를 차지할 수 있고 수수료 조정 여력도 커진다.
점포를 기반으로 하는 기존 은행에 비해 소비자에게 더 다양한 서비스

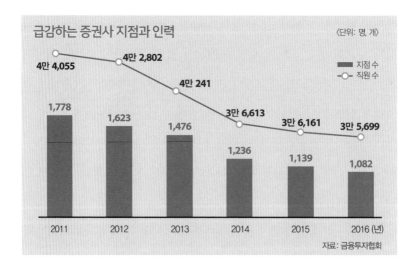

급감하는 증권사 지점과 인력 〈단위: 명, 개〉

지점 수
직원 수

4만 4,055
4만 2,802
4만 241
3만 6,613
3만 6,161
3만 5,699

1,778
1,623
1,476
1,236
1,139
1,082

2011　2012　2013　2014　2015　2016 (년)

자료: 금융투자협회

를 제공할 수 있는 여지가 커지는 셈이다. 씨티은행 관계자는 "인터넷전문은행 출범으로 대출 등과 관련해서 기존 은행들과 경쟁을 하게 됐다. 비대면·무점포 등의 요인은 기존 은행에 굉장히 위협적인 게 사실이다. 인터넷전문은행이 기존 은행의 안정성에 새로운 혁신성을 더한다면 좋은 서비스를 할 수 있을 것으로 본다"고 주장했다.

무점포 영업 트렌드는 이제 외식·유통업계에도 조금씩 확산되고 있다. 앞의 배민키친 사례가 대표적이다. 일반적으로 식당은 고객용 공간이 전체 매장의 75%에 달한다. 포장해 가는 고객이 많은 패스트푸드점도 마찬가지다. 배민키친은 주방만 남기고 홀을 없애 점포의 절반 이상이 사라진 셈이다. 덕분에 수천만~수억 원에 달하는 점포 보증금·권리금·인테리어비·임차료(월세)는 물론, 서빙·매장 관리에 필요한 직원 인건비도 절감할 수 있게 됐다. 배달의민족 관계자는 "홀 있는 식당과 비교하면 창업 비용이 10분의 1도 안 된다. 그러면서도 이태원 맛집 음식을 집에서도 맛볼 수 있다는 장점에 고객들의 반응이 좋다. 개점 초기 3개월간 주문 건수 증가율이 67%에 이른다"라며 "식당과 고객 모두 윈윈(win-win)하는 모델이라 보고 2017년 7월 강남에 2호점을 오픈하는 등 추가 출점을 가속화할 예정이다"라고 전했다.

미스터피자 사례도 눈여겨볼 만하다. 기존에 2개 가맹점이 있던 상권에서 한 곳이 문을 닫으면, 이를 벌충하기 위한 출점을 하지 않기로 했다. 이런 패턴이 계속 반복되면 가맹점 수는 기존의 절반가량으로 줄어들게 된다. 미스터피자 관계자는 "이전에는 홀 영업이 잘돼서 가맹점이 수백 미터 떨어져 있으면 각각의 상권이 확보됐다. 그런데 요즘은 홀 영업 대신 배달 위주로 재편됐다. 배달은 보다 넓은 상권을 커버할 수 있어 추가 출점을 하면 상권이 서로 겹치게 된다. 출점 중단은 변화된 외식 환경에서 점주의 영업권을 보장하기 위한 조치"라고 설명했다.

유통업계에선 이마트 사례가 주목받는다. 이마트는 빠르면 오는 9월께 매출이 부진한 울산 학성점을 폐점할 예정이다. 그간 외형 확장에 몰두하던 이마트가 폐점하는 건 창사 24년 만에 처음 있는 일이다. 이마트는 하남점 잔여 부지, 평택 소사벌 등 미개발 부지도 상권 확장에 활용하지 않고 그냥 매각하기로 했다. "불투명한 경제 환경과 할인점 성장 둔화에 선제 대응해 '경영 효율'을 높이고 지속적 체질 개선으로 '수익구조'도 혁신하기 위한 조치"라는 게 이마트의 설명이다.

이마트몰 물류센터. 이마트는 매출이 부진한 학성점을 창사 24년 만에 처음으로 폐점하고, 대신 이마트몰을 통한 온라인 사업을 강화한다는 방침이다.

이마트 학성점 폐점은 대형마트 오프라인 점포 축소의 신호탄이란 게 전문가들의 분석이다. 박종대 하나금융투자 애널리스트는 "학성점을 시작으로 앞으로도 대형마트 폐점이 잇따를 것으로 본다. 과거에는 일주일에 한 번씩 대형마트에 가던 소비자들이 요즘은 한 달에 한두 번만 간다. 2013년을 기점으로 국내 전업주부 수가 가파르게 줄고 대신 '직장맘'이 증가한 것도 영향을 미쳤다. 장 볼 시간이 부족한 이들은 온라인에서 식료품이나 생필품을 구매한다. 이들을 타깃으로 신선식품 정기배송 서비스도 확대되면서 오프라인 매장 집객력은 더 떨어졌다. 브랜드 업체와 소비자가 온라인에서 직거래를 하면서 유통 환경은 구조적으로 악화될 수밖에 없을 것"이라고 말했다.

농산물도 유통점 역할이 축소되는 분위기다. 카카오파머 등 직거래 플랫폼에 입점해 온라인 판매 비중이 높아지고 있다. 카카오파머에서 유통되는 농산물 상품과 입점 농가는 각각 300개, 54개. 이 중 월 1,000만 원 이상 수익을 거두는 농가는 전체의 60%에 달한다. 이재승 카카오 매니저는 "카카오파머 이용자의 48%는 10~30대 초반이다. 일간 재구매율도 70%에 달한다. 카카오파머를 통해 고객 연령층 등 농산물 구매 패턴이 바뀌고 있는 것"이라며 "반응이 좋아 오프라인에 판매장을 두지 않고 농장에서 직배송만 하는 업체도 적잖다"고 전했다.

사정이 이렇다 보니 기존 오프라인 매장을 찾는 발걸음이 뜸해질 수밖에 없다. 2016년 컨설팅 업체 PwC가 발표한 분석 자료에 의하면 2020년까지 미국 내 무점포 시장은 꾸준히 증가하는 반면 슈퍼마켓, 백화점 등 오프라인 매장은 점차 감소할 전망이다. PwC 오프라인 매장 방문 건수는 2009년 350억 회에서 2013년 170억 회로 급격히 감소했고 단위 면적(제곱피트)당 판매율도 지속해서 감소하는 추세라고 분석했다.

전망과 대응 전략은
O2O로 활로 찾기 모색

전문가들은 앞으로 오프라인 매장의 통폐합은 불가피할 것으로 내다본다. 모바일·온라인 쇼핑 활성화, 1~2인 가구 증가, 공유경제, 경험 구매 등의 메가트렌드 영향이 지속될 것이란 전망에서다. 모바일·온라인 쇼핑은 오프라인 매장보다 저렴하면서도 더 편리한 쇼핑 환경으로 소비자를 유혹한다. 오프라인 매장을 운영하려면 기본적으로 보증금, 권리금, 임차료(월세) 등의 부동산 비용과 인건비 등 고정비가 소요된다. 이 중 임차료와 인건비 상승률이 최근 급등하면서 점포 수익성은 갈수록 떨어지는 추세다. 반면 온라인 쇼핑몰은 이 같은 고정비가 훨씬 적게 든다. 오프라인보다 저가로 팔아도 마진이 남으니 가격 경쟁력을 당해낼 수 없다. 여기에 1~2인 가구 증가는 편의점, 다이소 등의 저가숍 같은 근거리 소량 쇼핑 플랫폼만 늘릴 뿐, 대형마트 등의 기업형 매장으로 향하는 발길은 줄이는 요인이다.

무점포 시대에 우리는 어떻게 대응해야 할까.

전문가들은 오프라인 매장이 살아남으려면 오프라인에서만 제공 가능한 서비스를 강화하거나 온라인과 연계한 O2O 전략을 써볼 것을 주문한다. 일례로 버버리 등 명품 패션 브랜드들은 온라인에서 주문한 제품을 오프라인 매장에서 찾아가는 '클릭 앤드 콜렉트(click & collect)'를 도입했다. 오프라인에서 상품을 살펴보고 온라인에서 구매하는 '쇼루밍(showrooming)'을 역이용한 것. 제품 수령을 위해 오프라인 매장을 방문해야 하는 번거로움은 무료배송·피팅·수선 서비스로 보상한다. 매장에 진열된 신제품을 둘러보며 추가 구매를 유도하는 효과도 있다.

"몇 천 원짜리 저관여 상품은 온라인에서 상품을 안 보고 아무렇게나 구매해도 괜찮다. 그러나 패션, 하이테크 등 고관여 상품이나 경험재, 내구재 등은 소비자가 오프라인에서 직접 사용해보고 구입하길 선호한다. 물론 오프라인 매장의 영업 기능이 약화돼 점포 수 감소는 불가피하지만, 통폐합한 매장은 더 새롭고 럭셔리하게 만드는 '선택과 집중' 전략을 통해 해당 브랜드의 '아이코닉(iconic) 매장'으로 거듭나는 추세다." 여준상 동국대 경영학과 교수의 분석이다. 가토 히로타카 일본 유통경제연구소 전무는 대형 점포 위주에서 무점포로 변화하고 있는 시장 상황에 대해 "유통 시장은 이제 고객을 '모으는' 업태에서 고객에게 '접근하는' 업태로 변화하고 있다"고 분석했다.

체험과 함께 유대·소통도 오프라인 매장의 생존법으로 제시된다. 이는 대기업보다 자영업 매장에 더 요구되는 전략이다. 주윤황 장안대 유통경영과 교수는 "1인 가구 증가로 혼밥·혼술족이 늘어나면 외로움 탓에 유대·소통에 대한 니즈가 생기게 마련이다. 하지만 대중을 상대로 매스 마케팅을 하는 대기업이나 온라인 쇼핑몰은 이를 충족시켜주기 어렵다. 디테일한 소통은 소규모 자영업 매장에서만 제공 가능한 가치"라며 "가령 커피전문점에서 커피만 팔 것이 아니라, 바리스타와 마주 보고 대화도 할 수 있는 소통 공간으로 거듭나는 게 바람직하다"고 조언했다.

오프라인 점포가 줄어들며 절감된 비용을 어떻게 사용할 것인가도 과제다. A국책연구원장은 금융기관을 예로 들어 "고객에게 값싼 서비스를 제공하든가 아니면 신뢰를 바탕으로 고객에게 고급의 무형 서비스를 제공할 수 있어야 경쟁력을 유지할 수 있다. 금융만 해도 고객은 주로 인터넷 혹은 스마트폰으로 서비스를 이용한다. 따라서 신뢰와 편리성·가격 등이 서비스를 선택하는 잣대가 될 것"으로 예상했다.

해외도 무점포 시대

美 그린 서밋, 9개 식당이 56평 주방 공유

선진국에선 무점포 영업 사례가 우리보다 더 활성화돼 있다.

온라인 전문 레스토랑 체인 '그린 서밋 그룹(Green Summit Group)'은 미국판 배민키친이다. 미국 시카고에서 9개 식당이 56평 규모 주방 하나를 공유해서 쓴다. 뉴욕 맨해튼과 브루클린 등에도 7개 매장이 있는데 주방은 3개뿐이다. 배달 앱 '그럽허브'를 통해 온라인으로 주문이 들어오면 각 요리사들이 음식을 만들어 내보낸다. 이런 방식으로 그린 서밋 그룹은 총 14개 식당을 운영해 하루 2,000통 이상 주문을 받고 있다. 2017년 예상 매출은 1,800만 달러(약 205억 원)에 달한다. 한국계 미국인 요리사 데이비드 장은 2016년 9월 블룸버그와의 인터뷰에서 "식사의 미래는 확실히 배달로 향하고 있다. 고객이 음식을 먹는 방식이 바뀌고 있기 때문에 레스토랑이 바뀌는 것은 이제 당연한 일이 됐다"고 말했다.

프랑스는 '클릭 앤드 콜렉트'가 매우 활성화돼 있다. 2016년 말 기준 전체 프랑스 쇼핑몰의 약 3분의 1이 클린 앤드 콜렉트를 배송 방법의 한 가지로 제시하는 것으로 조사됐다. 이 중 약 40%의 오프라인 매장에서 상품을 찾으러 방문한 고객이 추가 구매를 했다고 밝혔다. 이 같은 업셀링(Up-selling) 효과에 재미를 본 일부 쇼핑몰은 클릭 앤드 콜렉트를 선택한 고객에 한해 정상 가격에서 5~10% 할인해 준다.

대세는 무인 점포

☼ 최저임금 7,530원… 특명! 인건비를 줄여라

'무점포' 트렌드가 이제 막 시작됐다면, '무인 점포' 트렌드는 2017년 부터 광범위하게 본격 확산되고 있는 메가 트렌드다. 2018년에는 최저 임금 최대 인상 영향으로 더욱 급진적인 변화를 가져올 것으로 보인다. 무인 점포 트렌드의 최전선은 단연 편의점이다. 먼저 다음 숫자를 보자.

6.6명→6.8명→7.1명.

2013~2015년간 국내 편의점당 평균 직원 수 변화다(한국편의점산업협회 자료). 편의점 운영에 필요한 직원이 점점 많아지고 있음을 보여준다. 편의점에서 취급하는 상품이 다양해지고 점포도 대형화되면서 나타나는 현상으로 풀이된다. 주목할 점은 정규직과 임시직의 구성이다. 주로 아르바이트생인 임시직이 2013년 평균 5명에서 이듬해 4.3명, 2015년에도 4.3명을 유지했다. 반면 정규직은 같은 기간 1.6명에서 2.5명을 거

처 2.8명으로 늘었다. 편의점당 평균 직원 수 증가를 견인한 건 임시직이 아닌 정규직임을 알 수 있다.

정규직이 늘면 좋은 일 같지만 실상은 그렇지 않다. 한국편의점산업협회는 "24시간 영업이란 편의점 특성상 파트타이머가 필요하지만 채용의 어려움과 업무 효율성, 최저임금 인상 등 고용 부담으로 가족 종사원 수가 증가한 것으로 파악된다"고 밝혔다. 즉 편의점은 일반 직원 고용을 늘리는 대신, 무급이거나 '주머닛돈이 쌈짓돈'인 가족 종사원을 '활용'한 것이다. 협회 분석대로 최저임금 인상에 대한 부담이 고용 저하로 이어지고 있음을 단적으로 보여준다.

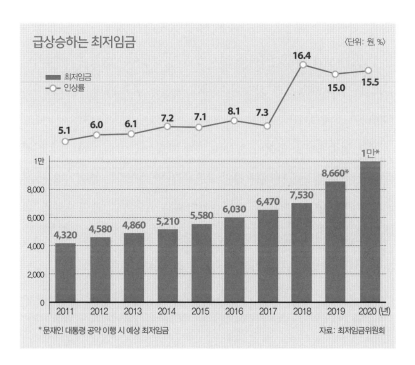

급상승하는 최저임금 〈단위: 원, %〉

- 최저임금
- 인상률

연도	최저임금	인상률
2011	4,320	5.1
2012	4,580	6.0
2013	4,860	6.1
2014	5,210	7.2
2015	5,580	7.1
2016	6,030	8.1
2017	6,470	7.3
2018	7,530	16.4
2019	8,660*	15.0
2020	1만*	15.5

* 문재인 대통령 공약 이행 시 예상 최저임금

자료: 최저임금위원회

임금 근로자에겐 최저임금 인상 폭이 늘 아쉽겠지만, 자영업자는 매년 간담이 서늘하다. 뽑기방, 코인(동전)노래방, 셀프빨래방 등 2016~2017년 유행했던 자영업 업종들을 봐도 이런 흐름이 읽힌다. 무인 운영이 가능해 인건비 부담을 최소화한 아이템이 각광받은 것이다.

뽑기방과 코인노래방은 영업이 100% 뽑기·노래방 기계로 이뤄지기 때문에 동전교환기만 갖다 놓으면 점주나 직원이 없어도 된다. 물론 밤 10시 이후에는 점주나 직원이 상주해야 한다. 두 업종은 모두 '청소년 게임 제공법'이어서 밤 10시부터는 청소년 출입을 제한해야 하기 때문이다. 하지만 낮에만 무인 영업이 가능해도 인건비 절감 효과가 상당하다. 최저임금(6,470원)으로 직원 1명을 매일 10시간씩 고용하면 인건비가 월 200만 원가량 드는데 이를 아낄 수 있다. 심야에 청소년 출입 금지 규제를 안 받는 셀프빨래방은 아예 24시간 무인 영업이 가능하다. 세탁기와 건조기만 설치해놓으면 고객이 기계에 동전을 넣고 세탁·건조해가는 식이다.

기존 업종에서도 인건비 절감을 위한 대책 마련이 분주하다. 치킨집 등 배달 전문 업종에선 배달 직원 고용 시간을 축소하는 분위기다. 주문 건수가 적은 낮 시간대에는 배달대행업체를 이용하고, 배달 직원은 밤에만 쓰는 식이다. 홀 영업만 하는 매장에선 직원을 다 내보내고 혼자 운영하거나 부부 창업 등 가족 종사원을 활용하는 곳도 많다.

맥도날드 무인 주문기(위)와 뽑기방 이용 모습(아래). 인건비 부담이 높아지면서 무인 영업을 추구하는 매장이 늘고 있다.

직원 너무 많으면 인건비 낭비
너무 적어도 업무 부하 문제돼
매출 감안 적정 인건비 관리해야

물론, 인건비를 아낀다고 직원을 줄이는 게 마냥 능사는 아니다. 직원이 너무 많으면 인건비가 낭비되지만, 너무 적으면 업무에 부하가 걸려 고객 서비스의 질이 낮아지고 점주와 직원도 금세 지쳐버린다. 이런 이유로 부부 창업자를 일부러 기피하는 경우도 있다. 이재욱 피자알볼로 대표는 "부부 창업 희망자는 인건비를 최대한 아끼려는 경향이 있다. 그럼 배달 주문에 제대로 대응하지 못해 고객 만족도가 떨어진다. 때문에 생계형 부부 창업자에겐 점포를 내주지 않는 편이다"라고 말했다.

전문가들은 매출이나 매장 규모에 따라 인건비를 적정 수준으로 관리하는 게 중요하다고 강조한다. 인건비의 적정 수준이 어느 정도인가는 매장 면적에 따라 달라진다. 가령 매장 면적이 8평 안팎인 저가 커피, 저가 주스, 스몰비어 업종에선 점주 혼자 운영도 가능하지만 그 이상 규모라면 점주 외에 직원이 1~2명은 더 필요하다.

업종에 따른 차이도 고려해야 한다. 다양한 식재료를 취급해야 하고 스피드가 생명인 패스트푸드는 상대적으로 인력이 많이 필요하다. 따라서 매출 대비 인건비를 18% 정도로 관리하는 게 적당하다. 저가 커피·주스는 월 매출이 약 1,000만 원(일 매출 33만 원) 나오는 매장이라면 인건비는 150만 원, 매출이 그 이하면 80만~100만 원 정도가 적당하다. 매출 대비 적정 인건비가 약 15%인 셈이다. 생활용품점은 매출이 높은 대신 이익이 박하므로 적정 인건비 비중이 더 낮아진다. 이석원 다이소 가맹기획부장은 "월세와 인건비는 매출의 각 7% 정도가 적정하다"고 말했다.

적정 인건비 산출을 위해선 정확한 수요 예측이 반드시 선행돼야 한다. 평소 고객이 몰리는 시간대나 주문 건수를 파악해서 시간대별로 꼭 필요한 인력만 배치하는 게 바람직하다. 다이소를 4개 운영하는 강신욱 점주는 "바쁜 시간대에 직원이 교차 근무하도록 배치하면 아르바이트생을 별도로 고용하지 않아도 된다. 가령 오후 2~3시와 저녁 7~8시가 피크타임이라면 오전부터 오후 3시까지 1명, 오후 2시부터 저녁 8시까지 1명, 저녁 7시부터 마감 시간까지 1명씩 고용하면 된다. 또 오전엔 주부, 저녁엔 학생, 밤에는 투잡 하는 직장인을 우선 채용한다. '일이 필요한 시간대'에 '일을 필요로 하는 사람'을 쓰는 게 좋다"고 노하우를 전했다.

배달업이라면 카운터 직원(보통 점주)의 역할이 중요하다. 한상훈 본도시락 선릉점주는 "주문이 몰리는 시간에 배달 시간 안배를 잘해야 한다. 직원이 한 번 배달을 나갈 때 최대한 많은 주문을 처리할 수 있도록 배달 동선을 잘 그리는 게 중요하다. 잘만 하면 배달 건수를 10분에 1건에서 2~3건으로 끌어올릴 수 있다"며 "그러려면 주문을 접수하는 카운터 직원이 조리 예상 시간과 배달 동선, 상권 지도 등을 먼저 숙지하고 있어야 한다"고 조언했다.

직원을 줄일 때는 남은 직원들의 노동생산성을 높이는 데 주력해야 한다. 아르바이트생은 임시직이다 보니 정직원에 비해 숙련도나 근로

의욕이 떨어질 수밖에 없다. 때문에 처음 몇 달은 일을 가르치느라 고생하고, 어느 정도 일머리를 익혔다 싶으면 또 그만두니 이래저래 신경이 쓰인다. 어쩌면 직원을 3~4명 써도 실제로는 숙련도 높은 직원 2~3명 쓰는 게 더 나을지도 모른다. 이럴 땐 비교적 한가한 시간대에 아르바이트생을 줄이고 숙련도 높은 직원들한테 인건비를 몰아주는 게 차라리 더 경제적일 수 있다. 가령 시급 7,500원 아르바이트생 3명을 쓰느니 시급 1만 원 직원 2명을 쓰는 게 점주나 직원 모두에게 만족스러울 수 있다.

매장 내에 무인(셀프) 코너를 운영하는 것도 방법이다. 간단한 반찬이나 물은 셀프 서비스로 제공해도 무리가 없다. 특히 요즘은 요리도 'DIY(Do It Yourself, 스스로 하기) 문화'가 확산돼 반조리된 상태로 냄비에 담아서 가스 버너랑 같이 주면 고객이 직접 끓여 먹는 경우도 많다. 직접 해먹는 건 음식의 간이나 익은 정도 등을 고객 스스로 맞춤형으로 조절할 수 있고 재미 요소도 나름 있다. 고객이 직접 해 먹기에 편한 환경만 마련할 수 있다면 DIY 요소를 십분 활용해볼 만하다.

손바닥(핸드페이) 대면 출입·결제 척척
'미래형 매장'

간만에 잠을 설쳤다. 우리나라에도 무인 편의점이 생긴다니! 미국 아마존과 일본 로손, 파나소닉은 이미 2016년 말 무인 식료품점 '아마존고'와 점원 없는 계산대를 도입, 시범 운영 중이다. 4차 산업혁명의 최전선 기지인 무인 매장 소식에 '우리는 언제쯤…' 부러워하던 차였다. 그런데 롯데월드타워 31층에 국내 첫 무인 편의점 '세븐일레븐 시그니처'가 오픈한다니, 안 가볼 수 없다.

두둥. 무인 편의점은 외형부터 심상찮다. 매장 안이 훤히 들여다보이는 통유리에 입구는 지하철 개찰구 모양으로 생겼다. 간판은 세븐일레븐 특유의 알록달록한 로고 대신 깔끔한 흰색 로고가 밝게 빛나고 있다. 왠지 정

국내 첫 무인 편의점 '세븐일레븐 시그니처' 매장 전경.

말 미래형 매장에 온 듯한 느낌이 팍팍 든다.

그럼 어디 한 번 들어가볼까. 입장하려는데 잠깐! 입장 전 '핸드페이'에 등록해야 한단다. 방법은 간단하다. 스캐너에 손바닥을 4번 갖다 대고 휴대폰 번호를 입력하면 끝. 이후 손바닥만 갖다 대면 정맥을 인식해 신원 확인부터 결제까지 다 된다. 결제는 기자가 가진 롯데카드와 연동돼 이뤄진다. 향후 다른 신용카드로도 확대할 예정이라고. 스마트폰이나 신용카드 없이 몸만 가도 다 되니 정말 간편결제의 끝판왕이다. 단 하나 신경 쓰이는 게 있다면 '누가 몇 시에 다녀갔다'는 기록이 남는다는 것. 개인정보 유출이 우려됐지만, "무인 운영에 따른 도난방지를 위해서"란 설명에 일면 고개가 끄덕여졌다. 등록을 마치고 스캐너에 손바닥을 갖다 대니 신기하게도 문이 열린다. 인식 속도도 거의 '손을 갖다 댐과 동시'라고 할 만큼 빠르다.

스캐너에 손바닥 대면 자동인식
술·담배는 규제상 무인 판매 못해
수지 안 맞아 대중화는 시간 필요

드디어 입장. 내부는 일반 편의점과 큰 차이가 없다. 25평에 상품 SKU(가짓수)는 1,500여 개. 과자, 음료수, 라면, 아이스크림 등이 일반 편의점과 똑같이 빼곡히 진열돼 있다.

자판기는 딱 하나, 담배 자판기뿐이다. 역시 사용법은 간단하다. 사려는 담배를 고르고 휴대폰 번호를 입력한 뒤 손바닥만 갖다 대면 된다. 단, 술과 담배는 아직 무인으로 구입이 불가능하다. 핸드페이

등록 때 이미 성인인증이 이뤄지긴 하지만, 술은 현행법상 대면 판매를 원칙으로 하고 있기 때문이란 설명이다. 담배도 현행법상 성인인증 방법이 신분증과 신용카드뿐이어서 정맥인증 방식의 핸드페이는 인정이 안 된다. 굳이 술과 담배를 사려면 계산대에서 직원 호출 버튼을 눌러 직원이 나올 때까

무인 담배 자판기에서 핸드페이로 결제를 시도하는 모습.

지 기다려야 한다. 최신 기술 발전을 규제가 못 따라오는 사례다.

담배를 사는 시늉만 해본 뒤 다시 매장을 천천히 둘러본다. 정말 천천히. 이건 참 좋다. 일반 편의점은 오랫동안 천천히 둘러보며 물건을 고르기가 힘들다. 왠지 반사경을 통해 직원이 쳐다보고 있을 것 같은 느낌 때문. '내가 어서 고르고 나가야 직원도 편히 쉴 텐데' 하는 생각에 괜히 서두르곤 했다. 무인 편의점은 다르다. 당장 카운터에 직원이 안 보이니 마음껏 편하게, 심지어 노래도 흥얼거리며 여유 있게 쇼핑할 수 있다. 직원과 대면할 필요가 없다는 건 콘돔, 여성용품 등 다소 민망한 물건을 구입할 때도 편할 듯하다.

음료수를 사러 냉장고 쪽으로 향했다. 그러자 좌우로 젖혀지며 저

절로 열리는 유리문. 사람이 접근하면 센서로 인식해 문이 자동으로 열리고 멀어지면 다시 자동으로 닫히는 구조다. 혹시라도 고객이 문을 안 닫고 가서 전기가 낭비되고 제품 신선도가 떨어질까봐 고민한 흔적이 엿보인다.

오늘의 하이라이트! 계산이다. 사실 편의점 직원 업무의 약 70%는 단순 계산이다. 때문에 직원 없이도 계산과 보안 업무가 제대로 이뤄지는지가 무인 편의점 대중화의 핵심 조건이다. 아마존고는 RFID(전자태그), 로손은 스마트 장바구니를 통해 상품을 판다는데. 시그니처는 완전히 새로운 방식이다.

컨베이어벨트에 상품을 올려놓으면 360도 스캐너를 통과하면서 어떤 제품을 몇 개 샀는지 자동으로 계산이 된단다. 과연 잘될까. 인식이 잘 안 되라고 일부러 바코드를 옆, 뒤, 아래로 향하게 해서 통과시켜봤다. 브라보! 전부 인식한다. 단, 상품을 한꺼번에 몰아서 통과시키니 몇 개는 인식이 안 됐다. 바코드가 다른 상품에

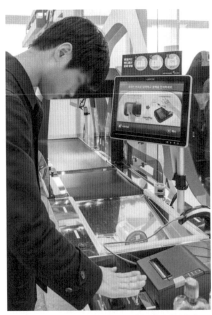

컨베이어벨트와 360도 스캐너가 달린 계산대에서 핸드페이로 결제를 시도하는 모습.

가려져 스캔되지 않은 것. 이럴 땐 계산대 옆에 있는 바코드 리더기로 직접 바코드를 찍기만 하면 된다. 매뉴얼대로 상품을 하나씩만 통과시키면 계산에는 별 어려움이 없을 듯하다.

결제 방법도 간단하다. 계산대 화면에서 제품 구입 목록과 가격을 확인하고 '결제' 버튼을 누른 뒤 휴대폰 번호를 입력하고, 손바닥을 갖다 대면 결제 끝. 혹시 환불을 원하거나 문의사항이 있을 땐 당황하지 말고 계산대 옆 직원 호출 버튼을 누르면 된다.

그러고 보면 무인 편의점은 아직 100% 무인 운영 시스템이라 볼 수 없다. 상품 진열이나 발주, 술·담배 판매, 기타 고객 문의 등에 대처하기 위해 직원이 매장 인근에 대기하고 있어야 한다. 단, 술·담배 판매 규제가 완화되고 고객들이 무인 편의점 이용 방식에 적응되고 나면 직원이 없어도 큰 무리는 없을 듯하다. 이렇게 되면 직원 1명이 일정 구역 내 편의점 수십 개를 혼자 관리하는 것도 가능할 듯하다.

결론적으로 무인 편의점 운영에 있어 기술적 난제는 거의 없어 보인다. 문제는 시대에 뒤떨어진 규제와 비싼 초기 창업 비용, 그리고 일자리 감소 우려다. 코리아세븐에 따르면 컨베이어벨트 방식의 셀프 계산대는 한 대 가격이 4,000만 원을 훌쩍 넘는다. 웬만한 동네 편의점 한 곳을 차릴 수 있는 비용이다. 자동 개폐 방식의 냉장고, 담배 자판기, 핸드페이 단말기 등 각종 첨단기기 구입 비용까지 감안하면 무인 편의점의 사업성은 아직 매우 낮아 보인다.

일자리 감소 문제도 사회적 합의가 필요하다. 한국편의점산업협회에 따르면 편의점 한 곳당 고용 인원은 평균 7명(2015년 기준, 아르바이트생 포함). 전국 3만 3,000여 개 편의점이 모두 무인으로 운영되면 23만 개 이상 일자리가 사라진다. 일본도 6만 개 가까운 편의점이 무인화되면 100만 개 이상 일자리가 사라질 것으로 추산된다. 단, 한국과 일본은 상황이 다르다. 일본은 사실상 완전고용 상태로, 기업들이 구인난을 겪는 지경이다. 때문에 일본은 편의점에서 다른 산업으로 노동력을 이동시키기 위해 정부 주도로 무인 편의점 사업을 진행 중이다. 반면 한국은 사상 최악의 청년 실업난을 겪고 있어 편의점 일자리가 사라지면 이들이 옮겨갈 만한 산업이 마땅찮다.

업계 관계자는 "일본도 무인 편의점 전환 시점을 2025년으로 내다본다. 일본과의 유통 트렌드 격차를 단순 감안하면 우리나라도 무인 편의점 확산에 향후 10년은 걸릴 것"이라면서도 "단, 임계점을 넘어서면 급속도로 확산되는 기술의 특성을 감안할 때 무인 편의점 시대가 생각보다 빨리 도래할 수도 있다. 지금부터 각계에서 미리 대비해야 할 것"이라고 말했다.

상권 변화를 주시하라

로드숍 지고 특수상권(공항·지하철·복합 쇼핑몰) 뜬다

> **66**
>
> 감탄떡볶이, 특수상권에 50개 점 이상 출점
> 이마트24, 공항철도에 12개 점 단독 입점
> 복합 쇼핑몰 블랙홀 효과로 로드숍 위축 가속화
>
> **99**

창업 비용 중 가장 비싼 건 점포 비용(보증금과 권리금)이다. 그중 권리금은 가게의 활성화 정도나 상권 내 위치, 즉 '목'이 얼마나 좋은가에 대한 급부다. 법적으로 보장되지 않는 불안정성에도 때때로 보증금의 몇 배나 될 정도로 치솟는다. 특히 역세권이나 명동, 홍대 대형 상권은 5평대 작은 가게도 권리금이 억대를 호가한다. 유동인구가 많고 목 좋은 곳에 들어가야 장사도 잘된다는 인식 때문이다.

그러나 요즘 이런 인식에 균열이 생기고 있다. 영원할 것만 같던 인기 상권도 급속도로 변하고 있다. 가령 최근에는 사드 보복에 따른 중

마노핀과 브레댄코는 유동인구가 일정하고 날씨 영향이 적은 지하철역을 전략 상권으로 삼고 출점을 진행 중이다.
로드숍 상권은 사드 보복으로 인한 중국인 관광객 급감, 복합 쇼핑몰 수요 잠식 등의 영향으로 활기가 예전 같지 않다.

국인 관광객 급감으로 이들을 주 고객으로 삼던 명동은 물론 홍대, 가로수길 등도 타격을 입었다. 대체로 로드숍(길거리 상점)이 부진하고 복합 쇼핑몰과 지하철 상권, 또 무명의 골목길 상권이 새롭게 떠오르는 모양새다.

프랜차이즈 업계에서도 이런 흐름을 읽고 로드숍이 아닌, 특수상권 위주 출점을 늘리는 분위기다. 감탄떡볶이(옛 아딸)가 대표적인 예다. 그간 감탄떡볶이의 전략 상권은 주거지역이나 버스, 지하철에서 내려 집으로 걸어가는 초입 횡단보도 앞 코너 등이었다. 떡볶이나 튀김은 대개 즉흥적으로 구매하는 경우가 많고 거주자 이동 동선에 따른 반복 구매가 높은 매출로 이어지는 특성 때문이다. 그러나 2016년부터 전략을 바꿨다. 백화점, 병원 등 대형 특수상권에만 50개 이상 가맹점을 새로 냈다. 이준수 감탄떡볶이 대표는 "로드숍 중심으로 성장한 브랜드는 가맹점 수가 줄어드는 추세다. 창업 시장의 핵심 상권이 기존 로드숍 중심에서 다양화되고 있기 때문"이라며 "감탄떡볶이는 이를 극복하기 위해 다양한 특수상권에 새로 진출하고 있다"고 전했다.

지하철역 상권도 인기다. 눈, 비, 더위, 추위 등 악천후에 구애받지 않는 데다 유동인구가 일정해 임대료 상승에 따른 젠트리피케이션(상권 이동 현상) 걱정도 없는 장점 덕분이다. 서울 지하철의 일평균 이용객 수는 약 500여만 명이니, 역마다 최소 수만 명의 잠재 고객군을 확보할 수 있다는 계산이 나온다. 지하철역은 상권 보호 측면에서도 유리하다. 역내에 입점하는 상가 개수를 업종별로 할당하기 때문이다. 가령 식음 매장 3개, 옷가게 2개, 편의점 1개로 정해놓고, 이들이 역 안에서 배타적 상권을 확보할 수 있게 보장한다. 바로 옆에 경쟁 편의점이 들어서도 하소연조차 못하는 로드숍 상권으로선 부러운 장점이다.

이런 장점을 주시한 마노핀과 브레댄코는 아예 지하철역을 전략 상권으로 삼았다. 테이크아웃 커피전문점 마노핀은 전체 55개 매장 가운데 41개가 지하철 역사 매장일 정도로 지하철 상권 공략에 적극적이다(2016년 말 기준). 마노핀의 지하철 매장은 2013년 29개에서 이후 35개→37개→41개로 매년 증가했다. 상권 입지를 최대한 활용해 출퇴근길 직장인을 대상으로 한 '베이커리+음료' 세트 메뉴 전략이 좋은 반응을 얻고 있다는 평가다. 브레댄코는 전체 65개 매장 중 25개가 지하철 매장으로 운영 중이다(2016년 말 기준). 조민수 브레댄코 총괄이사는 "로드숍보다 지하철 매장의 매출과 수익성이 더 좋은 편이다. 일평균 승하차자가 2만 명 정도면 일 매출 100만 원 정도를 기대할 수 있다"고 말했다.

편의점 이마트24도 2017년 2월 공항철도 내 12개 매장 단독 입점 계약을 체결했다. 김성영 이마트24 대표는 "공항철도는 2016년 누계 이용객 수 3억 명을 돌파했으며, 연간으로 환산하면 3,000만 명 이상의 내외국인이 이용하는 황금상권"이라며 "이번 공항철도 역사 내 12개 매장 오픈을 통해 브랜드 인지도를 보다 높일 수 있을 것"이라고 기대를 밝혔다.

저가 주스 전문점도 최근 지하철 상권 위주로 출점을 가속화하는 모양새다. 주스는 추운 겨울이 비수기인데 따뜻한 실내에선 비수기 영향을 덜 받는다는 판단에서다. 쥬스식스 관계자는 "2016년 늦가을부터 점점 추워지는 날씨를 피해 지하철 매장으로 내려가는 전략을 구사하기 시작했다. 강남역, 왕십리역 등에 매장을 입점시키며 지하철 상권을 공략 중이다. '지하철 상권 공략 창업설명회'에는 평소보다 3배 많은 예비창업자가 모여 높은 관심을 체감했다'고 귀띔했다.

아예 상권 영향을 거의 안 받는 곳도 늘고 있다. 상권이 안 좋더라도 맛집으로 소문만 나면 고객이 찾아오는 '맛집 원정대'가 늘어난 덕분이다. 일찍이 미쉐린 가이드는 별 2~3개 식당에 대해 '요리를 맛보기 위해 멀리 찾아가거나 여행을 떠날 만하다'고 평가했다. 여기에 모바일과

잠실 롯데월드몰과 스타필드고양. 복합 쇼핑몰은 인근 로드숍 상권의 수요를 뺏어가는 블랙홀이다.

SNS, 지도앱, 먹방 등이 활성화되며 이런 경향은 갈수록 확대되고 있다. O2O 시대에 미식 문화가 더해지며 나타나는 트렌드다.

업계에선 향후 로드숍 상권이 점점 더 위축될 것으로 우려한다. 무엇보다 초대형 광역 상권을 자랑하는 복합 쇼핑몰이 계속 생겨나 로드숍 상권 수요를 빨아들이고 있기 때문이다. 복합 쇼핑몰은 소비자가 한 번 들어가면 평균 4~5시간 동안 그 안에서만 소비를 하는 폐쇄적 구조여서 쇼핑의 '블랙홀'이 되고 있다.

실제 잠실 롯데월드몰이 문을 연 지난 2014년 말 이후 잠실역 이용객 수는 기존 2만 명 안팎에서 2015년 2만 4,800명, 2016년 상반기 2만 7,300명으로 껑충 뛰었다. 잠실역 2호선 이용객 수도 2015년 1월 15만

4,000명에서 12월 17만 5,400명으로 1년 만에 2만 명 이상 증가했다(서울메트로 자료). 반면 같은 기간 잠실역 인근 천호역의 일평균 이용객 수는 2013년 4만 3,400명에서 2015년 4만 300명으로 뚝뚝 떨어지기 시작했다. 석촌, 송파, 가락시장역도 정도의 차이만 있을 뿐 상황은 비슷하다. 스타필드하남도 마찬가지다. 신세계가 밝힌 스타필드하남의 상권은 반경 20킬로미터 내. 서울 강남구, 동대문구, 성동구, 중랑구, 남양주시까지 포함된다. 이 지역 내 거주 인구는 430만 명에 달한다. 서울의 약 3분의 1이 스타필드하남의 상권에 포함된다는 얘기다. 이 지역 로드숍 상권이 타격을 받을 수밖에 없다.

업계 관계자는 "복합 쇼핑몰이 생겨날수록 로드숍 상권은 더욱 위축될 것으로 보인다. 그동안은 유동인구가 많은 길목에서 상권이 자생적으로 형성됐다면 요즘은 대형 유통업체들이 조 단위로 투자해서 특정 지역에 대형 특수상권을 인위적으로 만들어가는 추세"라고 말했다. 강병오 FC창업코리아 대표는 "2016년에는 경쟁이 심한 중심 상권보다 골목상권에서 품질과 인테리어 디자인의 수준을 높인 업종이 선전했다. 불황과 김영란법으로 이런 추세는 더욱 가속화될 것"이라며 "상권도 부침이 있는 만큼 업종과 시너지를 내는 상권이 어디인지 늘 예의 주시해야 한다"고 조언했다.

"비싼 월세 낼 돈으로 '비주얼 콘텐츠' 만드세요!"

 안병익 식신 대표 / 한국푸드테크협회장

식신은 SNS에서 인기 있는 식당들을 모아 보여주는 맛집 추천 앱이다. 국내 약 60만 개 식당 중 5%인 3만여 개 식당이 등재돼 있다. 리뷰, 조회 수, 페이스북 '좋아요' 클릭 건수 등 SNS상에서 인기지수를 집계해 엄선한 맛집들이다. 이들은 네이버 검색에도 연계 노출되고, 국내에서 유일하게 알리페이와 연동돼 유커들도 즐겨 이용한다.

Q 자영업자가 SNS를 적극 활용해야 하는 이유는 무엇인가요?

A 과거에는 입지가 중요했습니다. 길 가다 눈에 띄는 식당에 들어가는 식이었죠. 요즘은 소비자 입맛이 까다로워진 데다 맛집 추천 앱, 지도앱 등이 발달해 조금 멀어도 맛집을 찾아가는 이들이 많습니다. 이렇게 되면 비싼 월세를 내고 좋은 상권에 들어가지 않아도 됩니다. 월세를 아껴 SNS 마케팅에 투자해야 하는 시대가 된 겁니다.

Q SNS도 종류가 많은데요. 어떤 걸 쓰는 게 좋을까요?

A 배달앱이든 인스타그램이든 활용 가능한 건 다 써보는 게 좋다고 봅니다. 안 쓰는 것보다 훨씬 나아요. 단 고객 멤버십 프로그램은 전략적으로 잘 써야 합니다. 태블릿PC만 설치해놓고 방치하는 경우가 많은데, 손님한테 포인트 사용법을 설명하고 강조해야 재방문율이 높아집니다.

Q SNS 마케팅 잘하는 집이 있다면 말씀해주세요.

A SNS에는 수많은 게시물이 올라오는데, 시선을 끌려면 무조건 비주얼이 중요합니다. 제주도의 핫한 카페나 식당은 음식맛은 평범한데 팥빙수를 한라산 모양으로 만드는 등 플레이팅(접시에 담기)을 먹음직스럽게 잘해놓은 곳들이 많습니다. 바다를 배경으로 찍은 사진도 분위기 있어 보여 좋아합니다. 점주가 직접 SNS에 올리는 건 효과가 적어요. 비주얼, 음식맛, 이벤트 등 콘테츠만 좋으면 소비자는 알아서 찾아가 셀카를 찍고 SNS에 자랑질하거든요. 소비자가 원하는 건 자신이 올린 게시물에 많은 사람들이 반응을 보이는 거예요. 그럴 만한 콘텐츠가 있다면 다소 멀더라도 기꺼이 찾아가 SNS에 공유할 겁니다.

'옛날 팥빵' 하나로 2년 만에
대구 3대 빵집 등극

 정성휘 근대골목단팥빵 대표

    2017년 9월 근대골목단팥빵 현대백화점디큐브시티점에서 그를 만났다. 매장에선 '근대골목'이란 이름처럼 개화기를 연상케 하는 빈티지한 무늬의 벽지와 샹들리에, 루이 암스트롱과 김광석의 노래가 흘러나오고 있었다. 2015년에 대구에서 1호점을 내고 현재 전국에 16개 직영점을 운영 중인 그는 이제 겨우 32살(1985년생)이다. 이토록 젊은 그가 어떻게 근대골목 콘셉트로 신세계와 현대백화점에 잇따라 입점할 수 있었을까. 그에게 상권 활용 노하우를 들어봤다.

Q 근대골목단팥빵을 창업하신 과정이 궁금합니다.

A 고등학교 1학년이던 2001년 미국으로 건너가 크라이스트처치 스쿨과 미시간대 외식산업경영학과를 졸업했습니다. 원래는 교수가 되고 싶었는데, 막상 학사를 하고 나니 일이 하고 싶어지더군요. 한국에 건너와 고향인 대구에서 분식집과 커피전문

점 등을 했습니다. 커피전문점은 시장이 성숙기여서 사이드 메뉴가 필요해 보였어요. 팥을 매장에서 옛날 방식으로 직접 삶아 팥빵을 만들어 팔았는데 반응이 아주 좋더군요. 팥빵을 브랜드화하기로 결심했죠. 마침 대구에는 한국전쟁 당시 다른 지역보다 피해가 크지 않아 근대기의 생활상이 잘 보존돼 있었는데, 대구시에서 '근대골목'을 주제로 투어코스를 만들더라고요. 이거다 싶었습니다. 관광지에는 먹거리 특산물이 빠질 수 없고, '옛날 팥빵' 콘셉트와도 잘 맞는다 판단됐죠. 처음에는 50대 이상 어르신들이 즐겨 찾았는데 관광객들에게 입소문이 나면서 지금은 젊은층에게도 인기가 많습니다. 대구 중구청에서 성지 순례에 빗대어 '삼송빵집', '반월당고로케'와 함께 '대구지역 3대 빵지 순례' 코스를 만들어 마케팅해줄 정도로 인정받고 있습니다. 2016년 매출이 50억 원이었는데, 2017년에는 두 배인 100억 원이 예상됩니다. 100억 원은 원래 2018년 목표치였는데 뜻밖의 인기에 1년 앞당겨졌네요.

Q 두 빵집은 모두 역사가 수십 년 됐으니 근대골목단팥빵으로선 일약 스타덤에 오른 거네요. 스스로를 '투어푸드 크리에이터(tour food creator)'라고 명명하셨는데요, 설명을 듣고 보니 어떤 의미인지 짐작이 갑니다.

A 글로벌화가 막 시작되던 과거에는 'think global, act local'이란 말이 유행했습니다. 지금은 그 반대예요. 'think local, act global'이 맞습니다. 지역 기반 콘텐츠를 개발하되, 마케팅은 글로벌하게 해야 합니다. 근대골목단팥빵도 대구에 있는 빵집이지만 마케팅은 전국구로 했습니다. 이제는 마케팅을 동네에 한정해서 할 필요가 없어요. 맛만 있으면 전국에서 찾아오는 여행의 시대니까요.

Q 미국에서 외식산업경영학을 전공했으니 한국 시장에 조언해주실 부분이 많을 것 같습니다.

A 미국은 워낙 국토가 넓으니 미국 전역을 장악한 브랜드는 몇 개 안 됩니다. 때문에 지역 음식(local food)에 대한 고객 충성도와 신뢰도가 정말 높죠. 빵뿐만 아니라 모든 외식업의 지방색이 뚜렷합니다. 한국도 지난 몇 년간 이성당, 성심당 등 지방색이 뚜렷한 지역 대표 맛집들이 전국적으로 인기를 얻었죠. 그러나 이들도 그간 너무 많이 회자돼 인기 동력이 거의 소진된 것 같습니다. 이제는 음식의 콘셉트를 만들어야 합니다.

Q 음식의 콘셉트를 만들라? 좀 더 자세히 말씀해주세요.

A 빵을 예로 들면 저희는 '옛날 빵' 콘셉트입니다. 빵 종류도 20개가 넘지 않죠. 자영업자의 소규모 빵집은 빵 가짓수로는 파리바게뜨나 뚜레쥬르의 상대가 못 되니 옛날 빵에 특화해 선택과 집중을 한 겁니다. 이렇게 자기만의 시그니처 메뉴나 콘셉트가 있어야 대규모 프랜차이즈와의 경쟁에서 살아남을 수

있습니다.

메뉴에 대한 선택과 집중은 재고 비용을 줄이는 효과도 있습니다. 빵은 당일 만들어 당일에 파는 게 기본인데, 이는 필연적으로 재고 부담을 수반합니다. 가짓수가 많아지면 당연히 폐기율도 높아지죠. 가짓수를 줄이면 관리가 수월해 데이터 분석도 할 수 있습니다. 그럼 더 재고 관리가 용이해지죠.

Q 자영업자들이 할 만한 마케팅 팁을 주신다면요?

A 앞으로 빵 시장은 대형 프랜차이즈가 쇠퇴하고 점점 세분화될 겁니다. 이제 모든 자영업자는 홍보를 해야 합니다. 많은 분들이 비용을 들여 페이스북이나 블로그 마케팅을 하는데, 이들은 식상한 채널이 됐어요. 소비자들도 이제 으레 홍보겠거니 구분하거든요. 저희도 페이스북 마케팅을 처음 시작한 일주일 동안은 반응이 좋았지만, 한 달 지나니까 효과가 뚝 떨어지더군요. 기존 채널에 안주하지 말고, 계속 새로운 마케팅 채널을 찾아 활용해야 합니다.

배달도 적극적으로 해볼 만합니다. 근대골목단팥빵은 택배로만 월 매출 3,000만~4,000만 원을 올립니다. 작은 매장 1개에 버금가는 수준이죠. 배달 서비스를 하면서 손편지를 써넣거나, 음식이 남을 것을 대비해 쓰레기 종량제 봉투를 넣어주는 식의 고객 감동 서비스를 해보세요. "'배달앱' 쓰지 말고 그냥 전화주세요"라고 하는 것보다 더 효과적일 테니까요.

Q 미국에서 경험한 고객 감동 서비스는 무엇인가요?

A 미국은 점주가 고객을 친구처럼 대합니다. 계산할 때 외국인이다 싶은지 "어디서 왔나요?" 묻더니, 다음에 방문하자 제 이름을 기억해주더군요. 물론, 대화도 막무가내로 하려 하면 어색해서 금방 끊겨요. 그 사람의 특징을 잡아서 얘기해줘야죠. 가령 처음 보는 사람인데 운동복을 입고 왔으면 "어? 당신 이

팀 팬이에요? 저도 이 팀 좋아하는데!"라고 하든지, 연회비가 비싼 프리미엄 신용카드를 내민 고객이라면 "와, 이 카드 되게 좋은 건가봐요"라고 한마디해주거나, 손톱을 꾸민 여성 고객 이라면 "손톱이 예쁘네요, 네일아트 하셨나봐요"라고 하는 식 이죠. 프리미엄 신용카드나 네일아트를 한 고객이라면 그만큼 자신을 알아봐주길 원할 테니까요. 정 특징이 없다면 "오늘은 이 빵이 맛있게 구워졌어요"라고 살갑게 권해주는 것도 좋고 요. 한국은 대부분 가게가 출퇴근하는 길목에 있으니 조금만 더 친절하게 대하면 미국보다 더 재방문율을 높일 수 있을 겁 니다.

Q 향후 경영 목표는 무엇인가요?

A 2018년에는 인천공항에 매장을 내고 싶습니다. 한국의 전통빵 을 외국인들도 살 수 있게 말이죠. 저희 빵을 기내식으로도 넣 어 관광상품의 끝판왕으로 만드는 게 최종 목표입니다.

폐업 잘하는 법

☼ 조급증은 필패… 플랜B 갖고 창업하세요!

90만 9,202명.

국세청이 집계한 2016년 폐업자 수다. 신용카드 대란이 발생했던 2004년 이후 12년 만에 가장 많았다. 하루 평균 약 2,500개 매장이 문을 닫은 꼴이다. 폐업은 어쩌면 '거역할 수 없는 시대 흐름'이다. 창업 시장의 수요·공급 밸런스가 무너졌기 때문이다. 자영업 초과 공급 상황에서 폐업이 늘어나는 건 당연한 수순이다.

창업이 일어나는 이상 폐업도 누구에게나, 언제고, 어디서나 일어날 수밖에 없다. 피할 수 없다면 손실을 최소화하는 방법을 찾아 대비해놓는 편이 옳다. 국내 폐업 전문 컨설턴트 1호인 고경수 폐업119[5] 대표에

---

5 폐업119는 폐업 컨설팅과 재기에 필요한 원스톱 서비스를 제공하는 폐업 전문업체다. 2012년 사업을 시작해 3,000건 이상의 무료 폐업 컨설팅을 진행했다. 고 대표는 "유도에서 가장 먼저 배우는 게 낙법이다. 잘 쓰러져야 다시 잘 일어날 수 있는 법이다. 나 또한 폐업 경험이 3번 있다. 폐업은 전형적인 '하이에나' 시장이다. 죽어가는 사람 살을 뜯어먹는 장사다. 아예 숨이 끊기기 전에 개인이 미리미리 대처방법을 알아 둬야 한다"고 강조한다.

게 조언을 구해 '폐업 잘하는
팁'을 정리해봤다.

(1) 폐업 성패는 '타이밍'

적자 3개월 지속하면
결단할 시점

고경수 폐업119 대표

"병원에서 의사에게 들을
때 제일 속상한 말 중 하나가 '좀 더 일찍 왔더라면 좋았을 텐데요'입니
다. 폐업도 마찬가지예요. 수술 정도로 쉽게 치료할 수 있는 질병인데도
끙끙 앓고 있다가 결국 재기 불능에 빠지는 경우가 너무 많습니다."

폐업 시점을 빠르게 결정하는 게 중요하다는 고 대표의 말이다. 붙잡
고 있는 것만이 능사는 아니다. 물론 이해한다. 인테리어, 설비투자 등
점포에 쏟아부은 돈이 눈앞에 어른거릴 것이다. 그러나 호미로 막을 것
을 가래로 막아서야 되겠는가. 당장 손해를 좀 보더라도 빨리 털어버리
는 편이 멀리 보면 더 낫다.

폐업을 고려해야 할 시점은 업종과 상권, 투자비용에 따라 제각각이
다. 하지만 보통 영업 적자가 3개월 이상 지속되면 고민을 시작해야 한
다. 당장 문을 닫으란 말은 아니다. 단, 변화를 줘야 할 시점임에는 틀림
없다. 사업 아이템을 바꾸든, 매장 규모를 줄이든, 아니면 아예 가게를
내놓고 새 출발을 준비하든 '플랜B'를 검토해야 한단 얘기다. 결심이 서

면 준비는 빠를수록 좋다. 점포 정리는 최소 3~6개월 전부터 생각해놓고 준비해야 한다.

"폐업을 앞두고는 누구나 마음이 조급해집니다. 급하게 가게를 처분해야 할수록 더욱 그렇습니다. 빨리 정리해야겠다는 생각에 권리금과 중고 집기를 말도 안 되는 헐값에 넘기는 일이 발생하는 이유도 조급증 때문이에요. 폐업 준비는 최소 3개월 정도의 기간을 둬야 합니다. 결정은 빠르게, 준비는 꼼꼼히 하는 게 정도(正道)죠."

(2) 점포 정리 어떻게 할 것인가

폐업 숨기지 말고, 권리금 눈높이 낮춰라

폐업 시 가장 골치를 썩이는 건 부동산, 즉 점포 정리다. 보증금, 월 임대료 등 매장 운영에 금전적으로 가장 큰 영향을 미치는 부분인 데다 점포가 안 나가면 울며 겨자 먹기로 영업을 계속해야 한다. 적자가 불어만 가는 걸 눈 뜨고 지켜보는 것만큼 괴로운 일이 또 있을까. 하지만 폐업을 결심해놓고도 빨리 점포를 정리하지 못하는 폐업 희망자들이 많다. 이유는 대부분 '권리금' 때문이다. 자영업자 대부분은 창업할 때 자신이 내고 들어온 권리금이 심리적 기준이 된다. 여기에 폐업에 따른 손실을 권리금으로 메꾸려고 하는 마음도 한몫한다. 그러나 권리금은 어차피 이미 지출한 '매몰 비용'이다. 무엇보다도 내가 창업하던 당시와는 사정이 또 달라졌으니 현재 가게 상황에 맞는 적정 권리금을 받고 하루 빨리 적자를 줄이는 게 현명한 방법이다.

자영업자들이 폐업 단계에서 우왕좌왕하다 오히려 더 큰 손해를 보는 과정은 대개 다음과 같다. 폐업을 결정한 자영업자 열에 아홉은 자신이 점포를 구할 때 도움을 받았던 부동산을 먼저 찾아간다. 이때 부동산 공인중개사는 점주가 생각하고 있는 권리금을 먼저 물어보고 이에 따라 역제안을 하는 경우가 많다. 점주가 "1억 원 정도 생각하고 있다"고 말하면 공인중개사는 "그 정도 받게 해줄 테니 대신 다른 중개업소에 말하지 말라. 어차피 여러 군데 매물 올려봐야 폐업 소문만 나서 권리금 올려받기 어렵다"고 말하는 식이다. 자영업자 입장에선 그럴듯한 제안이다. 원하는 금액을 받게 해준다니 손해 볼 게 없다고 생각한다. 장사가 안 돼 폐업하는 게 자랑도 아니니 숨기고 싶은 마음도 일조한다.

그러나 여기서부터 잘못됐다. 여러 공인중개업소에 매물로 알리고 폐업 전문 인터넷 사이트나 커뮤니티에도 매물을 적극 홍보하는 편이 바람직하다. 운이 좋으면 양도양수 방식으로 집기 처분이나 철거에 드는 비용을 아낄 수 있다.

"폐업을 아무도 모르게 진행하는 자영업자가 많습니다. 함께 일하는 직원이나 아르바이트생한테도 언질해주지 않는 경우가 다반사더군요. 폐업을 부끄러워하는 인식 때문이죠. 이런 생각부터 버려야 합니다. 폐업은 많이 알리고 도움을 요청할수록 일이 잘 풀립니다."

(3) 집기 처분 및 철거 · 원상복구

정해진 시장가 없어… 업체 선정이 9할

매장에서 쓰던 집기를 처리하는 것도 일이다. 중고 집기 매매엔 이렇다 할 '시장 가격'이란 게 없다. 업체가 부르는 게 값이란 얘기다. 값을 더 잘 받기 위해선 협상이 필요한데 실상 마음이 급한 폐업자가 질 수밖에 없는 게임이다.

물론, 철거업자에게 중고 집기 처리까지 맡기거나 재활용 센터에 고철값만 받고 판매하는 경우가 나을 때도 있다. 때로는 끙끙 앓고 있기보다는 마음을 비우고 빠르게 정리하는 편이 좋다.

하지만 한 푼이라도 더 건지고 싶은 폐업자라면 중고 집기도 값을 받고 팔아야 한다. 알아 보면 중고 집기를 전문으로 취급하는 업자들이 있다. 이들은 폐업자로부터 사들인 집기를 적당히 손봐서 창업 시장에 되판다. 이때 재판매 채널이 많은 대형 업체일수록 가격이 후한 경우가 많다. 반면, 재판매 채널이 부족한 업체는 가격을 낮게 부를 수밖에 없다. 업체 입장에선 재판매 시점까지 사들인 중고 집기를 보관해야 하는데 재판매 채널이 적을 경우 보관 기간이 길어지니, 재고 관리 비용을 감안해서 가격을 책정하기 때문이다. 따라서 업체를 결정하기 전 사전 검색으로 이들이 어떤 루트를 통해 물건을 되파는지 알아보는 게 좋다.[6] 커

---

6 폐업119는 폐업 희망자가 내놓은 집기를 제휴된 여러 중고 집기 업체에 경매를 붙여 최고가를 부르는 업체에 판매한다.

피머신이나 빙수기 같은 고가 장비는 해당 전문업체에 따로 판매하는 편이 낫다.

매장을 내놓은 폐업자에겐 '철거'와 '원상복구'의 의무도 있다.[7] 이 또한 시장가가 정해져 있지 않은 영역이다. "철거하고 싶은데 한 평에 얼마 정도 하죠?"라고 묻는 점주가 많지만 이런 식으로 가격을 책정하는 건 바람직하지 않다. 철거할 폐기물의 양과 반출 방법, 필요한 작업인원, 주변 작업 환경, 공사 기간 등을 고려해 견적을 내기 때문에 같은 크기 매장이라도 가격이 천차만별이다. 이 또한 발품을 팔면 도움이 된다. 최대한 여러 군데서 견적을 받아보는 편이 좋다. 철거가 까다로운 업종은 요식업이다. 집기 종류가 굉장히 다양한 데다 크기도 제각각이기 때문이다.

"특히, 고깃집이 까다롭습니다. 환풍구 설치 등 추가 공사한 게 많아 원상복구 시 비용이 더 발생하는 편입니다. 공사 기간이 길어지는 만큼 철거할 때 건물주와 마찰도 많아 불이익을 받을 수도 있고요. 폐업을 앞둔 점주는 보증금마저 까먹고 있는 경우가 많기 때문에 건물주와 관계가 안 좋을 수밖에 없어 더 부담이 될 겁니다. 창업할 때부터 폐업 가능성을 염두에 두고 집기 설치나 건물주와의 관계를 다져놓는 유비무환의 자세가 필요합니다."

---

7   이전에 운영되던 가게를 그대로 양수양도 받은 후에 본인이 인테리어나 별도 공사를 하지 않았다면 원상복구 의무가 없다.

인테리어에도 트렌드가 있다?
KEYWORD: 밝게, 튼튼하게, 저렴하게

천연 무늬목이 프랜차이즈 가구 '대세'로 자리 잡았다. 가성비가 뛰어난 '철재 다리'도 인기다.

매출에 영향을 주는 요소는 다양하다. 품질과 서비스야 두말하면 잔소리. 여기에 가구와 인테리어가 주는 효과도 무시할 수 없다. "보기 좋은 떡이 먹기도 좋다"는 말도 있지 않은가. 단, 너무 좋은 것만 찾다간 창업 비용이 높아져 실속이 없다. 고객을 끌면서도 가성비가 좋은 최신 인테리어 트렌드는 무엇일까.

대세를 살피기 위해 찾은 곳은 남양주 마석가구단지 인근에 위치한 주문제작 전문 가구 공장 '한국TA'. 한국TA의 자회사 '티오피퍼니처'는 국내 수백여 개 프랜차이즈 브랜드에 가구를 납품하는 프랜차이즈 인테리어 가구 전문업체. 중간 판매자를 거치지 않고 프랜차이즈 본사와 직접 거래하는 물량도 꽤 된다. 국내 가구 공장 중 유일하게 BBQ, 한촌설렁탕, 오븐에빠진닭 등 11개 브랜드에 가구를 직납하고 있다.

남양주 티오피퍼니처 공장 한쪽에 마련된 쇼룸에는 테이블, 의자, 소파, 서랍장, 책꽂이 등 다양한 가구 샘플이 전시돼 있었다. 먼저 눈에 띈 건 배치된 테이블 대부분의 색깔이 비슷하다는 것. '나무색', 그중에서도 '살색에 가까운 나무색'이 주를 이뤘다. 자연광과 잘 어울리는 밝은색의 원목 무늬인 '애시 무늬목'이란다.

"10년 전만 해도 애시목보다는 체리나 샤벨 등 붉은빛이 도는 원목 무늬 테이블 주문이 가장 많았어요. 예전엔 음식점이나 레스토랑이 지하에 있는 경우가 많았고 조명은 대체로 어두웠잖아요. 어두운 조명 아래서는 붉은빛이 멋드러지게 보이니까 인기가 있었죠. 요즘은 매장 대부분이 1~2층으로 올라왔고 조명도 밝아져 대세 테이블색도 바뀐 것 같습니다." 황은주 티오피퍼니처 대표의 설명이다.

수년 전부터 인테리어 시장 화두로 떠오른 '모던'과 '심플'은 프랜차이즈에도 마찬가지로 적용되고 있다. 다양한 색과 무늬를 조합하던 예전과 달리, 요즘은 단순한 원색이 더 인기가 많다. 황 대표에 따르면, 3년 전만 해도 미송, 나치합판, 자작합판 등 소재에 여러 가지 색상을 입혀 제작했단다. 그러나 요즘은 자연 그대로의 무늬와 색을 추구하는 경향이 강해 천연 무늬목 사용이 늘었다고.

테이블 상판과 의자 등받이는 나무, 다리는 철재인 제품이 대부분이다. 예전에는 상판과 의자 모두 나무로 하는 게 보통이었단다. 테이블과 의자 종류에 따라 다르지만, 철재다리는 나무다리보다 가격이 5~10% 정도 더 저렴하고, 충격에도 강하다.

의자 시트 소재에서도 실용성을 추구하는 경향이 두드러진다. 패브릭(천)에서 흔히 '레자'로 알려진 폴리우레탄으로 대세가 완전히 넘어왔다. 패브릭은 고급스러운 반면 이물질이 묻으면 닦기 힘들다는 단점이 있다. 반면, 폴리우레탄 원단은 닦기 편하고 쉽게 뜯어지는 일도 없어 점주들이 선호한다.

지금은 '후기(後記)' 자본주의 시대

후기 관리만 잘해도 매출 4배 늘어

#1. 옥션에서 훈제오리와 훈제닭가슴살 등을 파는 이재수 푸드월드 대표. 원래 그가 팔던 건 훈제오리와 생닭가슴살이었다. 그가 훈제닭가슴살을 팔기 시작한 건 고객 후기 덕분이다. '생닭가슴살을 집에서 어떻게 구웠더니 더 맛있더라', '다이어트를 위해 도시락으로 싸 간다' 등의 후기를 본 이 대표는 '닭가슴살도 훈제를 해볼까' 싶었다. 첫 석 달은 평균 일주일에 1개 정도만 팔렸다. 그런데 상품을 구매한 고객들이 후기를 달면서 5개월 후에는 주문이 폭주해 월 매출 2억 원을 달성했다. 이 대표는 "신제품 출시 후 전담 직원을 두고 구매 후기를 적극 참고하는 편이다. 단골고객 몇 분께 직접 전화해서 만족도 조사를 한 적도 있다. 다이어트를 위해 먹는 사람이 많아 간을 싱겁게 해달라거나 소분해서 포장해달라고 하면 제품에 반영한다"고 말했다.

#2. G마켓에서 과자류를 주로 파는 A씨. 사업 초기 과자 포장 노하

우가 부족했던 그는 지난 겨울 추위에 약한 PP비닐을 사용하다 포장지가 얼어 깨지는 사태가 발생했다. A씨는 고객에게 전화로 사과하고 양해를 구했으나 고객은 사진과 함께 불만 후기를 남겼다. 주위에선 불만후기를 감추기 위해 새로운 상품 페이지를 개설하라고 했지만 A씨는 정공법을 택했다. 고객 후기에 댓글로 잘못을 인정하고 사과한 뒤, 해당문제점을 어떤 방식으로 개선할지 계획도 밝혔다. 판매자의 진솔한 사과 댓글 덕분인지, 이후 A씨는 해당 상품 카테고리에서 상위 1~2위를오가는 '베스트셀러'가 됐다.

온라인·모바일 쇼핑몰 시장이 급성장하면서 '구매 후기'의 위력이 갈수록 커지고 있다. 상품을 직접 못 보고 사는 온라인 쇼핑 특성상 선(先) 구매자의 후기가 절대적인 참고 지표로 활용되는 때문이다. 후기가 판매를 좌우하다 보니 '후기(後記) 자본주의 시대'라는 말도 나온다.

후기 관리에 목숨 거는 업체들
배민 이용자, 2회 중 1회는 후기 참고

'야놀자', '여기어때', '여기야' 등 숙박앱 3개 업체는 최근 공정거래위원회로부터 과태료 250만 원씩을 부과받았다. "청결 상태가 안 좋다" "직원이 불친절하다" 등 부정적 내용의 후기 6,000여 건을 비공개 처리했다가 적발된 것. 업체들이 부정적 후기에 얼마나 민감한지를 단적으로 보여주는 사례다.

후기의 영향력이 갈수록 커지고 있음은 수치로 증명된다. '배달의민족' 데이터서비스팀에 따르면 배달의민족 앱 이용자는 평균 2회 중 1회 꼴로 리뷰 등의 후기를 조회하는 것으로 파악됐다. 이베이코리아도 동일 상품이면 후기가 달린 상품이 일반 상품보다 판매량이 3~4배 이상 높은 것으로 나타났다.

후기 생성 건수도 급증하는 추세다. 2016년 10월 구매 후기 서비스를 도입한 위메프는 서비스가 안정화된 2016년 12월부터 2017년 3월까지 후기가 총 301만 건, 일평균 3만 3,000건, 매 분마다 23건 달렸다. 2016년 11월 한 달간 일평균 1만 5,000건이 달렸으니 두 배 이상 늘어난 셈이다. 같은 기간 포토 후기도 전체의 8%에서 25%로 급증했다. '예스24'도 2017년 1분기 구매 도서에 대한 리뷰 또는 한 줄 평이 2016년 동기 대비 종이책은 15%, 전자책은 40% 증가했다. 온라인·모바일 쇼핑에

○ 온라인 쇼핑몰 후기 이용 현황

업체	후기 현황
배달의민족	누적 후기 총 1,066만 건, 일평균 1만 건 생성, 1인 최다 후기 935건
요기요	클린리뷰 215만여 개. 올 들어 월평균 7만 7,000개 클린리뷰 생성. 1인 최다 후기 435건
인터파크	일반 리뷰 월 10만여 건, 포토 리뷰 5만여 건 생성, 연간 100만 건 이상 생성. 1인 최다 후기 월 20건
옥션	베스트상품은 평균 1,000개 이상 후기 생성, 후기 있는 상품이 일반 상품보다 판매량 3~4배 이상 높아
위메프	누적 후기 366만여 건, 일평균 3만 3,000건 생성, 포토 리뷰 25%, 1인 최다 후기 857건 (2016년 12월~2017년 2월)
예스24	일평균 국내도서 리뷰 8,000여 편, 전자책 리뷰 1,200여 편 생성, 전년 대비 종이책은 15%, 전자책은 40% 증가
여기어때	누적 후기 총 120만 개, 일평균 3,500여 개, 월 100만 개 생성

2017년 4월 말 기준   자료: 각사

익숙해진 소비자들이 이제 적극적인 후기 작성을 통해 상품에 대한 피드백을 전하고 있음을 보여준다.

후기를 집중적으로 쓰는 '헤비 리뷰어(heavy reviewer)'도 적잖다. 배달의민족과 요기요는 누적 후기를 각각 935건, 435건 쓴 소비자도 있다. 위메프의 한 소비자는 3개월간 총 857개 후기를 썼다. 매일 10개가량 후기를 쓴 셈이다.

후기 많으면 잘 팔린다? '글쎄~'
양보다 질… 왜곡된 후기 가려 봐야

후기는 비대면으로 이뤄지는 온라인 쇼핑에서 '사람 냄새'가 나는 거의 유일한 창구다. 판매자와 소비자, 또 이전 소비자와 다음 소비자는 후기를 통해 소통한다. 후기가 많으면 그만큼 해당 사이트가 활성화돼 있다는 방증이므로, 각 업체는 각종 '당근'으로 후기 작성을 독려한다.

옥션은 상품평 등의 후기 등록 시 구입 금액의 0.5% 포인트를 적립해준다. 특히 글보다 직관적이고 신뢰도가 높은 포토 후기는 '꼼꼼상품평'으로 분류해 추가 포인트 250점을 더 준다. 위메프도 일반 후기는 50포인트, 포토 후기는 100포인트를 지급하며, 포토 후기 중 선착순 5개까지는 200포인트를 추가 지급한다.

이쯤에서 떠오르는 궁금증 하나. 후기가 많은 상품은 무조건 잘 팔릴까? 업계에선 '그럴 수도, 아닐 수도 있다'고 본다. '닭이 먼저냐 달걀이 먼저냐' 논쟁처럼, 후기 덕분에 잘 팔릴 수도 있지만, 원래 잘 팔려서 후기가 많은 것일 수도 있기 때문이다.

단, 위메프 사례는 전자에 더 힘을 실어준다. 위메프에서 가장 많은 후기가 달린 '매일 멸균우유 24팩(후기 4,700개 이상)' 제품은 2017년 4월 1~20일까지 매출이 후기 서비스 도입 직전인 2016년 10월 1~20일 매출보다 69.4% 증가했다. 같은 기간 후기 개수가 상위권인 '맛있는 두유 GT 24/32팩'과 '다우니 섬유유연제'도 각각 214.8%, 111.9% 매출이 늘었다.

재밌는 건 연령대나 성별에 따라 후기를 이용하는 정도가 다르다는 것. 위메프가 다른 사람의 구매 후기에 '좋아요'를 누른 성별 결과를 집계한 결과, 남성은 평균 5.3개, 여성은 7.2개를 누른 것으로 나타났다. 연령별로는 남녀 모두 30대가 평균 7.2회 '좋아요'를 눌렀고, 이어 50대 (7.1회), 40대(7회), 60대(6.9회) 순이었다. 위메프 관계자는 "30~50대 고객은 1020세대보다 구매 전 후기를 많이 참고하는 것으로 보인다"며 "많은 구매 후기가 매출로 직결되는 것은 아니지만, 소비자들이 구매 결정에 있어 후기를 참고하는 것만은 분명하다"고 말했다.

후기의 '양'보다 '질'이 더 중요하다는 의견도 있다. 일반 후기 중에는 판매자가 광고를 위해 찬양성 자작 후기를 올리거나, 경쟁 업체가 악의적으로 비방 후기를 남기는 '왜곡된 후기(abusing)'가 적잖기 때문. 각 업계가 '진성 고객'의 후기만을 선별해내려 애쓰는 이유다.

일례로 2017년에 배달의민족은 후기를 쓸 수 있는 권한을 기존 '바로결제(앱 내 결제)'와 '전화주문' 이용자 모두에서 '바로결제' 주문자만으로 제한했다. 전화주문 이용자는 결제 여부가 확인 안 돼 진성 고객이 아닐 수 있다는 판단에서다. 요기요는 아예 특허청에 클린리뷰 서비스를 상표등록까지 했다(상표등록번호 40-1087359호). 클린리뷰는 실제 주문한 기록이 있는 소비자만이 후기(리뷰)나 평점을 등록할 수 있는 제도다. 요기요 관계자는 "클린리뷰 시스템을 서비스 초기부터 채택해 경쟁사 대비 등록된 후기는 적지만 만족도는 높은 편이다. 전체 후기 중 '아주 만족(5점 만점에 5점)'이 55%, 만족(4점)이 20%로, 실제 이용자의 75%가 음식의 질과 서비스에 만족감을 느끼고 있는 것으로 조사됐다"고 밝혔다.

후기가 큰 힘을 발휘하지 못하는 업종도 있다. '책'이 대표적이다. 손민규 예스24 북콘텐츠 파트장은 "서점에선 후기가 많은 책보다는 다른 사람들이 요즘 많이 보는 책, 즉 베스트셀러가 구매 기준이 되는 경우가 많다"고 귀띔했다.

'후기 마케팅' 잘하려면
문제 해결 여부보다 대응 자세가 중요

전문가들은 이제 '후기 자본주의' 시대인 만큼 후기 마케팅은 필수라고 강조한다. 어떻게 하면 후기 마케팅을 잘할 수 있을까.

우선 평점이 높다고 안주하지 말고 사소한 후기에도 지속적으로 귀를 기울이는 게 중요하다. 요기요 관계자는 "소비자 만족도가 높은 업체라도 '소스가 너무 달다', '포장 상태가 좋지 않다' 등 지적사항이 꼭 나온다. 역삼동에서 치킨집을 운영하는 한 점주는 '처음에는 후기를 통해 지적받는 게 기분 나빴지만, 지적사항을 개선하려 노력하니 더 많은 단골이 생겼다'고 한다"며 전했다.

후기를 처리한 '결과'보다 '과정'을 강조하는 목소리도 있다. G마켓 관계자는 "고객 입장에선 실질적인 문제 해결도 중요하지만, 판매자의 적극적인 해결 노력 자체에 대해 긍정적인 평가를 하는 경우도 많다. 특히 불만 후기에 대해선 즉시 고객과 접촉해 해결 방안에 대해 논의하는 게 중요하다. 가능하다면 별도의 전담 인력을 확보하고, 정기적으로 후기 관리를 하는 게 효과적이다"라고 말했다.

가계부채 악화·소비자 역선택 조장하는 '주류 대출'

∷ '무이자' 미끼 폭탄 돌리기… 자영업자만 '봉'

은퇴 후 주점 창업을 알아보던 자영업자 김 모 씨(54). 창업자금이 다소 모자라 대출을 알아봤지만 일정한 수입이 없는 탓에 1금융권에선 거절당했다. 할 수 없이 2·3금융권을 알아봤지만 고금리가 부담돼 망설여졌다. 그러던 중 A프랜차이즈로 창업하면 5,000만 원까지 '무이자 대출'이 가능하단 광고를 보고 결국 A프랜차이즈로 창업했다.

문제는 이때부터. A프랜차이즈는 창업 후 2년간 본사가 지정한 B주류도매상에서만 술을 납품받을 것을 강요했다. B도매상은 다른 도매상보다 비싼 가격에, 그것도 '카스' 대신 '맥스'만 납품받을 것을 요구했지만 김 씨에게 선택권은 없었다. 설상가상 불황으로 장사가 안돼 1년 만에 폐점을 하려 하자 B도매상은 대출금의 20%(1,000만 원)를 위약금으로 요구했다. 김 씨는 "알고 보니 5,000만 원 대출금도 무이자가 아니었다. 비싼 주류 납품 가격에 이자가 반영돼 있었다. B도매상에 항의하니 그제서야 '세상에 공짜가 어디 있느냐'며 시인하더라. 위약금 낼 돈이 없어

무이자 대출을 미끼로 불완전 창업과 주류 독점 납품을 종용하는 '주류 대출' 관행이 자영업자를 울리고 있다. 사진은 서울 종로의 먹자골목 전경.

억지로 1년 더 장사를 해야 될 판"이라며 분통을 터뜨렸다.

특정 도매상으로부터 술을 장기간 납품받는 조건으로 빌려주는 '주류 대출'[8]이 자영업 시장의 시한폭탄으로 떠올랐다. 창업자금이 부족한 예비창업자를 대상으로 '무이자 대출'이라고 꼬드기지만, 사실상 비싼 술값에 반영된 경우가 대부분이다. 자영업자의 대출 부실을 조장하고 소비자의 주류 선택권도 제한해 단속이 시급하다는 지적이다.

8　주류도매상이 자영업자에게 일정 기간 술을 납품받는 조건으로 창업 자금을 빌려주는 영업 관행. 매출이나 상환 능력 확인 없이 주류 납품 실적과 간단한 신용 조회만으로 이뤄져 부실률이 매우 높다. 특정 술만 납품받을 것을 조건으로 내걸기도 해 소비자 선택권을 제한하고 가계부채를 키운다는 지적이 제기된다.

주류 대출이 뭐길래
프랜차이즈 '감독', 도매상 '연기', 제조사 '스텝'

1990년대 초반 주류도매면허가 자유화되자 신규 도매상이 난립, 경쟁이 치열해졌다. 도매상들은 처음에는 냉장고, 에어컨, TV 등 주점 영업에 필요한 비품을 무상 지원해주는 식으로 영업을 했다.

그러나 경쟁이 과열되자 급기야 현금 지원까지 등장했다. 창업자금이 부족한 자영업자에게 수천만 원을 빌려주고 대신 독점 납품권을 따내게 된 것. 단 도매상은 이를 '주류 대출'이 아닌 '장기대여금'이라고 부른다. 법적으로 대출을 해주고 이자를 받으려면 대부업으로 등록해야 하지만, 장기대여금은 사업자 간 자금거래로 인정되기 때문이다. 전국 1,000개 이상 주류도매상이 신규 거래선 확보를 위해 경쟁하듯 돈을 빌려주면서 주류 대출은 도매 영업에 없어서는 안 될 필수 관행으로 자리 잡았다.

프랜차이즈 업체들이 주류 대출 관행을 악용하면서 상황은 더 악화됐다. 수십~수백 개 가맹점을 거느린 프랜차이즈 본사는 자사 가맹점에 대한 독점 납품권을 미끼로 모든 가맹점에 대한 최대한의 주류 대출을 도매상이 하도록 하고 매출의 5~10%에 달하는 백마진(리베이트)도 요구했다. 그러면서 예비창업자에겐 "우리 프랜차이즈로 창업하면 '무이자 대출'이 얼마까지 가능하다"며 마치 본사가 지원해주는 것처럼 광고했다.

봉구비어도 주류 대출을 이용해 가맹점을 모으는 대표적인 프랜차이즈다. 봉구비어에 창업자금이 부족하다며 주류 대출이 가능한지 묻자 "신용이 좋으면 5,000만 원까지 무이자 대출이 가능하다"는 답이 돌아왔다. 이어 봉구비어 가맹 담당자는 "대신 창업하고 30개월간 의무적으로 술을 납품받아야 한다. 대출금은 첫달은 면제이고 20개월로 나눠 갚으면 된다. 이를 안 지키면 대출금의 25%를 위약금으로 내야 한다. 주류 도매상을 안 바꾸면 문제될 게 없다"며 창업을 종용했다.

신규 거래선을 대량으로 확보할 수 있다는 기대감에 도매상들은 어떻게든 자금을 마련해 주류 대출(장기대여금)을 해줬다. 부족한 자금은 2·3금융권에서 대출까지 받았다. 실제 홈페이지에 '무이자 대출 5,000만 원' 팝업광고를 내건 가르텐비어의 한 가맹 사업 담당자는 "3,000만 원은 도매상이, 2,000만 원은 금융기관에서 빌려서 주고 이자도 대납해준다"며 창업을 종용했다.

하이트진로, OB맥주 등 주류제조사(이하 제조사)도 한통속이다. 제조사는 자사와 친분이 있는 도매상이 신규 거래선을 뚫어야 자사 술이 잘 팔린다는 점에서 도매상과 공생관계다. 때문에 주류 대출금의 일부를 '매출채권 상환유예 프로그램'이란 명목으로 도매상을 측면 지원한다. 현금을 주는 방식이 아닌, 단순히 대금 납부 기간을 유예해주는 방식이다 보니 주류 대출 부실에 대한 리스크는 온전히 도매상 몫이다. 제조사로선 도매상의 주류 대출 영업으로 '이익(술 판매)'은 함께 취하지만, '손실(주류 대출 부실)'은 부담하지 않는 꽃놀이패다.

하이트진로 관계자는 "우리는 생맥주만 '매출채권 상환유예'를 해준다. 도매상 영업에 필요한 운용자금을 지원해주는 건데, 현장에서 무리하게 운용되고 있는 건 사실이다. 단 제조사가 의도한 건 아니다"라며 "궁극적으로는 준비 안 된 자영업자 창업이 너무 많아 발생하는 구조적 문제"라고 말했다. OB맥주 관계자는 "생맥주와 병맥주 모두 지원한다. 우리한테 제일 중요한 건 도매상이다. 도매상과 좋은 관계를 유지하기 위해 매출채권을 유예해주는 것이다. 자금 사정에 따라 유예 규모는 매달 달라진다"고 설명했다.

이처럼 프랜차이즈 본사, 도매상, 제조사, 2·3금융권 등의 공조로 이뤄지는 주류 대출은 '무이자'란 광고에 혹한 자영업자와 만나 눈덩이처럼 불어났다. 업계에 따르면 주류 대출 10건 중 9건은 창업 직전에 이뤄진다. 아직 매출도 확인되지 않은 예비창업자에게 빌려주니 부실 가능성이 높을 수밖에 없다. 한 도매상 관계자는 "2010년대 초반에는 묻지도 따지지도 않고 대출해줬다. 그런데 주류 대출 10건 중 3~4건에서 부실이 발생하다 보니 요즘은 신용등급 조회 절차가 생겼다. 그래도 기존 대출 잔금이 얼마인지, 상환 능력이 있는지는 여전히 모르는 상태에서 빌려준다. 부실률이 높을 수밖에 없는 구조"라며 "도매상끼리 만나면 서로 부실이 얼마인지 물으며 걱정해준다. 그래도 혼자 주류 대출을 안 해주면 영업이 안 되니 모두가 문제인 걸 알면서도 계속 폭탄 돌리기를 하고 있는 상황이다"라고 토로했다.

주류 대출 부실로 인한 손실은 또 다른 피해로 이어진다. 일부 도매상은 장사가 안돼 폐업한 점주한테 소송을 걸어 끝내 받아내지만 지난

한 법적 다툼에 자금 사정이 악화될 수밖에 없다. 이를 벌충하기 위해 도매상은 엉뚱하게도 대출을 잘 갚고 있는 다른 선량한 자영업자에게 납품가를 올리는 식으로 손실분을 전가한다. 마치 과거 휴대폰 시장에서 A소비자에게 보조금을 많이 지급한 대리점이 이를 만회하기 위해 B소비자에게 덤터기를 씌우던 것과 비슷하다. 하이트진로, OB맥주 등이 도매상에 제공하는 매출채권 상환유예 혜택도 삼성전자, LG전자 등이 이통사에 주는 판매 장려금과 닮아 있다.

비싼 납품가 탓에 수익성이 나빠진 자영업자는 또다시 폐업이나 대출 부실로 이어질 수 있다. 프랜차이즈의 주류 대출 요구→창업 전 주류 대출 시행(제조사와 2·3금융권 공조)→자영업자 대출 부실→도매상 자

가르텐비어는 홈페이지에 '무이자 대출' 팝업광고를 내걸고 자금이 부족한 자영업자의 창업을 유도하고 있다.

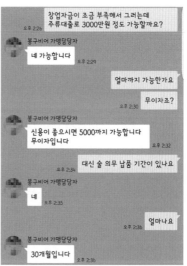

봉구비어 가맹 담당자와의 카카오톡 대화 내용 캡처. 담당자는 30개월간 특정 주류도매상과 거래하면 최고 5,000만 원까지 주류 대출이 가능하다고 밝혔다.

금난→다른 자영업자에 전가→연쇄 부실 등의 악순환이 계속되는 것이다.

가계부채 · 소비자 역선택 조장 심각
금융당국도 모르는 '사채'… 맥주도 주는 대로 마셔야

주류 대출의 부작용은 한국 경제 전반에도 영향을 미친다.

우선 금융당국도 파악할 수 없는 '숨은 빚'이란 점에서 가계부채 뇌관으로 지목된다. 주류 대출은 점주와 도매상 간 사적 자금거래인 탓에 그 규모가 어느 정도인지 집계조차 불가능하다. 또 형식적으로는 장기대여금이지만, 사실상 이자가 지급되는 대출이란 점에서 '불법사금융'의 소지도 다분하다.

업계 관계자는 "주류 대출은 자영업자의 술 구매 실적에 따라 적게는 수백만 원에서 많게는 수억 원까지 집행된다. 전국 1,100여 도매상 중 400여 곳에서 1곳당 월 2건씩, 건당 1,500만 원의 주류 대출을 한다고 '보수적으로' 가정하면 연간 약 1만 건, 1,500억 원어치의 '숨은 가계부채'가 발생하는 셈이다. 특히 주류 대출은 자금이 부족한 자영업자에게 창업 진입장벽을 낮춰주는 '마중물' 역할을 한다는 점에서 더 고약하다. 돈이 부족해 창업을 못 했으면 애초에 자영업 시장이 덜 과열됐을 테고, 장사가 안 돼 추가 대출을 받는 일도, 주류 대출자의 폐업으로 인한 연쇄 부실 사태도 줄었을 것이다. 이런저런 파급 효과를 고려하면 주류 대출의 가계부채 확대 효과는 적어도 1조 원이 넘을 것"이라고 말했다.

주류 대출은 납품하는 술이 생맥주냐 병맥주냐에 따라 지원 형태가 조금 다르다. 제조사가 선호하는 술은 생맥주다. 병맥주는 술만 납품하면 되지만 생맥주는 기계까지 납품한다. 기계가 한 번 설치되면 다른 기계로 대체하기 힘들어 독점 효과가 배가된다. 업계 관계자는 "20리터들이 생맥주 1통을 납품받으면 1,000만 원, 2통이면 2,000만 원식으로 주류 대출 금액이 정해진다. 대신 납품 가격이 4만 원에서 4만 1,000~4만 2,000원으로 올라가는 식이다. 심한 경우 4만 5,000원까지도 올린다. 장사가 잘되는 가게면 하루 2~3통도 납품하는데, 그럼 납품가가 하루에 1만~1만 5000원, 한 달에 30만~45만 원, 1년에 360만~540만 원씩 차이 난다. 무이자라고 광고하지만 사실상 고리대금이나 마찬가지"라고 귀띔했다. 그는 이어 "그럼에도 자영업자는 계약서를 꼼꼼히 읽지 않아 이런 사정을 잘 모른 채 주류 대출을 받는다. 주류 대출을 받기 전에는 자영업자가 갑, 도매상이 을이지만 주류 대출을 받는 순간부터 갑과 을이 뒤바뀐다"며 주의를 당부했다.

소비자도 피해자다. 도매상은 제조사와 결탁해 특정 브랜드 술만 납품하는 경우가 적잖다. 제조사로부터 매출채권 상환유예를 더 받기 위해서다. 제조사는 자사 술을 팔아주는 실적에 따라 상환유예 규모를 달리한다. 상황이 이렇다 보니 소비자는 A맥주를 찾아도 점주가 "B맥주(또는 C맥주)밖에 없다"고 해서 A맥주를 못 마시게 되는 경우가 비일비재하다.

'주류거래질서' 해치는데 정부는 뒷짐만
국세청 "공정위 소관" 단속건수 공개 거부

전문가들은 이제라도 정부가 나서서 어두운 주류 대출 관행을 근절해야 한다고 강조한다. 실제 '국세청 주류거래질서 확립에 관한 명령위임 고시' 2조 6항에는 "주류 제조 · 수입업자는 장려금 또는 수수료 등의 명목으로 금품 및 주류제공 또는 외상매출금을 경감함으로써 무자료거래를 조장하거나 주류거래질서를 문란시키는 행위를 해서는 안 된다"고 명시돼 있다. 그러나 주무부서인 국세청은 감독 책임을 타 부서에 떠넘기기 급급했다. 이창준 국세청 소비세과 조사관은 "불공정거래에 해당하는 문제이므로 공정거래위원회 쪽에서 다룰 문제"라고 말했다. 주류거래질서를 문란시키는 행위에 대해 국세청이 2016년 단속한 건수에 대해서도 "공개할 의무가 없다"며 답변을 거부했다.

하명진 법무법인 긍정 변호사는 "주류 업체가 창업 자금이 부족한 창업 희망자들에게 주류 대출을 통해 창업 자금을 빌려주는 행위는 대부업 등록 없이 대부행위를 '업'으로 하는 경우에 해당할 수 있어 법 위반 소지가 있다. 또한 주류 대출 조건으로 일반적인 공급가보다 비싼 가격으로 주류를 공급하면서 자사 주류만을 취급하도록 제한하는 것은 자영업자와 소비자의 자유로운 주류 선택권을 제한하는 행위다. 이는 공정거래법상의 불공정거래행위(구속조건부 거래)에 해당할 수 있다"고 꼬집었다.

숏테일 경제학

∷ 롱테일 경제? 다시 꼬리가 짧아진다!

요즘은 무엇이든 스마트폰으로 하는 시대다. 쇼핑도 마찬가지. 과거에는 '온라인 쇼핑'이라고 하면 PC로 하는 게 대부분이었는데 이젠 모바일이 대세다. 통계청의 '2017년 7월 온라인 쇼핑 동향'에 따르면 온라인 쇼핑 거래액은 6조 5,623억 원이었는데 이 중 약 62%가 모바일로 이뤄졌다. 이젠 온라인 쇼핑도 PC보다 스마트폰으로 하는 게 일반적이란 얘기다. 온라인 쇼핑 방법이 PC에서 스마트폰으로 바뀌면서 중요한 변화가 나타나고 있다. '롱테일 경제'의 반대인 '숏테일 경제' 현상이다.

롱테일 경제는 크리스 앤더슨의 베스트셀러 '롱테일 경제학'에서 제시된 유명한 이론이다. 과거에는 히트상품 몇 개가 매출액의 80%를 만들어낸다는 '파레토의 법칙'이 통했는데, 온라인 쇼핑이 활성화되면서 매출의 대다수를 점유하던 히트상품의 비중이 크게 줄고, 오히려 비인기 상품의 매출 총합이 히트상품 매출을 능가하게 됐다는 게 골자다. 매우 뛰어난 통찰력이 아닐 수 없다.

그렇다면 기자가 말하는 '숏테일 경제'는 무엇인가? 이는 파레토의 법칙과 유사하다. 비인기 상품 매출 비중이 다시 줄어 롱테일 경제학이 나타나기 이전처럼, 히트상품 위주로 판매된다는 얘기다. '롱테일'이라 불리던 꼬리 부분 매출이 다시 줄어들고 있다는 점에서 '짧은 꼬리 현상', 즉, 숏테일 경제라 명명했다.

왜 이런 변화가 일어날까? 바로 스마트폰 때문이다. 국내에 롱테일 경제학 책이 발간된 건 지금보다 10년도 더 전인 2006년 11월의 일이다. 당시에는 스마트폰이 없었고 온라인 쇼핑은 100% PC로만 이뤄졌다. 즉, 당시 '온라인 쇼핑=PC 쇼핑'이었다. 그러나 지금은 '온라인 쇼핑≒모바일 쇼핑'인 시대다. PC 쇼핑과 모바일 쇼핑의 차이가 롱테일 경제와 숏테일 경제를 구분 짓는 요인이 됐다.

모바일 쇼핑이 PC 쇼핑과 가장 다른 점은 '화면 크기'다. PC는 모니터 화면이 20인치 안팎, 스마트폰은 5인치 안팎이다. 스마트폰이 PC 모니터의 약 4분의 1 정도로 작다. 5인치짜리 작은 화면에는 PC 화면처럼 많은 정보를 담을 수가 없다. 사진이나 글자가 너무 빼곡해서 보기 불편하기 때문이다. 그래서 PC 쇼핑에선 한 화면에 수십 가지 상품을 보여주지만, 스마트폰에선 판매자나 플랫폼 운영자가 주요 상품을 딱 1~2가지만 골라서 대표로 보여준다. 소비자가 화면에서 접하는 정보의 양이 확 줄어드는 것이다.

그뿐인가. PC에선 마우스로 스크롤을 내리면서 화면을 이리저리 둘러보고 다른 상품들도 훑어보게 된다. 키보드라는 자판이 있으니 궁금한 정보는 쉽게 검색해볼 수도 있다. 반면 모바일 환경에선 스크롤을 좀만 내려도 눈이 어지럽고, 한참 내려봐야 고작 몇 개 상품을 더 둘러보는 데 그친다. 열 손가락을 쓰는 자판 대신 두 엄지손가락만으로 타이핑해야 되니 궁금한 정보가 있어도 검색하다가 이내 포기하게 된다. 상품에 대한 정보를 쇼핑몰로부터 제공받는 것은 물론, 소비자가 능동적으로 '탐색'하는 데 있어서도 모바일 쇼핑은 PC 쇼핑보다 훨씬 불리한 것이다.

실제 코리안클릭에 따르면, 같은 쇼핑몰 사이트를 PC로 접속한 사용자의 '페이지뷰'가 스마트폰으로 접속한 사용자보다 평균 3배가량 높은 것으로 조사됐다(위메프에선 최대 7배 이상 차이났다. p.239 그래프 참조). 페이지뷰는 해당 사이트에서 사용자가 얼마나 많은 페이지를 열어봤는가, 즉 클릭 건수를 나타낸다. PC에서 페이지뷰가 더 높았다면 그만큼 정보를 더 많이 탐색했다는 얘기다.

다시 롱테일 경제 얘기로 돌아오자. 과거 오프라인 쇼핑 환경에선 소비자 시야나 공간의 한계로 인해 판매자는 히트상품을 우선적으로 전면 배치했다. 그럼 히트상품은 당연히 더 잘 팔리는 선순환이, 비인기 상품은 더 안 팔리는 악순환이 일어난다. 이게 바로 파레토의 법칙으로 이어지는 양극화 현상이었다. 하지만 온라인에선 사용자가 검색만 하면 어떤 상품이든 다 찾아볼 수 있어 양극화 현상이 크게 완화됐다. PC 쇼핑 환경이 소비자들의 적극적인 검색과 정보 탐색을 가능케 해 롱테일 경제 현상으로 이어진 것이다.

그런데 모바일 쇼핑 환경에선 다시 검색 횟수가 줄어들면서 판매자가 작은 화면에 골라서 띄워주는 '큐레이션 커머스'가 일반화됐다. 과거 오프라인 쇼핑 환경처럼 다시 소비자 시야나 공간(작은 화면)의 한계, 그리고 정보 탐색의 어려움 같은 조건이 마련됐고 이로 인해 다시 인기상품 위주로 판매되는 '숏테일 경제' 현상이 나타나게 된 것이다. 숏테일 경제 사례는 얼마든지 있다.

모바일 쇼핑의 최전선은 뭐니 뭐니 해도 소셜커머스다. 위메프에 따르면 여행·레저상품 중 상위 10위 안에 드는 베스트셀러가 전체 매출에서 차지하는 비중이 PC로 접속한 고객에게는 1.5%에 불과했는데, 모바일에선 2.7%로 2배가량 늘었다. 상위 100위까지 상품으로 범위를 넓혀봐도 PC는 5.8%, 모바일은 11.5%로 비슷한 차이를 보였다.

패션·뷰티 쪽은 양극화 현상이 더 심하다. 위메프 패션·뷰티상품 중 상위 100위까지 매출 비중이 PC에선 1%였는데, 모바일에선 6.4%로 6배 이상 차이 났다. 또 교보문고에서 베스트셀러 10위까지 매출 비중을 집계한 결과, PC에선 10위까지 매출이 전체의 2%였는데 모바일에선 3.2로 모바일이 60% 더 높았다. 예스24도 정도의 차이만 있을 뿐, PC보다 모바일에서 베스트셀러 구매 비중이 더 높았다. 같은 쇼핑몰도 PC로 접속하느냐, 스마트폰으로 접속하느냐에 따라 소비자의 구매 패턴이 크게 달라짐을 알 수 있다.

유통업계에선 PC 쇼핑을 '목적구매형', 모바일 쇼핑은 '충동구매형'이라 부른다. PC로 쇼핑을 하게 되면 본인이 사려는 상품을 검색해서 다른 다양한 상품들과 꼼꼼히 비교해본 다음, 구매 목적에 가장 부합하는 상품을 신중하게 구매하지만, 모바일에선 검색이 불편하고 정보도 적게 제공되니 판매자가 추천해주는 상품 위주로 충동적으로, 또는 서둘러 쇼핑을 끝내게 되기 때문이다. 숏테일 경제 현상이 소비자에겐 그리 바람직한 게 아님을 보여준다.

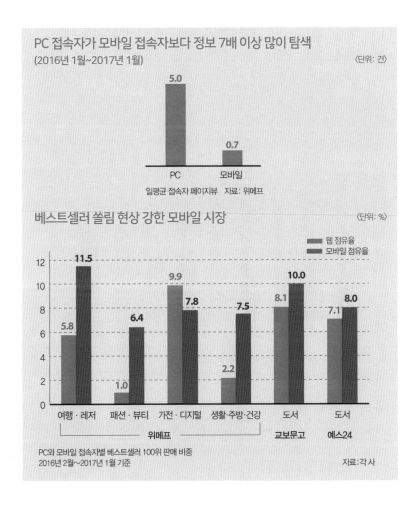

PC 접속자가 모바일 접속자보다 정보 7배 이상 많이 탐색
(2016년 1월~2017년 1월)
〈단위: 건〉

일평균 접속자 페이지뷰   자료: 위메프

베스트셀러 쏠림 현상 강한 모바일 시장
〈단위: %〉

PC와 모바일 접속자별 베스트셀러 100위 판매 비중
2016년 2월~2017년 1월 기준
자료:각사

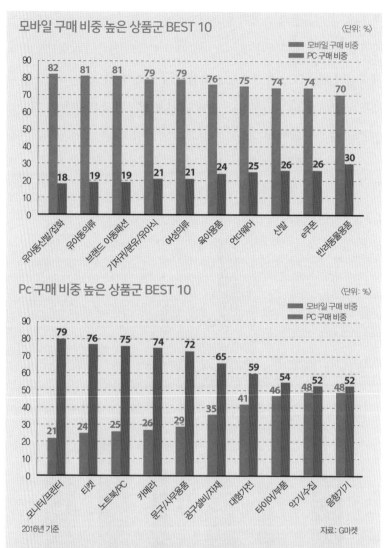

모바일 구매 비중 높은 상품군 BEST 10

〈단위: %〉

■ 모바일 구매 비중
■ PC 구매 비중

상품군	모바일 구매 비중	PC 구매 비중
유아동신발/잡화	82	18
유아동의류	81	19
브랜드 이동패션	81	19
기저귀/분유/유아식	79	21
여성의류	79	21
육아용품	76	24
언더웨어	75	25
신발	74	26
e쿠폰	74	26
반려동물용품	70	30

Pc 구매 비중 높은 상품군 BEST 10

〈단위: %〉

■ 모바일 구매 비중
■ PC 구매 비중

상품군	모바일 구매 비중	PC 구매 비중
모니터/프린터	21	79
티켓	24	76
노트북/PC	25	75
카메라	26	74
문구/사무용품	29	72
공구설비/자재	35	65
대형가전	41	59
타이어/부품	46	54
악기/수집	48	52
음향기기	48	52

2016년 기준

자료: G마켓

G마켓에 따르면, 모바일 구매 비중이 높은 품목은 주로 유아동, 출산용품으로 육아 중인 부모가 빠르고 간편하게 물품을 구입하기 위해 모바일쇼핑을 하는 것으로 풀이된다. 그외 패스트패션 트렌드에 따라 의류, 패션잡화 등 저렴한 가격에 큰 고민 없이 구입할 수 있는 제품도 모바일 구매 비중이 높았다. 반면, 노트북, 카메라, 대형가전 등 대표적인 '목적형 구매' 품목은 상품정보를 꼼꼼하게 확인하고, 가격비교를 위해 PC를 통한 구매 비중이 높았다. 오픈과 동시에 품절이 되는 경우가 많은 '티켓' 구입도 로딩 시간을 최소화하기 위해 PC구매가 많은 것으로 분석된다. 한편 사무실 비품은 사무직(경리)들이 PC를 이용해 주문하는 경우가 많아, 문구/사무용품 및 커피/음료 등의 PC 구매 비중이 높은 것으로 보인다.

자, 그럼 이제 숏테일 경제 현상을 자영업 트렌드와 연결해 보자. 일단 소셜커머스나 오픈마켓 같은 인터넷 쇼핑몰에 입점해서 장사하거나, 또는 인터넷 쇼핑몰을 직접 운영하는 '온라인 상인'이라면 숏테일 경제 현상을 주시할 필요가 있다. 갈수록 모바일 쇼핑이 활성화되는 추세에 맞춰 인기상품을 화면에 전진 배치하거나 팝업광고 형태로 띄우는 식으로 큐레이션 마케팅을 하는 게 유리할 것이다.

오프라인 매장에서도 마찬가지로 큐레이션 커머스가 중요해진다. 요즘 편의점 업계에선 '상품 가짓수 줄이기'에 한창이다. 가령 '새우맛 과자'가 편의점에 과거에는 3~4가지 진열돼 있었다면 요즘은 가장 잘 팔리는 상품 1~2가지만 진열하는 식이다. 언뜻 보면 이런 걱정을 할 수도 있다. '소비자 선택권이 줄어 장사가 안되지 않을까' '요즘 소비자 취향이 다양해지는 추세에 역행하는 것 아닌가?' 그러나 실제로는 이렇게 해서 매출이 더 올랐다고 한다. 비결이 뭘까? 이와 관련된 연구 사례가 있다. 미국 스탠퍼드대학교의 공동연구에 따르면, 미국의 한 식료품점에서 잼을 한 번은 24종류나 진열하고, 한 번은 6종류만 진열했더니 의외로 6개만 진열했을 때 매출이 8배 가까이 늘었다. 연구진은 상품의 다양성도 중요하지만, 상품 종류가 너무 많으면 소비자가 혼란을 느껴 아예 구매를 포기하는 것으로 해석했다. 이를 흔히 '결정 장애'라고 한다.

현대 사회는 정보가 부족해서가 아니라, 정보가 너무 많아서 탈인 '정보 과잉'의 시대다. 때문에 소비자 선택권을 위해 상품 가짓수를 마냥 늘리는 것은 오히려 소비자의 구매를 위축시키고 재고 비용만 늘리는 역

효과를 일으킬 수 있다. 특히 새우맛 과자나 잼같이 소비자가 구매할 때 크게 고민하지 않는 '저관여 상품'은 선택의 폭을 넓히는 게 더욱 위험할 수 있다. 소비자가 고민하지 않고 마음 편히 구매할 수 있게, 그러면서도 제품에 만족할 수 있게 질 좋은 상품을 추천하는 큐레이션 서비스가 온·오프라인 쇼핑 모두에서 중요해진 것이다.

단, 숏테일 경제 현상에 대한 대응법은 상품 카테고리에 따라 달라져야 한다. 가령 전술한 위메프 사례를 되짚어 보면, 여행·레저 분야보다는 패션·뷰티 분야에서 더 베스트셀러 매출 비중 차이가 컸다. 소비자관여도의 차이 때문이다. 여행이나 레저는 자주 가기 힘든 연례 행사인 만큼 소비자들이 훨씬 꼼꼼히 따져보게 돼 있다. '여름휴가를 동남아로 가야지' 하고 인터넷 쇼핑몰에 접속했는데, 쇼핑몰에서 미국이나 유럽행을 추천한다 해서 충동적으로 여행지를 바꾸긴 쉽지 않다. 비용이나 일정 문제가 복잡하게 얽힌 탓이다. 반면 패션·뷰티 분야는 가격대도 낮고 특별히 찾는 상품이 없는 상태에서 쇼핑을 시작할 수 있어 상대적으로 추천 효과가 더 극대화될 수 있다.

정리하면 본인이 파는 상품의 소비자 관여도가 어느 정도인지를 먼저 파악해야 한다. 그에 따라 큐레이션 마케팅을 할 것인지, 아니면 가격 할인이나 체험 이벤트 같은 다른 마케팅을 할 것인지 결정하는 게 바람직하다.

세계에서 본
한국의 내일

일본

일본은 저성장(장기 불황), 고령화, 저출산, 비혼, 1인 가구 등의 사회 변화를 가장 먼저 겪은 나라다. 이런 변화는 이제 한국뿐 아니라 전 세계를 강타하고 있다. 그야말로 '세계가 일본 된다'는 말이 와 닿는 요즘이다. 특히, 일본과 가장 라이프스타일이 비슷한 우리나라는 더욱더 일본의 최신 동향에 귀 기울일 필요가 있다. 기자가 매년 2~3차례씩 일본에 가서 오피니언 리더들을 만나 시장 트렌드를 공부하는 이유다.

도쿄는 2016년 가을에 이어 1년 만에 다시 찾았다. 먼저 눈길을 끈 건 1년 전보다 훨씬 활기가 넘치는 도시의 풍경이었다. 번화가인 신주쿠나 시부야, 긴자는 어깨를 부딪히며 걸어야 할 만큼 많은 인파로 붐볐다. 외국인 관광객도 많았다. 특히, 사드 사태로 한국에선 자취를 감춘 중국인 관광객들이 다 일본으로 몰린 듯했다. 경기 부양에 사활을 건 아베노믹스에 중국인 관광객까지 몰리며 일본은 다시금 호황기를 구가하는 모습이다.

그러나 호황이라 해서 마냥 웃을 수만은 없다는 데 일본의 고민이 있다. 1970~1980년대 고도성장기에 비해 일본 인구는 훨씬 늙었고, 젊은 층은 한참 줄었다. 저출산 고령화가 매우 심화된 데다, 장기불황과 동북부 대지진에 대한 트라우마를 갖게 된 일본은 이제 전보다 훨씬 성숙한 소비 문화를 보이고 있다. 소유에 대한 욕심을 내려놓고, 보다 건강하고 지속 가능한 삶을 추구하는 로하스(LOHAS)가 그것이다.

"2011년 3월 11일 동북부 대지진 이후 일본에선 로하스 트렌드가 자리 잡았다. 아무리 많이 가져도 재난이 닥치면 아무 소용이 없고, 가장 중요한 건 건강임을 깨달은 때문이다. 그 결과, 물건을 직접 만들어 쓰는 DIY(Do It Yourself) 상품, 전통 공예품, 수제양복, 에코백 등의 가치에 눈을 뜨기 시작했다. 물론, 패스트 리테일링도 인기 있고 앞으로도 잘 될 것이다. 그러나 한쪽에선 결과보다 과정을 중시하고, 가깝고 편리한 것보다 다소 불편해도 진정한 행복을 추구하는 새로운 소비문화가 자리 잡았다."

한국 다이소 관계사인 '한일맨파워'의 사쿠라이 겐지 도쿄지사장의 설명이다.

이런 소비 트렌드는 시부야의 가장 핫한 쇼핑몰 중 하나인 '히카리에'에 입점한 매장들에서 확인할 수 있었다.

우선 업종을 세분화한 전문매장들이 주를 이뤘다. 생일선물 관련 용품만 파는 '버스데이바(Birthday Bar)', 고급 문구 전문점 '스미스(smith)', 여행용품 전문점 '밀레스토(Milesto)', 애완동물용품 전문점 'P2' 등이 대표적인 예다. 버스데이바는 2~3년밖에 안 된 신생 브랜드다. 모든 사람들에게 생일은 있을 터. 갓난아기부터 어린 아이, 애인, 부모, 은사 등 누구에게나 선물할 수 있도록 다양한 상품을 구비해놨다. 생일선물을 고를 때 고민할 필요 없이 버스데이바를 찾으면 돼 인기가 많다고 한다. P2에는 개와 고양이 목에 거는 목줄 종류만 수백 가지에 달했다. 또, 스미스는 매장 한쪽에 에코백 코너를 따로 마련했다. 우리나라는 환경보호 차원에서 에코백 사용을 권장해도 일상에서 잘 활용되지 않는 게 사실이다. 반면 일본에선 에코백 이용자가 꽤 많아 패셔너블한 에코백 시장이 형성돼 있다. 로하스 트렌드를 읽고 그에 맞는 수요를 채워주는 업체들이 생겨난 것이다.

체험형 매장도 더 진화했다. 특히 눈길을 끈 건 전기밥솥 파는 매장에 마련된 밥 시식 코너다. 기자가 과문한 탓인지 모르겠지만, 맨밥을 맛보는 시식 코너는 한국에선 본 적이 없다. 일본은 미식의 나라답게 밥맛에 대해서도 매우 민감하다. 업종을 불문하고 "밥이 맛이 없으면 도쿄에서 장사할 생각을 접어라"라는 말이 통용될 정도다. 실제로 이키나리 스테이크든, 호토모토든 여러 프랜차이즈 식당을 가봐도 공통적으로 밥이 특별히 맛있었다. 스테이크보다 밥이 더 맛있게 느껴졌다고 하면 믿을 수 있겠는가. 하지만 사실이다. 호토모토는 자사 경쟁력으로 도시락의 맛있는 반찬보다 따끈따끈하고 맛있는 밥을 더 강조하기도 했다. 편의점 도시락과 달리 호토모토는 매장 안에 주방이 있어서 갓 지은 따뜻한 밥을 제공할 수 있다는 자랑이었다. 이에 일본 미니스톱은 일부 매장

생일선물 전문점 '버스데이바'. 애완용품 전문점 'P2', 여행용품 전문점 '밀레스토'. 한 가지 주제로 특화한 '아이템 세분화'의 성공 사례로 꼽힌다.

일본 유명 생활가전 브랜드 '발뮤다'와 '버미큘라' 제품으로 갓 지은 밥을 비교해서 맛볼 수 있는 체험형 매장. 일본은
소비자가 직접 체험해볼 수 있는 매장이 성업 중이다.

의 경우 직원이 직접 매장에서 밥을 지어 팔기도 한다. 그만큼 식사의
기본은 '맛있는 밥'이라는 사고가 깔려있는 것이다. 독자 여러분도 도쿄
에 가면 꼭 훌륭한 밥맛을 확인해보기 바란다.

유통업체 간 활발한 제휴도 일본 사회 변화에 대응하기 위한 생존전
략이다.

요즘 일본에선 유니클로에서 산 옷을 세븐일레븐에서 배송받는가 하
면, 츠타야 서점 안에 스타벅스 매장이 들어간다. 유니클로와 스타벅스
는 고객 접점을 늘릴 수 있어 좋고, 세븐일레븐과 츠타야는 집객 강화
효과가 있어 좋다. 최근에는 돈키호테와 훼미리마트가 서로 상품을 교
차 판매하기로 했다. 저출산 고령화로 지방 인구가 감소하자 새로 출점
하기엔 고객이 줄어드니 이미 출점해 있는 상대방의 매장에 입점해 출

점 비용은 아끼면서 판매 채널은 더 확보하려는 전략이다. 우리나라도 저출산 고령화로 지방 소멸이 빠르게 진행 중이니 머지않아 이런 현상이 나타나지 않을까 싶다.

일본은 2011년 3월 11일 동일본 대지진 이후 친환경 제품에 대한 관심이 높아지고 있다. 사진은 조용히 인기를 끌고 있는 에코백이 진열된 매장.

"일본서 유행하면 수년 뒤 한국서 유행" 업계 정설

기자는 2016년에 이어 2017년에도 일본 프랜차이즈협회를 방문해 이토 히로유키 전무를 만났다. 그는 일본 편의점 로손에서 사장 보좌 임원까지 지내고 프랜차이즈협회로 자리를 옮긴 인물로, 업계에서 '시장 트렌드에 매우 밝다'는 평가를 받는다. 그는 2017년 9월 4일 기자에게 아직 일본 언론에도 발표하지 않은 2016년 회계연도 일본 프랜차이즈 시장 결산 자료를 건네며 시장 트렌드에 대한 열띤 분석을 쏟아냈다. 협회에 따르면 2016년 일본 자영업 시장 흐름은 다음과 같이 요약됐다. 편의점의 영역 확장과 선두업체 과점화, 1인 가구 및 고령화 관련 업종의 지속 성장, 가성비와 맞춤형 서비스 인기, 업체 간 제휴 활발 등이다.

일본 편의점은 도시락, 반찬 등의 중식(나카쇼쿠[9])과 드립커피, 패스트 푸드 등 카운터 진열 상품의 확충, 점포 내 식음 공간 확대 등을 기반으로 성장세를 이어갔다. 편의점 시장 규모는 전년 대비 3.2% 늘어 10조 8,300억 엔을 기록했다. 전체 프랜차이즈 소매 시장(25조 엔)의 40%가 넘는다. 단, 브랜드 수는 26개에서 23개로 줄었다. 상위 업체인 세븐일레븐, 훼미리 마트, 로손이 중소 브랜드를 합병하며 대형화를 추진한 때문이다. 가맹점 수(5만 7,818개)는 전년 대비 766개만 늘었다. 1년간 5,000개 가까이 급증한 한국에 비하면 눈에 띄게 더딘 성장세다. 일본은 편의점이 최소 50평 이상 대형점이 많아 건물 설계 단계에서 입점을 결정하는 경우가 많다. 또, 점포 투자의 대부분을 본사가 집행하고 점주에겐 경영만 위탁하기 때문에 포화도 관리가 수월한 편이다.

이 같은 편의점 시장 성장은 외식업계에 위기 요인으로 작용하고 있다. 스시 포장판매 전문점과 도시락 전문점의 성장이 다소 정체됐다. 이들 업종에서 가맹점은 0.2%, 매출은 3.4% 감소했다. 편의점이나 슈퍼마켓이 반찬, 도시락을 강화하면서 소비자를 뺏긴 탓이다. 특히 일본에선 수년 전부터 '초이노미(ちょい飲み)[10]'가 인기다. 주점 대신 편의점이나 패

9　나카쇼쿠(なかしょく, 中食)는 밖에서 사 먹는 외식(外食)과 집에서 해먹는 내식(内食)의 가운데 개념으로, 밖에서 사오거나 집에서 시켜 먹는 형태의 식문화를 말함. 편의점 도시락, 각종 배달 음식, 반찬 가게, 가정간편식(HMR) 등이 대표적인 예. 외식하기엔 동행할 사람이 없고, 집에서 해먹는 건 귀찮아하는 1인 가구가 주요 소비층이다. 1인 가구가 먼저 보편화된 일본에선 2000년대 중반부터 일찌감치 나카쇼쿠 시장이 발달했고, 최근 우리나라도 트렌드를 뒤따르고 있다.

최근 일본에선 주점이 아닌 곳에서 간단히 음주를 하는 초이노미 트렌드가 각광받는다. 사진은 생맥주를 파는 카페형 편의점 '시스카(시티스몰카페)'.

스트푸드 등에서 가볍게 음주를 즐기는 현상이다. 매장에서 직접 생맥주를 파는 편의점도 속속 등장하는 추세다.

단, 단일 메뉴 전문점은 성장세를 이어 갔다. 카레, 규동, 덮밥 업종의 경우 가성비 정책과 신메뉴 개발 성공에 힘입어 점포는 2.4%, 매출은 1.5% 늘었다. 업종 세분화, 전문화 트렌드가 강화되고 있다는 평가다.

서비스업 부문에선 세 가지 트렌드가 눈에 띈다. 셀프빨래방과 맞춤

---

10 '가볍게 한잔 마신다'는 뜻. 일본은 우리나라의 '스몰비어(small beer)'처럼 합리적인 가격에 가볍게 음주를 즐기는 새로운 음주 문화가 확산되고 있다. 단, 우리나라는 이런 수요가 봉구비어 등 스몰비어 전문 프랜차이즈에 국한된 편이고 그나마도 요즘은 유행이 시든 감이 있다. 일본은 편의점, 패스트푸드, 이자카야 등 외식업 업종 전반에서 광범위하게 나타나고 있다.

형 교육, 개호(노인 돌봄) 산업 성장이다.

일본은 저출산으로 노동력이 부족하자 여성의 사회 진출이 보편화되고 있다. 여성의 가사 노동을 대신해주는 셀프빨래방이 성행하는 이유다. 이 업종에서 가맹점이 전년 대비 3.3% 늘었다. 업계 관계자는 "평일에 못한 빨래를 모아서 주말에 셀프빨래방에서 세탁과 건조까지 원스톱으로 끝내는 생활 방식이 정착됐다. 세탁기를 기본 옵션에서 제외하는 원룸도 속속 생겨나는 추세다"라고 분위기를 전했다.

편의점 지속 성장에 타 업종 긴장
고령화에 개호 웃고 주점 울고
프리미엄 가성비 '이키나리' 인기

맞춤형 교육도 저출산 영향이 크다. 아이를 적게 낳는 만큼 교육열이 더 높아졌기 때문이다. 업계 관계자는 "학원들은 단체 강의에서 개인 지도로 강의 방식을 바꾸고 있다. 초등학생 대상 영어학원도 가맹점과 매출이 각각 1.6%, 2.5% 늘었고 1인당 교육비도 증가했다"고 전했다.

개호 산업은 고령화의 수혜 업종이다. 개호 전문 프랜차이즈 '리하콘텐츠'는 휠체어를 타는 노인들이 다시 걸을 수 있도록 재활, 트레이닝 프로그램을 제공해 인기를 얻고 있다. 중장년 여성을 타깃으로 한 '카브스'도 잘나간다. 근육이 더 쇠퇴하지 않도록 과학적으로 설계된 프로그램을 운영한다. 최근에는 웰빙 트렌드에 따라 30대 여성도 즐겨 찾는 분위기다.

가성비 트렌드는 세 가지 측면에서 새로운 국면을 맞고 있다. 온라인·모바일 쇼핑 성장에 따른 오프라인 시장 축소, '프리미엄 가성비' 브랜드 등장, 최저임금 인상에 대한 대응 전략 강구 등이다.

외식업계도 모바일화에 적극 대응하는 움직임이다. 도시락 전문점 '호토모토'는 2017년 9월 1일 스마트폰 주문앱 '마이(my) 호토모토'를 출시했다. 도시락을 앱으로 주문하면 누적 주문금액이 1,000~2,000엔은 1%, 3,000~4,000엔은 2%, 5,000엔 이상은 3%식으로 적립률이 늘어난다. 재주문을 유도해 충성 고객을 늘리려는 전략이다.

프리미엄 가성비 인기는 저가 스테이크 전문점 '이키나리 스테이크'의 인기몰이로 대변된다. 기존 5,000엔 이상 하던 스테이크를 1,000엔대에 제공해 가맹점과 매출이 꾸준히 늘고 있다. 최근 증시에 상장하고

도시락 전문점 '호토모토'는 2018년 최저임금이 역대 최고로 오르자 매장 내 무인발권기 설치, 영업시간 단축, 스마트폰 앱 주문 활성화 전략을 채택했다.

스테이크의 본고장인 미국에도 진출했다. 이키나리 스테이크를 운영하는 페퍼푸드서비스의 카와노 히데키 영업기획본부장은 "장기 불황으로 고객들이 저렴한 음식만 먹다 보니 품질 좋은 음식에 대한 욕구가 커진 것으로 판단했다. 1,000엔대면 가격대가 다소 높

'이키나리 스테이크'는 5,000엔대 스테이크를 1,000엔대로 낮춰 프리미엄 가성비로 인기몰이 중이다. 가격을 낮춘 대신, 서서 먹는 '다치구이' 서비스로 회전율을 높여 수익성을 높였다.

지만 시장 수요가 있다고 판단했고 적중했다. 그래도 최대한 가성비를 추구하기 위해 다치구이(たちぐい · 서서 먹기) 서비스로 회전율을 높인 게 주효했다. 일반 스테이크 전문점의 평균 고객 체류 시간이 1~2시간인 반면, 이키나리는 30분에 불과하다"고 말했다.

〈 2016년 'JFA 프랜차이즈 체인 통계조사' 보고서 〉

* 총괄

2016년 일본 경제와 고용, 소득 상황 개선은 계속 회복세를 띠었지만, 가처분소득 부진과 절약 캠페인 등으로 개인 소비를 끌어올리는 데에는 미진했다. 이런 환경에서 각 프랜차이즈 기업은 소비자의 니즈를 파악해 브랜드 정리와 개축(rebuilding)에 힘썼다. 전체 체인 수는 1,335개, 점포 수는 26만 3,000점, 매출은 25조 1,000억 엔으로 전년 대비 성장했다. 특히 프랜차이즈 산업을 이끄는 편의점은 브랜드 간 인수합병으로 과점화가 진행됐다.

(1) 소매업

편의점은 도시락, 반찬 등의 중식(나카쇼쿠)과 드립커피, 패스트푸드 등 카운터 상품의 확충, 점포 내 식음 공간 확대 등을 기반으로 성장세를 이어갔다. 드러그스토어나 세탁 등 타 업종과 공동 점포 개발도 활발히 진행됐다. 기상 악화 영향으로 청과물의 가격이 급등하기도 했지만 도시락이나 반찬의 매출 증가는 꾸준했다. 덕분에 편의점

점포 수는 전년 대비 8.1%, 매출은 1.3% 늘었다.

드러그스토어는 조제약국의 증가나 일본 방문 관광객들에 힘입어 매출이 3.9% 늘었다. 또한, 근래 상품 판매를 강화하는 움직임이 현저하게 일어나고 있다. '재사용', '중고품' 시장도 전년 대비 매출이 3.2% 늘며 순조롭게 성장하고 있다.

(2) 외식업

테이크아웃 스시와 도시락 전문점의 성장이 다소 정체됐다. 점포는 0.2%, 매출은 3.4% 감소했다. 편의점이나 슈퍼마켓이 반찬, 도시락을 강화하면서 소비자를 뺏긴 탓이다. 카레, 규동, 각종 덮밥은 가성비 정책에 신메뉴 개발을 더한 결과 폭넓은 연령층의 지지를 받으며 점포는 2.4%, 매출은 1.5% 늘었다.

햄버거 등 패스트푸드는 다수 체인의 매출 회복이 현저하다. 점포수는 1.8% 줄었지만 매출은 10.4% 신장했다. 스시 등 일본 요리는 지방의 스시 가게를 중심으로 급속하게 점포가 감소해 점포 수가 2.6% 줄었다. 이자카야, 펍 부문 점포 수는 3.7%, 매출은 5.6% 증가했다. 패스트푸드 격인 초이노미(ちょい飲み)수요 개척이 영향을 준 결과다.

커피전문점은 점포 수는 6.1%, 매출은 7.7% 성장했다. 편의점의 '카운터 커피(카운터 앞에 마련된 드립커피)'에 의해 시장이 잠식되는 듯했으나, 적극적인 분점 개설과 메뉴 개선의 노력이 빛을 발했다. 외식업 전반에선 소비자 기호 변화에 맞춰 새로운 메뉴 개발과 만족도 높은 서비스 제공이 이번 성장의 포인트로 생각된다.

(3) 서비스업

'세탁업' 부문에선 코인 빨래방을 중심으로 분점이 증가해 점포 수가 3.3% 늘었다. 가정에선 세탁이 어려운 이불이나 부피가 큰 옷들도 세탁 가능한 점이 주부들의 지지를 받고 있다. 다만, 전체 매출은 2.5% 줄었다. '입시학원, 컬처스쿨'에 포함되는 '보습학원'은 저출산 영향으로 아이 1인당 교육비가 증가했다. 초등학생을 대상으로 영어 교육 등 전문적인 교육 서비스가 늘어나 점포 수와 매출이 각각 1.6%, 2.5% 늘었다. '주택건축, 리모델링, 빌딩 관리'에선 고령화에 따른 리모델링 수요가 왕성했다. 점포 수와 매출이 1.6%, 0.3% 늘었다. 그 외에 '마사지'가 꾸준히 성장 중이고, 고령화에 따른 '간호 서비스' 수요도 계속 늘고 있다.

코인세탁·맞춤형 교육·개호·
〈노인 돌봄〉
초이노미·다치구이 잘나가죠〜!
〈간단히 음주〉 〈서서 먹기〉

 이토 히로유키 일본 프랜차이즈협회 전무

Q 일본 프랜차이즈 시장 동향을 간략히 설명해주세요.

A 2016년 결산 결과 전년 대비 브랜드는 6개 증가하고, 점포 수
는 2,117개가 증가해 시장 규모가 25조 엔을 넘어섰습니다.
2015년에는 외식업 부문 점포 수가 다소 줄었는데, 이번엔 햄
버거 체인이 크게 약진하면서 전반적인 상승세를 이끌었습니
다. 소매업에선 일본 편의점 상위 업체인 세븐일레븐, 훼미리
마트, 로손 등이 중소 브랜드를 합병하며 영역을 더 확장했습
니다. 편의점 점포 수는 766개 증가해 순조로운 성장을 이어가
고 있습니다.

'북오프' 등 중고 의류나 악기, 휴대폰, 오디오, CD 등을 파는
중고 전문 프랜차이즈는 다소 위태로워 보입니다. 2016년에는
성장한 것으로 집계됐는데요. 2017년 들어선 스마트폰 앱으로
소비자 간 직거래를 하는 문화가 확산되면서 타격을 입은 분

위기입니다. 크고 무거운 악기 등을 들고 오프라인 가게에 찾아가는 게 매우 귀찮은 일이니까요. 물론 온라인이 완전히 점령하리라 보진 않지만, 2017년 실적이 결산되면 마이너스 성장을 기록할 것으로 예상됩니다.

Q 편의점에서 취급하는 상품과 서비스가 점점 다양화되고 있는데요. 다른 업종의 고객층을 잠식하는 문제는 없을까요?

A 물론 그런 면도 있지만, 그게 사회 문제로 비화되진 않습니다. 오히려 편의점에 고객을 뺏긴 업체들이 자사의 부족한 점이 뭔지를 돌아보고 개선점을 찾는 계기가 되죠. 편의점에 고객을 안 뺏기기 위해 전문성을 더 강화하고 가격도 더 합리화하는 식으로요.

요즘은 밤 시간에 영업하는 곳들의 실적이 안 좋아지는 편이에요. 주점들도 점심 메뉴를 내는 식으로 영업 시간을 낮으로 확장하는 추세죠. 은퇴한 중장년층이나 노인들은 주로 낮에 활동하고 밤에는 일찍 들어가 쉬는 것을 선호하기 때문입니다.

Q 한국 시장은 가격 면에서 가성비와 프리미엄으로 양극화되고 있습니다. 일본은 어떤가요?

A 일본도 양극화가 진행되고 있습니다. 저렴하면서도 그 이상의 가치를 제공하는 게 중요한데, 여기에 가장 부합했던 게 '이키나리 스테이크(いきなり ステーキ)'입니다. 기존 5,000엔 이상 줘

야 먹을 수 있던 스테이크를 1,000엔대에 제공해 고객들이 매우 만족해 합니다. 서서 먹어야 돼서 좀 불편하긴 하지만 기꺼이 감수하죠. 2017년에 이어 2018년에도 상당한 성장이 기대됩니다. 그 외에도 서서 먹는 이자카야인 '쿠시카츠타나카'와 프랑스 요리를 저렴하게 파는 '오레노 프렌치' 등이 수년 전부터 주목받고 있습니다.

Q 일본은 서서 먹는 문화가 정착된 것 같더군요.

A 다치구이(たちぐい, 서서 먹기), 다치노미(たち飲み, 서서 마시기) 문화는 1950~1960년대 고도 성장기 시절로 거슬러 올라갑니다. 바쁜 비즈니스맨들이 기차역 내 좁은 가게에서 앉아서 기다리다가 먹기보다는 조금이라도 빨리 서서 먹고 가려는 욕구가 시발점이 됐죠. 이제는 일본 전체에 정착이 된 것 같습니다. 일본인은 서서 먹는 데 대한 저항감이 없어요.

그동안은 남성 위주 문화였는데, 요즘은 여성들도 이런 가게에 거리낌 없이 들어가는 분위기입니다. 가게들도 여성 고객이 들어오기 쉽게 매장 분위기를 더 밝고 환하게 만드는 식으로 노력 중이고요. 고객이 불편한 대신 그만큼 맛있고 저렴한 다른 가치를 제공하면 됩니다. 단, 서서 먹는 문화가 고령화 트렌드에는 맞지 않습니다. 때문에 '소파'까지는 아니더라도, 일부 자리는 앉아서 먹는 테이블을 설치하는 곳들이 늘고 있습니다.

가성비+다치구이로
일본 스테이크 시장 점령

 히데키 카와노 페퍼푸드서비스 영업기획본부장

페퍼푸드서비스는 최근 일본에서 선풍적인 인기를 끌고 있는 '이키나리 스테이크'를 운영하는 프랜차이즈다. 2017년 9월 4일 기자가 이키나리 스테이크 본사를 방문했을 때 사무실은 증시 상장을 축하하는 화환으로 가득했다.

이키나리는 '갑자기'를 뜻한다. 즉, 이키나리 스테이크는 '갑자기 스테이크가 먹고 싶을 때 부담 없이 먹을 수 있는 곳'이란 의미다. 스테이크가 어떤 음식인가. 대개는 특별한 날 마음의 준비를 하고 가서 먹는 고급 음식의 대명사 아니던 가. 일본에서도 보통은 1인당 5만 원 이상 줘야 스테이크를 먹을 수 있었다. 그런데 이키나리 스테이크는 1만 원대에 제공해 말 그대로 스테이크를

'갑자기 땡길 때' 아무 때나 가서 먹을 수 있는 음식으로 변모시켰다. 히데키 카와노 페퍼푸드서비스 영업기획본부장에게 이키나리 스테이크의 성공비결을 물었다.

Q 먼저 페퍼푸드서비스의 운영 현황을 알려 주세요.

A 현재 '스테이키쿠니' 6개, '페파란치' 440개(일본 150개, 해외 290개), '이키나리 스테이크(이하 '이키나리') 146개(일본 145개, 미국 뉴욕 1개)를 운영 중입니다. 1970년 스테이키쿠니로 창업한 뒤 1993년 페파란치로 본격적인 성장을 시작했습니다. 이키나리는 페파란치보다 반값에 스테이크를 제공한 브랜드로 2013년 12월 론칭했습니다.

Q 세 브랜드 모두 스테이크 전문점인데요, 각각의 차이점은 무엇인가요?

A 스테이키쿠니는 일반 스테이크 전문점입니다. 현재 6개인데, 회사의 출발점이었다는 점에서 보존하려 하지만 더 확장할 계획은 없습니다. 페파란치는 고기 무게를 달아서 고객에게 확인시켜주는 서비스를 처음 도입해 유명해졌습니다. 철판에 고객이 직접 조리해 먹는 일종의 패스트푸드입니다. 찹스테이크도 팔고요. 이키나리는 음식이 빨리 나오긴 하지만 패스트푸드는 아닙니다. 주방장이 직접 온전한 스테이크를 조리해서 제공하는 방식이거든요. 이키나리는 원래 프로젝트명이었는

데, 가게명을 그렇게 해도 되겠다 해서 결정하게 됐습니다.

Q 일본 내 이키나리 매장이 145개라니 생각보다 적군요. 남다른 출점 전략이 있으신 건가요?

A 일본은 시장 특성상 인기 프랜차이즈라도 매장이 그리 빨리 늘어나지 않습니다. 이키나리는 100개 돌파하는 데 2년 8개월 걸렸는데, 이 정도면 꽤 빠른 편이에요. 맥도날드는 100개 돌파에 3년, 스타벅스는 그 이상 걸렸거든요.
출점 전략은 그동안 긴자, 시부야, 오사카, 센다이 등 중심지나 번화가 중심으로 출점하던 데서 최근에는 일반 도로변 출점으로 확대하는 추세입니다. 유동인구가 많지 않은 지역에서도 이키나리를 일부러 찾아오는 고객이 많음을 확인했기 때문입니다.

Q 일본 시장 특성이 어떻길래 출점 속도가 느린 거죠? 한국에선 프랜차이즈가 인기를 얻으면 가맹점이 300개, 500개로 금세 늘어나거든요.

A 일본은 프랜차이즈가 붐이 일어도 순식간에 확 번지지 않습니다. 붐을 문화로 바꾸기 위해선 시간이 필요하다고 보고 출점을 서두르지 않거든요. 저희도 이키나리 문화가 이제야 어느 정도 정착됐다고 보고 최근 출점에 속도를 내고 있어요. 가맹점 출점 건수가 2016년에는 월 평균 4개였는데, 2017년에는

10개로 빨라졌고, 2018년에는 더 빨라질 것으로 기대합니다. 궁극적으로 일본 1,000개, 미국 1,000개를 목표로 전개하고 있습니다.

현재 속도대로라면 향후 7~8년 후 1,000개에 도달할 것이란 계산이 나오지만, 언제든 성장세가 둔화될 수 있으니 '언제까지 달성하겠다'는 목표를 정해놓진 않습니다. 성장세가 둔화됐는데도 무리하게 가맹점을 늘리다 보면 탈이 날 테니까요.

Q 이키나리는 직영점 비율이 80%나 되더군요. 가맹점은 20%밖에 안 되고요. 직영점이 이렇게 많은 이유는 무엇인가요?

A 페파란치는 고기를 철판에 얹어 주기만 하면 돼 운영이 쉽고 손익분기점도 월 매출 300만 엔 정도여서 70%를 가맹점으로 운영 중이에요. 그런데 이키나리를 처음 론칭할 때 원가율도 높고, 손익분기점이 월 매출 1,000만 엔 정도여서, 가맹점이 과연 이에 도달할 수 있을까 우려됐죠. 고기 굽는 기술이 있는 주방장을 고용해야 하는 부담도 있었고요. 물론 지금은 이키나리가 정착해서 가맹 문의가 많이 들어오고 있습니다. 하지만 프랜차이즈보다는 본사가 직접 하는 편이 수익성이 더 좋으니 직영점을 더 늘리는 중입니다.

Q 이키나리가 페파란치 고객을 잠식하는 문제는 없나요?

A 저희도 두 식당을 같은 건물이나 바로 옆 매장으로도 내봤는

데, 오히려 매출이 오르면 올랐지, 잠식 효과는 없었습니다. 이키나리는 원래 스테이크를 먹던 이들이 아닌, 원래 안 먹다가 이키나리 때문에 새로 먹기 시작한 이들이 주고객층입니다. 스테이크 고객층의 저변을 넓힌 게 이키나리의 정체성이죠. 정통 스테이크를 먹고 싶은 고객은 이키나리에 가고, 다양한 고기를 맛보고 싶으면 페파란치에 가는 식입니다.

Q 이키나리가 스테이크 가격을 1만 원대로 낮출 수 있었던 비결이 궁금합니다.

A 좋은 품질의 고기를 1만 원대의 가성비 좋은 가격에 파는 가성비 전략과 다치구이 서비스로 회전율을 높인 게 주효했습니다. 스테이크가 규동보다 원가율이 높긴 하지만, 가격 자체도 높아서 어느 정도만 팔리면 마진의 절대 규모는 밀리지 않습니다.

메뉴도 최대한 줄였습니다. 스테이크는 4종류뿐이고, 여기에 샐러드와 밥이 추가될 뿐이죠. 직원은 고기를 굽고 써는 것만 하면 되므로 일도 단순합니다.

처음에는 아예 립스테이크 하나만 팔았어요. 이후 사로잉(sirloin)과 히레(안심) 스테이크를 추가했죠. 여기까진 미국산 소고

○ 이키나리 창업 비용과 수익 구조

창업비용

〈단위: 엔〉

항목	금액	내용
가맹비	400만	노하우 전수
입지 조사비	50만	출점 장소 조사
설계 감리비	200만	설계, 준공 관리 (면적, 거리 등에 따라 달라질 수 있음)
보증금	500만	재료 보증금
인테리어 공사	2,000만	평당 100만
주방 공사	400만	
간판 공사	250만	
전기밥솥	–	2개(임대/월 3만 5,000)
라이스 로봇	105만 2,000	
레지 관계	126만 3,000	핸디 3대, 주방 프린터 1대
디지털 저울	50만	
개업비	300만	그릇, 비품 및 모집비 등
교육 연수비	100만	3명분
합계	4,481만 5,000	

점포 손익(매출 1,800만 엔의 경우)

〈단위: 만 엔, %〉

항목	금액	비중
매출	1,800	–
원가	990	55
매출총이익	810	45
인건비	270	15
경비	108	6
임차료	108	6
로열티	54	3
경비 합계	540	30
영업이익	270	15

· 점포 보증금 등 부동산 비용은 별도
· 전기밥솥은 별도 임대 계약
· 20평 기준으로 상황에 따라 변동 가능
· 로열티 3%

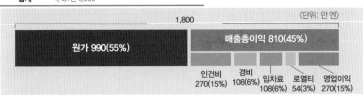

〈단위: 만 엔〉

1,800

원가 990(55%)   매출총이익 810(45%)

인건비 270(15%)   경비 108(6%)   임차료 108(6%)   로열티 54(3%)   영업이익 270(15%)

예상 점포 손익

〈단위: 만 엔, %〉

항목	금액	비중	금액	비중	금액	비중
매출	1,800	–	2,400	–	3,000	–
원가	990	55	1,320	55	1,650	55
매출총이익	810	45	1,080	45	1,350	45
인건비	270	15	360	15	450	15
경비	108	6	144	6	180	6
임차료	108	6	108	4.5	108	3.6
로열티	54	3	72	3	90	3
경비 합계	540	30	684	28.5	828	27.6
영업이익	270	15	396	16.5	522	17.4

자료: 페퍼푸드서비스

기를 사용해서 가성비를 높였습니다. 마지막으로 고급 메뉴를 찾는 고객을 위해 일본산 소고기인 와규 메뉴를 추가했고요. 가끔 테스트 삼아 신메뉴를 임시로 선보이고 미국산을 호주산으로 바꾸는 식의 변화는 가능하겠지만, 여기서 더 메뉴를 늘릴 계획은 없습니다.

Q 고기 가격은 어떻게 결정되나요?

A 창업 초기엔 스테이크가 1g당 5엔 정도였는데요, 지금은 7.3엔으로 2.3엔 올랐습니다. 300g이면 690엔 더 비싸진 거죠. 가격 인상은 고기의 수입 원가가 오른 때문인데요. 그럼에도 고객이 줄기는커녕 더 늘어났습니다. 현재 이키나리 회원만 250만 명입니다. 고객과의 신뢰를 지키기 위해 수입 원가가 내리면 가격도 다시 내립니다. 최근에는 이키나리가 증시에 상장한 기념으로 6.8엔으로 가격을 내렸습니다.

Q 이키나리의 주고객층은 누구인가요?

A 원래는 남녀노소 모두가 오는 브랜드가 되길 바랐는데, 현재는 30~40대 남성 고객이 많이 오는 편입니다. 이들이 얼마나 되는지는 따로 집계하지 않았습니다. 의외로 여성 고객도 30%나 돼서 미디어에서도 화제가 됐습니다. 노인층도 생각보다 많이 오고요. 단, 20대 이하 학생들이 오기엔 다소 비싸게 느껴지는 것 같습니다.

Q 이키나리를 모방한 아류 브랜드는 없나요?

A 스테이크를 다치구이로 판다든지, 1만 원대에 저렴하게 파는 분위기가 비슷한 프랜차이즈는 있습니다. 그러나 이키나리처럼 고기를 두껍게 썰어 높은 가성비를 제공하는 곳은 본 적이 없어요. 이는 이키나리만의 운영 노하우로, 2016년 7월 특허까지 등록한 고유 시스템이거든요. 모방이 쉽지 않을 겁니다.

Q 저도 일본에 올 때마다 이키나리를 즐겨 찾습니다. 오늘 인터뷰 오기 전 점심에도 먹었고요(웃음). 그런데 일부 가맹점은 앉아서 먹도록 해놓은 곳도 있더군요?

A 일반 스테이크 전문점의 평균 고객 체류 시간이 1~2시간인 반면, 이키나리는 30분에 불과합니다. 서서 먹는 다치구이 방식 덕분인데요. 창업 초기에는 다치구이가 100%였지만 현재는 가맹점의 90%가 의자를 보유하고 있습니다. 물론 전 좌석은 아니고, 좌석을 일부 혼합해서 운영하죠. 도쿄역 등 유동인구가 많은 곳은 의자를 안 놓고, 어느 정도 여유 있는 곳 위주로 배치합니다.

좌석을 혼용하는 건 고객층을 확장하기 위해서입니다. 창업 1년 차에는 워낙 인기가 많아 가게 앞에 100미터까지 줄이 늘어설 정도로 붐이 일었는데, 2년 차 들어 가맹점이 여기저기 생기면서 행렬이 줄어들더라고요. 도쿄 시내에만 가맹점이 60여 개 되니 지속 성장을 위해선 새로운 고객을 끌어들여야겠다 싶었죠. 마침 푸드코트에 입점한 이키나리 매장이 있었는데, 푸드코트는 보통 음식 가격이 500~600엔이거든요. 이키나리는 1,000~2,000엔이라 처음에는 과연 경쟁력이 있을까 걱정했죠. 그런데 오히려 푸드코트에서 매출 1위 식당이 됐어요. 왜 그런가 봤더니 의자를 둔 게 한몫했더라고요. 좌석 덕분에 할아버지, 할머니 등 가족 단위 고객을 끌어들일 수 있었던 거죠. 또 막상 의자를 둬보니 체류시간이 평균 10분 정도밖에 안 늘어나더군요. 다치구이는 가격을 낮추기 위한 수단이었을 뿐, 그 자체가 목적은 아닙니다.

Q 매장에서 보니 스테이크 외에 와인, 소스 등 부수 제품도 팔더군요?

A 스테이크 외 제품 매출 비중은 10% 정도입니다. 이 비중을 높이기 위해 특별히 노력하는 건 없어요. 아니, 하지 않는 게 맞다고 봅니다. 우리의 모토는 '스테이크를 마음껏 먹을 수 있는 가게'이니 여기에 집중해야지, 다른 메뉴로 노력을 분산하는 건 옳지 않으니까요.

와인이나 맥주도 고기를 더 맛있게 먹기 위한 방편일 뿐이지, 술 자체를 즐기기 위해 마시는 이들은 거의 없어요. 스테이크가 주문 후 5분 이내에 나오니까 곁들여 먹는 정도죠. 아무리 많이 마셔도 대부분 두 잔 이상은 안 마실 겁니다. 또 디저트류를 강화하면 체류 시간이 늘어나 회전율이 떨어질 수 있어요. 때문에 스테이크 외 분야에 힘을 쓰기보다는 고객 수와 회전율, 재방문율 높이는 데 주력하고 있습니다.

Q 최근 일본 소비자들의 외식 트렌드는 무엇인가요?

A 이키나리를 론칭하기 전 페파란치가 다소 침체됐던 시기가 있었어요. 장기 불황으로 인해 다른 식당들도 고기를 싸게 팔다 보니, 페파란치의 저가 정책이 차별화가 안 되더군요. 대응책을 찾기 위해 시장 분석을 한 결과, 고객들이 그동안 저렴한 음식만 찾던 데서 나아가 보다 전문성 있는 음식을 찾는다는 결과에 이르렀습니다. 가성비만 추구하는 게 능사는 아니다 싶었죠. 이키나리도 그래서 성공할 수 있었던 것 같습니다.
또 다른 트렌드는 '라이브 까미'입니다. 요리를 예전에는 밀폐된 주방에서 했다면, 요즘은 하나의 퍼포먼스가 돼가고 있어요. 푸드코트에서도 과거에는 주방에서 튀겨서 내놓았을 음식을 요즘은 고객 앞에서 직접 튀겨 보여주면서 '먹고 싶다'는 느낌을 갖도록 합니다.

Q 한국 시장에 진출하실 계획은 있으신지요? 향후 경영 계획을 말씀해 주세요.

A 사실 페파란치 해외 1호점을 한국에서 열었었어요. 단, 사업권에 문제가 생겨 지금은 철수했습니다. 이후 중국, 대만, 홍콩, 싱가포르, 태국, 말레이시아, 베트남 등 15개국에 진출했죠.
이키나리는 일단 일본과 미국에 각각 1,000개씩 점포를 늘리는 게 목표입니다. 2017년 2월 뉴욕에 첫 해외 점포를 냈고, 2017년 말에 4~5개 더 출점할 계획입니다. 미국은 다 직영점으로 운영하려 하는데, 다행히 반응이 좋습니다. 이키나리 고기는 미국산이라 미국 소비자들에게 더 친숙하고, 현지에서 자체 조달하니 원가도 더 저렴해졌거든요. 두 나라를 공략하고 나서는 아시아나 유럽으로 시장을 확대해나갈 계획입니다. 혹시 믿을 만한 프랜차이즈 사업 파트너가 있다면 한국 시장 진출도 검토해볼 의향이 있습니다. 세계에 이키나리의 문화를 알리는 게 궁극적인 목표입니다.

편의점 도시락보다
저렴하고 따뜻…
40대 직장인 점심 책임지죠!

 코가 마사야 플레너스 공보실장

플레너스(Plenus)는 일본 최대 도시락 전문점 중 하나인 '호토모토'[11]
와 일본 정식 전문점 '야요이켄', 샤브샤브 전문점 'MK레스토랑'을 운
영하는 프랜차이즈다. 호토모토는 매장이 2,700개에 육박해 일본 다
이소와 함께 편의점 다음으로 매장이 많은 프랜차이즈라 할 수 있다.
1인 가구 증가와 가성비 트렌드로 도시락 시장이 먼저 성장한 일본에
서 호토모토는 어떻게 운영되고 있을까.

Q 먼저 플레너스의 운영 현황을 알려주세요.

A 호토모토와 야요이켄, MK레스토랑 매장을 각각 2,689개, 521
개, 33개 운영하고 있습니다(2017년 8월 말 기준). 호토모토는
2,670개가 일본에서 운영 중이고, 한국 12개, 중국 6개, 호주

---

11 일본 도시락 전문점 프랜차이즈의 발달 과정은 다음 이영덕 한솥 회장 인터뷰 참고.

1개 등 해외에 19개 매장이 있습니다. 야요이켄은 일본에 336개, 해외에 185개 진출해 있습니다. 호토모토의 가맹점 비율은 55.7%이고, 직영점보다 가맹점을 더 늘려나갈 계획입니다.

Q 이키나리 스테이크는 직영점이 대부분이고, 앞으로도 직영점 위주로 더 늘리려 한다던데요. 가맹점을 더 늘리려는 이유는 무엇인가요?

A 두 가지 이유가 있습니다. 첫째, 호토모토는 이키나리와 달리 전문 주방 인력이 필요 없습니다. 도시락 만드는 과정이 매뉴얼화돼 있어 누가 만들어도 제맛이 나거든요. 실제 주방 아르바이트로 일하는 이들 중에는 노인층이나 학생도 많습니다. 둘째, 도시락은 지역 상권이나 일상 생활과 밀접한 영역이어서, 해당 지역에서 오래 살아온 가맹점주들이 운영하는 게 유리합니다. 반면 직영점은 인력이 교체될 수 있어 지역 상권과 밀착해서 운영되기 어렵다고 봅니다.

Q 호토모토는 2012년에 2,700개가 넘었는데 5년 전보다 매장이 다소 줄었습니다. 이유는 무엇인가요?

A 상권 재검토를 도모하기 위해, 채산성이 맞지 않는 점포를 정리하고 재단장(renovation)을 하다 보니 신규 출점이 늦어졌습니다. 현재 어느 정도 정리가 됐기 때문에 향후 신규 출점을 강화해 2018년 2월에는 2,700개 이상으로 다시 매장을 늘려나

갈 계획입니다.

Q 편의점 도시락이 인기를 끌면서 도시락 전문점 프랜차이즈의 매출 타격이 우려되는데요. 실제 어떻습니까?

A 나카쇼쿠의 영향이 없지는 않습니다. 도시락 시장 규모 자체는 지속 성장하고 있지만 돈부리, 규동 등 다른 외식업체들도 도시락 시장에 진출하면서 경쟁이 치열해지고 있는 게 사실입니다. 호토모토는 고유 강점인 '손으로 만든 따뜻한 도시락'으로 차별화하려 합니다. 도시락 전문점은 각 매장이 주방을 갖고 있어 40종류의 다양한 메뉴를 제공할 수 있습니다. 외식업계와 비교해도 저렴한 가격이 강점입니다. 도시락 전문점은 꼭 필요한 최소한의 면적만 추구해 출점이 쉽고, 운영비도 적게 들어 저렴한 가격으로 도시락을 제공할 수 있거든요. 실제 점심 메뉴 중에는 290엔(약 3,000원)짜리 '노리 벤또'가 잘 팔립니다. 또 밥이나 반찬을 따로 팔거나, 닭튀김을 하나씩 단품으로 파는 전략도 시행 중입니다.

Q 호토모토의 주고객층은 누구고, 인기 메뉴는 무엇인가요?

A 40대 남성 직장인이 가장 많습니다. 남녀 고객 비율은 6:4 정도 됩니다. 도쿄에서 점심 식사를 하려면 기본 1,000엔(약 1만원)이 들고 맛있는 식당은 줄을 서야 합니다. 주머니 가볍고 바쁜 직장인들에겐 부담스런 선택지다 보니 도시락 전문점을 즐

겨 찾습니다. 이를 노리고 오전 11시부터 오후 3시까지는 더 싸게 파는 '주간 호토모토'을 운영하고 있습니다.

인기 메뉴는 방금 말씀드린 노리 벤또가 1위입니다. 밥 위에 큰 흰살 생선튀김과 치쿠아(오뎅 종류), 김, 다이콘(무절임)이 올라간 도시락인데, 집에서 조리해 먹는 것보다 더 저렴해 전체 판매량의 10%를 차지합니다. 540엔(약 5,500원)짜리 고기 야채 볶음과 890엔(약 9,000원)짜리 비프스테이키 콤보가 그다음으로 잘 팔립니다. 수량으로는 노리 벤또, 금액으로는 비프스테이키 콤보가 으뜸이죠.

Q 일본도 2018년 최저임금이 역대 최고로 인상됐습니다. 저가 프랜차이즈들은 인건비 부담이 상당할 것 같은데요?

A 앞서 소개한 '주간 호토모토'를 실시하니 인기 메뉴에 주문이 집중되고 있습니다. 덕분에 종업원의 업무 효율화 효과도 나타나고 있습니다. 물론 인건비 문제는 우려가 있습니다만, 점포 생산성을 향상시키는 노력 등 가능한 대책은 아직 있을 것이라고 생각합니다.

Q 호토모토의 객단가는 얼마인가요?

A 저희도 확실히 알지 못합니다. 고객 한 명이 다른 사람들 몫까지 여러 개를 사 가는 경우가 많거든요. 그래도 전반적으로 객단가는 꾸준히 오르는 추세입니다. 2017년 3월부터는 매주 1

개 메뉴를 싸게 파는 마케팅을 시작했는데, 반응이 좋은 것으로 봐서는 여전히 절약 고객층이 많은 것 같습니다. 그동안 저렴한 가격에 이끌려 호토모토를 이용해본 고객들이 '지난번에는 싼 거 먹었으니, 이번에는 좀 더 비싼 거 먹어봐야지' 해서 매출이 올라가도록 하는 게 회사 전략입니다.

Q 도시락 외에 사이드 메뉴의 매출 비중은 어느 정도 되나요?

A 사이드 메뉴 매출 비중은 10%를 넘기지 않습니다. 국류가 다소 팔리긴 하지만 대부분은 도시락만 사 가는 편이에요. 이 부분은 저희도 개선할 필요가 있다고 생각합니다.

Q 호토모토를 2개 이상 운영하는 다점포 점주도 있나요?

A 2~3개씩 운영하는 점주들이 적잖습니다. 오키나와에선 법인으로 운영하면서 87개 점포를 맡고 있는 기업도 있습니다.

Q 향후 경영 계획을 말씀해주세요.

A 2017년 9월 1일 출시한 '마이 호토모토(My Hotto Motto)' 앱을 신성장동력으로 삼을 계획입니다. 도시락 구입 시 포인트가 모일 뿐만 아니라 전자 화폐로 1,000~2,000엔은 1%, 3,000~4,000엔은 2%, 5,000엔 이상은 3% 식으로 적립률이 늘어나는 서비스입니다. 일부 지역에서 시범적으로 먼저 도입해본 결과, 재방문 빈도가 3배나 증가하더군요. 지금까지 단

골은 월 1회, 일반 고객은 2~3개월에 한 번씩 방문했는데, '마이 호토모토'를 이용하면 재방문 빈도가 더 늘어날 것으로 기대합니다. 또한 앱을 통해 구매 이력과 패턴, 연령대 등 다양한 정보를 얻을 수 있으니 이를 분석해 마케팅에 활용할 계획입니다.

도시락·테이크아웃 문화 없던 **한국,** **가성비로 사로잡았죠!**

 **이영덕** 한솔 회장

요즘 많은 사람들이 일본에서 창업 아이템을 찾아 나서고 있다. 그러나 일본에서 성공했다고 한국에서도 무조건 잘되란 법은 없다. 한국과 일본 시장 환경과 문화 차이를 잘 살펴야 한다. 그런 점에서 귀담아들을 만한 성공사례가 있다. 1993년 일본 도시락 업체를 벤치마킹해 국내 도시락 프랜차이즈 시장을 개척한 이영덕 한솔 회장이다. 재일 교포 출신인 이영덕 회장은 누구보다 양국의 문화 차이를 잘 이해하고 실행에 옮겼다. 그에게 한국형 도시락 프랜차이즈를 성공적으로 안착시킨 노하우를 들어보자.

Q 일본에서 도시락 프랜차이즈 시장이 형성된 과정이 궁금합니다.

A 일본에 도시락 프랜차이즈가 생긴 건 1970년대 후반입니다. 당시는 1970년 일본에 맥도날드, KFC 등 패스트푸드가 들어

와 붐이 일던 때였죠. 맥도날드가 장사가 잘되니 일본 음식으로도 패스트푸드를 만들어보자는 아이디어가 나왔습니다. 그래서 등장한 게 '따끈한 도시락'입니다. 1976년 '호까호까테이'가 도쿄 변두리에 1호점을 냈는데 이게 대히트를 쳤죠. 이어 '혼께 가마도야' 체인도 생겨나면서 1980년대에 두 체인이 일본 전국에 2,000개 이상씩 가맹점을 늘렸어요. 그러던 중 호까호까테이가 내부 문제로 인해 '호토모토'로 분리되면서 지금은 3개 업체가 경쟁하고 있습니다. 저는 지인과 인연이 닿아 혼께 가마도야로부터 노하우를 배웠고 한솥을 창업하게 됐습니다.

Q 최근 편의점 도시락 시장이 급성장하고 있습니다. 일본 호토모토도 편의점 도시락 때문에 매출에 다소 영향이 있다던데요. 한솥은 어떤지요?

A 한솥은 편의점 도시락 영향을 거의 안 받고 있습니다. 일본과 한국의 식문화 차이 때문인데요. 일본은 도시락 문화가 수백 년 됐습니다. 도시락은 원래 차가운 음식이죠. 때문에 일본인들은 밥과 반찬을 차게 먹는 데 대한 저항감이 별로 없어요. 편의점 도시락이 성공할 수 있었던 이유죠. 반면, 우리나라는 도시락 문화가 거의 없었습니다. 한국인에게 밥과 국은 무조건 따뜻해야 하죠. 때문에 냉장고에 진열 판매하는 편의점 도시락에 대한 저항이 일본보다 훨씬 강한 것 같습니다. 실제 한솥 주변에 편의점이 생겨도 한솥 매출은 안 떨어지고 있어요.

오히려 편의점 때문에 도시락 문화가 대중화되어서 우리에게
도움이 되고 있습니다.

Q 한솥은 주고객층이 10~20대 젊은층인데요. 고객층이 제한적인
건 아닌지요?

A 그것도 일본과 다른 점입니다. 일본은 주로 40대 이상 중년 남
성 직장인이 도시락 체인을 즐겨 찾습니다. 한솥은 주머니가
가벼운 10~20대 학생들이 많이 와요. 나이 든 분들은 차려진
밥상을 선호하니 잘 안 오더군요. 한솥이 '한국형 패스트푸드'
로 인정받은 셈이죠. 그런데 요즘은 젊었을 때 한솥을 즐겨 찾
던 고객들이 나이를 드셔도 찾아와 주시고 밥하기 어려운 실
버층도 눈에 띕니다. 한솥 미래를 밝게 보는 이유입니다.

Q 호토모토는 2017년 9월부터 '마이 호토모토' 마케팅을 시작했습
니다. 자체 앱으로 주문하는 고객에게 일정 적립금을 쌓아줘 재
방문을 유도하는 정책인데요. 한솥도 이런 마케팅 계획이 있으신
지요?

A 주문앱은 한솥도 개발을 거의 완료해 곧 출시할 계획입니다.
그러나 적립금이나 포인트 지급 계획은 아직 없습니다. 포인트
를 제공하려면 보통 매출의 5%는 드려야 합니다. 그런데 한솥
은 높은 가성비를 위하여 원가율이 50%에 가까워서 매출의 5%
를 추가로 드리고 나면 점주님들에게 남는 게 없어져요. 그럼

결국 가격을 올려야겠죠. 그럴 바에는 차라리 지금처럼 포인트 없이 가성비 높은 가격에 제공하는 게 낫다고 봅니다. 항시 고객에게 포인트를 바로 현금으로 환원해 드리는 셈이지요.

Q 한솥의 다점포율은 낮은 편입니다. 2016년 대비 2017년에 더 줄었는데요?

A 한솥은 다점포 운영을 회사 차원에서 권장하지 않습니다. 다점포 경영은 점주님 대신 점장이나 직원을 두고 할 수밖에 없는데, 한솥 같은 소규모 생계형 외식 업종에선 적절치 않은 경영 방식입니다.

소규모 외식업의 매출은 점주님의 운영능력으로, 이익은 점주님의 관리능력으로 결정되는데, 요즘같이 경쟁이 치열한 시대에 다점포 경영을 하게 되면 능력이 분산되어 매출도 이익도 많이 떨어집니다. 점주님의 이런 능력이나 노력보다, 입지나 시설의 우열로 매출이 결정되는 편의점이나 커피숍은 다점포 경영이 용이할 수 있을지 모르겠습니다.

Q 배달 시장이 급성장하고 있습니다. 한솥에 배달 서비스를 도입할 계획은 없으신지요?

A 요즘은 배달대행업체가 생겨 배달비를 따로 내면 어떤 음식이든 배달을 해주더군요. 한솥도 그런 방식이라면 배달을 검토할 수 있습니다. 고객님이 기꺼이 비용을 지불하는 거니까요.

단체 주문도 30개 이상이면 배달을 합니다. 단, 개인 고객에게 한솥 차원에서 무료 배달을 할 계획은 없습니다. 그럼 적립금과 마찬가지로 가격 인상 요인이 되거든요. 한솥은 배달을 하지 않음으로써 가격을 20% 정도 낮출 수 있었습니다.

1993년 창업했을 당시에도 10여 개 도시락 체인들이 난립했습니다. 이들은 대부분 배달을 했고, 한솥은 테이크아웃(포장)만 했습니다. 테이크아웃 문화가 거의 없던 시절인데, 1999년 생긴 스타벅스보다 6년이나 먼저 시도한 거죠. 그런데도 1993년 7월 7일 오픈 당시 1호점에 줄이 50미터 넘게 늘어설 만큼 히트를 쳤어요. 오늘날의 쉐이크쉑버거 못지않았죠. 도시락 가격을 970원부터 2,700원까지 저렴하게 내놓은 덕분입니다. 당시 언론에서 '음식의 가격 파괴'라고 말할 정도였으니까요. 일본도 배달 도시락 체인은 거의 성공한 사례가 없습니다.

Q 요즘 본사 갑질 문제로 프랜차이즈 시장이 시끄럽습니다. 한솥은 가맹 사업 24년간 한 번도 점주님과 분쟁이 없었는데요, 비결이 무엇인가요?

A 우선 본부가 법과 윤리도덕을 철저히 지키도록 노력해야 하며, 고객과 점주님 만족을 위하여 항상 최선을 다해야 합니다. 그래서 프랜차이즈 사업은 본부가 고객과 점주님을 내 가족처럼 사랑하는 마음이 무엇보다 중요합니다. 그리고 점주님과 본부, 협력업체가 같은 가치관과 이념으로 뭉쳐야 합니다. 서

로 상대를 이용하고 자기만 돈벌겠다고 한다든지 생각이 다르면 반드시 문제가 생기겠지요.

한솥에는 "따끈한 도시락으로 지역사회에 공헌한다"라는 기업이념이 있습니다. 저는 창업 이래 24년간 한솥을 창업하는 점주님들의 교육 시, 이제까지 한 번도 빠짐없이 한솥의 기업이념을 꼭 직접 설명하여 공유하도록 해왔습니다.

또, 식자재는 반드시 점주님이 시중에서 구입 가능한 가격보다 싸게 공급합니다. 프랜차이즈는 구매력(buying power)이 있는데, 당연히 그래야죠. 점주님들한테 우리 공급가가 시중가보다 비싸면 언제든지 얘기해달라고 하고 있는데, 그간 한 번도 얘기나온 적이 없어요.

한솥은 협력업체들과도 꿈을 공유합니다. 창업 초기에는 가맹점이 적어 구매력이 없으니 협력업체들한테 저가로 구매하기 힘들었어요. 저는 협력업체 대표들을 일본에 데리고 갔습니다. 가서 성행하는 도시락 체인들을 보여주고, "우리도 곧 시장이 커질 테니, 돈은 그때 벌자"고 설득했죠. 그러자 이들도 손해를 무릅쓰고 파격적인 가격에 납품을 해줬습니다. 그렇게 내리 7년을 적자만 내다가 가맹점이 300개를 넘으니 비로소 숨통이 트이더군요. 큰일은 반드시 설득이 없으면 해낼 수 없으니 아리스토텔레스의 '설득의 3원칙'을 기억하시기 바랍니다.

Q 향후 경영 계획은 무엇인가요?

A 2018년부터 해외에 직영점을 낼 계획입니다. 현재 미국, 일본, 싱가포르 등 선진국 위주로 검토 중입니다. 개발도상국은 식자재 유통망이 미비한 데다 위생 문제와 법과 질서가 불안정적이어서 고려하지 않습니다.

국내 시장에선 HMR(가정간편식) 시장이 계속 성장할 것으로 기대합니다. 우리 소비자들은 지난 24년간 도시락을 집에서 먹는 데 대한 저항감이 없어지고 테이크아웃도 익숙해졌어요. 갈수록 혼밥·혼술족이 늘어나니 한솥에는 기회입니다. 올해 가맹점이 700개를 넘어서는데 우리 국민들이 모두 한솥의 따끈한 도시락을 손쉽게 드실 수 있도록 3,000개까지 늘릴 계획입니다.

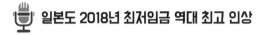

일본도 2018년 최저임금 역대 최고 인상

지역·업종·연령…
'한국형 차등 기준' 찾아라

"지역별 · 업종별 특성을 감안하지 않고 최저임금을 일률적으로 급격하게 올리는 것은 바람직하지 않다." (김영춘 해양수산부 장관)

"2019년 최저임금 결정에는 소상공인 업종 차등화 방안을 마련하라." (소상공인연합회)

"현행 단일 최저임금 결정방식은 기업의 지불능력, 근로조건, 생산성 등의 차이를 전혀 반영하지 못한다. 개별 업종의 상이한 경영환경을 고려해 사업 종류별로 최저임금을 결정해야 한다." (한국경영자총협회)

2018년 최저임금이 역대 최고로 인상된 가운데 '최저임금 결정 방법'에 대한 논란이 대두되고 있다. 그간 전국 모든 업종에 일률적으로 적용하던 데서 벗어나 업종 · 지역별로 차등화하자는 주장이 제기된다. 산업과 지역에 따라 사정이 다른데, 현행 최저임금 제도는 이런 차이를 제대로 반영하지 못한다는 이유에서다. 실제 미국, 일본, 독일 등 선진국들은 대부분 최저임금을 차등 적용한다. 단, 최저임금 차등화의 단점도 적잖아 신중한 접근을 주문하는 전문가들도 많다. 마침 일본도 우리나라처럼 2018년 최저임금을 역대 최고(평균 3%)로 인상해 시사점을 준다. 일본은 어떻게 최저임금 제도를 운영하고 있을까.

일본 최저임금제 어떻게 운영되나
지방자치 전통 따라 등급별 가이드라인 제시

일본은 최저임금을 업종별로 먼저 차등화했다. 1950년대까지 일본은 동일 업종 내 기업 모임인 각 협회를 중심으로 최저임금이 결정됐다. 이후 1971년 노사 위원이 참여하는 현행 심의회 방식으로 최저임금법이 개정됐다. 지역별 차등화가 시작된 건 1978년부터다. 전국 47개 도도부현을 경제 수준에 따라 4등급(A~D)으로 나누고 중앙최저임금심의회가 각 등급에 맞는 최저임금을 제시했다. 단, 이는 가이드라인 역할만 할 뿐, 최종 결정은 각 도도부현에 설치된 지역별 최저임금심의회가 내린다.[12]

일본 방식에 대한 평가는 엇갈린다. 지방자치 전통을 살리고 지역·업종별 상황에 맞게 최저임금을 정하는 건 의미가 있지만, 한국에 그대로 적용하기엔 부작용이 만만찮다는 우려도 많다. 무엇보다 도농 양극화가 심해졌다. 일본에서 최저임금이 가장 높은 지역은 도쿄, 가장 낮은 건 오키나와다. 일본 중앙최저임금심의회는 생활물가

---

12 일본의 최저임금 지역별 차등화는 500년 넘는 일본의 지방자치 전통에 따른 것이다. 일본은 전국시대부터 쌀 생산량에 따라 각 지역(번)에 등급을 매겼다. 각 지역은 번주(다이묘)의 재량에 따라 화폐도 따로 만들어 쓸 만큼 자치권이 인정됐다. 때문에 현대에 들어서도 각 도도부현은 중앙에서 지역에 대한 등급을 나누는 데 대한 저항감은 없었다. 현재 일본은 지역·업종에 따른 최저임금 종류만 240가지에 달한다.

등 경제 수준을 감안해 오키나와보다 도쿄에 적게는 2엔에서 많게는 20엔까지 최저임금을 더 올리도록 권고했다. 최저임금이 가장 낮은 D등급 도도부현들은 당연히 반발했다. 중앙최저임금심의회의 권고치보다 적게는 1엔, 많게는 5엔까지 추가 인상을 단행했다. 2010년과 2012년, 2013년에는 D등급에 속한 16개 도도부현 모두가 권고치보다 최대 4엔까지 추가 인상했다. 반면, 도쿄는 2009년 이후 8년 연속 권고치를 그대로 수용했다. 그런데도 양극화를 막기엔 역부족이었다. 도쿄와 오키나와의 최저임금 격차는 2002년 104엔에서 올해 221엔으로, 15년 만에 2배 이상 벌어졌다.

도농 간 임금 격차는 지방 청년들의 '이촌향도'를 더욱 부추겼다는 게 전문가들 분석이다. 같은 편의점 아르바이트를 해도 도쿄와 오키나와의 시급이 221엔(약 2,300원)까지 벌어지는 탓이다. 조준모 성균관대 경제학과 교수는 "안 그래도 수도권에 대한 인구 집중 현상이 심각한데, 최저임금을 지역별로 차등화하면 지방에서의 청년층 유출이 가속화될 수 있다"고 말했다. 야스나가 타카오 후생노동성 연합 노동조건·중소노동대책국 부사무국장도 "지방에서의 청년층 유출 원인을 최저임금에만 돌릴 수는 없다. 그러나 도농 간 최저임금 격차가 가장 중요한 이유 중 하나인 건 분명하다"고 강조했다.

업종별 차등화도 말처럼 쉽지 않았다. 일본에서 특정임금(업종별 최저임금의 일본식 명칭)을 높이려면 해당 업종 종사자의 3분의 1 이상이 합의한 노동협약서(단체협약서)를 제출해야 한다. 해당 업종의 대기업 여러 곳이 동시에 동의해주지 않으면 불가능한 구조다. 때문에 최저

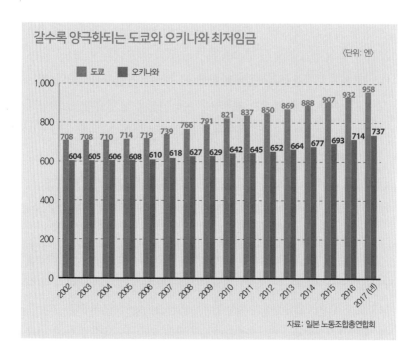

갈수록 양극화되는 도쿄와 오키나와 최저임금

〈단위: 엔〉

■ 도쿄 ■ 오키나와

연도	도쿄	오키나와
2002	708	604
2003	708	605
2004	710	606
2005	714	608
2006	719	610
2007	739	618
2008	766	627
2009	791	629
2010	821	642
2011	837	645
2012	850	652
2013	869	664
2014	888	677
2015	907	693
2016	932	714
2017(년)	958	737

자료: 일본 노동조합총연합회

임금은 매년 인상돼도 특정임금은 동결되거나 최저임금 인상률보다 적게 오르는 경우가 많다.

지역 최저임금이 경제와는 무관한 이유로 오르는 경우도 있다. 야스나가 타카오 부사무국장은 "돗토리현, 미야자키현, 오키나와현은 '최저임금이 전국에서 가장 낮은 지역'이란 오명을 벗기 위해, 니가타현은 인접한 도야마현, 이시카와현과의 '라이벌 경쟁'에서 지지 않기 위해 최저임금을 더 올렸다. 특히 니가타현은 도쿄로 연결되는 신칸센이 인접한 현보다 먼저 개통됐는데, 다른 현들도 올해 신칸센이 개통되면서 지역 우위가 사라지자 이를 최저임금 추가 인상으로 만회하려 했다"고 말했다.

우리나라에 맞는 최저임금 제도는
지역 · 업종 · 연령별 차등 효과 실증 필요

일본 사례에서 보듯, 최저임금 차등화는 그 나름의 문제를 안고 있다. 그러나 현행 단일화 방식도 지역 · 업종 간 상황을 충분히 반영하지 못하므로 재검토가 필요하다는 게 전문가들의 중론이다.

김강식 항공대 경영학과 교수는 "2018년 최저임금 7,530원은 전년 대비 16.4% 대폭 인상된 것으로 대다수 중소기업 및 소상공인들에게 매우 큰 부담으로 작용한다. 이는 필연적으로 고용에 부정적 영향을 미칠 수밖에 없다"며 "이제 30년 전 당시의 시대 상황에 따라 제정된 최저임금 제도를 현 여건에 맞게 개선해야 한다"고 말했다.

최저임금 차등화는 이미 세계적인 추세다. 미국 · 캐나다 · 호주 · 중국 등은 일본처럼 지역별 최저임금 차등화를 시행 중이다. 독일 · 일본 · 호주 · 네덜란드 · 캐나다 등은 업종별(산업별) 차등화, 영국 · 프랑스 · 독일 · 호주 · 네덜란드 등은 연령별 차등화도 시행한다. 15~22세 청소년에 한해 최저임금 대비 일정 수준 감액 또는 예외 규정을 두는 방식이다. 우리나라도 경비원 등 '감시 · 단속적 근로자'는 최저임금 예외 조항을 적용해 업종별 차등화를 부분적으로 시행 중이다. 그러나 2017년 9월 19일 정부가 예외조항을 삭제한 '최저임금법 일부개정안'을 공포함으로써 2018년부터는 지역 · 업종 · 연령별 차등화는 모두 없어진다.

그렇다면 우리나라에 맞는 최저임금 제도는 무엇일까. 전문가들도 의견이 분분하다. 다만 한 가지 공통된 의견은 있다. 그동안 최저임금 차등화의 필요성과 효과 분석에 대한 연구 자체가 없었으니 공론화 과정을 거쳐 체계적인 논의를 할 필요성은 충분하다는 것이다.

오상봉 한국노동연구원 연구위원은 "업종별 차등화는 반대한다. 최저임금 입법 취지는 저임금 근로자를 보호하려는 것인데, 업종별 차등화를 하면 지금도 저임금인 숙박·소매·외식업 종사자들의 임금이 가장 먼저 깎이게 된다. 다만, 지역별 차등화는 논의할 만하다. 수도권과 지방의 주거비나 임차료 등 실질 생활비가 수배나 벌어지므로 이런 차이는 고려할 필요가 있다. 물론, 지역별 차등화를 적용한 나라들이 대체로 봉건제 전통이 있거나 연방제 국가인 점, 또 청년층 유출 등 부작용이 적잖은 점을 감안해 조심스럽게 접근해야겠지만 논의해볼 만한 주제임은 분명하다"고 말했다.

조준모 교수도 비슷한 의견이다. 조 교수는 "업종별 차등화는 업종 간 경계가 모호해지는 4차 산업혁명 시대에 행정적 어려움이 따른다. 지역별 차등화는 지역 물가 차이를 감안하면 필요해 보이나 지역 감정 등 정치적으로 매우 민감한 문제가 될 수 있다. 연령별 차등화는 집행 가능성도 있고 정치적 이슈도 비교적 적다. 단, 젊었을 때 저임금 업종에서 일을 시작한 청년이 나이가 들고도 계속 그 업종을 벗어나지 못하는 '덫(trap)'에 걸릴 우려가 있다. 이처럼 사안별로 장단점이 있으니 세 가지 중 어느 게 더 노동 시장의 충격을 최소화하는 방법인지 실증적으로 분석하는 시도가 필요하다"고 강조했다.

대만

저성장에도 싱글경제 · 조찬 시장 활황

2017년 2월 24일 대만 타이베이. 얼얼바 사태(2·28)[13] 70주년을 앞두고 거리마다 평화를 기리는 현수막과 플래카드가 나부끼고 있었다. "과거에는 본성인(대만 원주민)과 외성인(중국 출신 이주민) 사이에 결혼도 하지 않을 정도로 갈등의 골이 깊었다. 지금도 어느 정도 앙금은 남았지만 이전만큼은 아니다." 대만에 정착해 20년 넘게 살아온 한국인 통역의 설명이다.

국가적 행사를 앞두고 들뜰 만도 한데 타이베이 시내 분위기는 생각보다 조용했다. 관광지와 야시장을 제외한 대로변에선 저녁 8시만 넘어도 슬슬 철시가 이뤄졌다. 오랜 경기 침체로 소비가 위축된 탓이다. 대만 경제는 글로벌 금융위기로 2009년 −1.8% 역성장한 기저 효과로 2010년 10.8% '반짝 성장'했을 뿐, 이후 장기 불황에 접어들었다. 2011

---

13 1947년 중국 국민당 군이 대만을 점령하고 원주민을 무참히 학살한 사건.

년 3.8%, 2012년 2.06%, 2013년 2.2%, 2014년 4.02%, 2015년 0.72% 성장에 그쳤다. 대만 행정원(정부)이 밝힌 2017년 경제성장률 전망치는 1.87%로 2%에도 못 미친다. 한국은 2015년부터 본격적인 2%대 저성장이 고착화됐다. 일본이 한국보다 20년 먼저 불황기에 접어들었다면, 대만은 3년 먼저 불황을 겪었다. 어쩌면 우리나라에 있어 대만이 일본보다 '더 가까운 미래'일 수 있는 셈이다. 실제 취업난과 저임금에 시달리는 한국 청년들이 '헬조선'이란 말로 자조하듯, 대만 청년들도 일찌감치 대만을 '귀도(鬼島, 귀신이 사는 섬)'라 불러왔다. 홍콩, 싱가포르, 그리고 우리나라와 함께 '아시아의 4마리 작은 용'으로 불린 대만에서 우리가 참고할 만한 유통 트렌드를 살펴봤다.

싱글경제로 급성장한 대만 편의점
높은 독서율 착안해 도서 대여 서비스 시작

대만은 1인 가구 증가와 그에 따른 편의점 성장도 우리보다 먼저 겪었다. 대만의 15세 이상 미혼 남녀는 약 700만 명. 전체 인구(약 2,350만 명)의 3분의 1에 달한다. 대만 편의점은 이를 '싱글경제'로 명명하고 1인 가구 시장 공략에 적극 나섰다. 공과금 납부, 택배 서비스는 물론, 편의점에서 세탁 서비스도 대행한다.

독서율이 높은 대만 국민의 특성을 감안해 관련 서비스도 편의점에 등장했다. 대만 공공도서관은 700여 개로 우리나라의 70% 수준이고 연간 출판권수는 우리와 맞먹는다. 인구가 한국의 절반에 좀 못 미치는 점을 감안하면 상당한 수치다. 이에 대만 편의점 업계는 2016년부터 타이베이 시립도서관과 제휴해 '도서 대여'와 '개인 간 중고책 거래 중개' 서비스를 시작했다.

후자는 옥션 같은 C2C(Consumer to Consumer) 사업이다. A소비자가 팔려고 내놓은 중고책을 B소비자가 구입하려 하면 가까운 편의점 택배함을 통해 배송해주는 서비스다. 도서 대여는 소비자가 시립도서관 홈페이지에서 읽고 싶은 책을 신청하면 가까운 편의점에서 수령하는 식이다. 반납도 편의점에 하면 된다. 대여 기간은 1개월, 이용료는 50대만달러(약 2,000원)다. 대만 토종 편의점 하이라이프의 진공여(陳功興) 총경리실 처장은 "한 번에 5권까지 대여 가능해 권당 400원꼴이다. 물류비도 안 나오는데 시작한 건 이윤 창출 목적 대신 편의점을 생활 플랫폼으로 확장하기 위한 전략"이라며 "도서관이 부족한 농어촌이나 도서 벽지에서 반응이 좋다"고 말했다.

대만 편의점은 최근 중국 편의점처럼 군고구마도 팔기 시작했다. 조만간 편의점에서 감자튀김도 팔 계획이다. 물론, 편의점에 아무 음식이나 추가하는 건 아니다. 진공여 처장은 "2~3년 전 편의점에서 샌드위치나 간단한 식사를 직접 만들어 파는 즉석 수제 도시락을 시도했다. 그러나 품이 너무 많이 들어 금방 접었다"고 말했다. 편의점 직원은 전문성이 낮은 아르바이트생이 주를 이루는 만큼, 표준화된 공산품이나 신선식품 위주 판매가 안정적임을 시사하는 대목이다.

대만 편의점 면적은 대체로 한국보다 크고 일본보다 작다. 우리나라

대만도 일본을 따라 편의점 대형화를 시작해 최근 30평 안팎 편의점 출점이 늘고 있다. 사진은 대만 토종 편의점 '하이라이프' 본점의 널찍한 매장 모습.

는 25평 이하 편의점이 72%에 달해 소형 편의점이 대부분이다. 대만도 2000년대까진 우리와 비슷했지만, 2010년대 들어 대형화를 시작, 현재는 25평 이하가 57%에 그치고 이 비중은 점점 줄어드는 추세다. 반면 일본 편의점은 대부분 50평 이상이다. 일본과 대만 사례를 볼 때 국내 편의점도 조만간 대형화가 시작될 것으로 보인다. 편의점이 점점 생활 플랫폼으로 변모하며 취급 상품과 서비스가 확장되는 만큼, 이를 담을 수 있는 물리적 공간도 더 필요해지기 때문이다.

대만 편의점은 2016년 말 기준 1만 300개 정도로 우리나라(약 3만 3,000개)의 3분이 1도 안 된다. 인구 차이를 감안하면 우리보다 훨씬 포화도가 낮지만 대만에선 2010년대 초반부터 포화 논란이 일었다. 그 결과 이전에는 전국 편의점 수가 매년 300~400개씩 순증했지만 2014년

2017년 2월 하이라이프 방문 당시 진공여(陳功興) 총경리실(우리나라로 치면 사장실) 처장이 판서까지 하며 대만 편의점 대형화 트렌드와 대만, 한국, 일본의 편의점 포화도를 친절하게 비교 설명해주는 모습. 한국 편의점을 2만 3,000개라고 썼다가 기자가 3만 3,000개(2017년 2월 당시)라고 말하자 놀라며 정정한 흔적이 눈에 띈다.

이후에는 100개씩으로 증가세가 완화됐다. 이를 보면 2016년에만 약 3,000개가 더 순증한 국내 편의점 시장이 얼마나 과열돼 있는지 알 수 있다.

바쁜 아침 든든한 식사 '조찬점' 인기
새벽 6시에도 수십 분 줄 서 먹는 푸항또우장

대만은 중국과 마찬가지로 외식을 많이 하는 나라다. 저녁도 그렇지만 특히 아침 출근길에 간단한 식사를 사 먹는 수요가 많아 '조찬점'이 인기를 끌고 있다. 타이베이 산다오스역 앞 건물 2층에 위치한 '푸항또우장'은 대만 조찬점의 대표 명물이다. 이 가게는 오전 5시 30분부터 오

토요일 아침 6시에도 길게 줄이 늘어선 대만 조찬 전문점 '푸항또우장' 모습. ①, ② 가게가 위치한 2층 계단부터 건물 밖까지 새벽부터 장사진을 쳤다. ③ 새벽 5시 30분부터 12시 30분까지만 영업한다는 팻말. 12시 30분에 문을 닫으니 점심 장사도 거의 안 한다. ④ 밀려드는 손님을 받기 위해 수십 명의 점원들이 쉴 새 없이 음식을 만드는 주방. ⑤ 기자가 주문한 또우장(콩국)과 요우띠아오(튀김빵), 샌드위치. 총 3,000원 정도 저렴한 가격에 맛도 좋고 양도 많아 만족스러웠다. ⑥ 아침 6시 30분인데도 넓은 홀이 손님들로 꽉 들어찼다.

후 12시 30분까지 단 7시간만 영업하고 문을 닫는다. 아침 장사만으로도 벌이가 된다는 얘기다. 실제 2017년 2월 25일 오전 6시에 찾아가 보니 토요일임에도 줄이 1층 계단까지 이어져 장사진을 쳤다. 또우장은 우리말로 '콩국'이란 뜻이다. 또우장에 30센티미터쯤 되는 길다란 튀김빵 '요우띠아오'를 찍어 먹는 게 대만식 아침 식사다. 20분을 기다려 사 먹은 또우장은 마치 두유처럼 고소한 맛이었다. 기름을 담뿍 머금은 요우띠아오는 그러나 느끼하지 않고 담백했다. 공갈빵처럼 부풀어 커보이지만 속은 성글어 입에 쑥쑥 들어간다. 양생(음식을 통한 건강 관리)을 중시하는 중화권 문화 특성상 식욕이 없는 아침에 힘을 내기 위해 먹기에 좋아 보였다. 가격도 각각 우리 돈으로 1,000원 안팎에 불과해 가성비가 훌륭했다. 6시 40분쯤 식사를 마치고 나오니 그새 손님이 더 몰려 건물 밖까지 70여 명이 줄지어 서 있었다. 현지인 얘기로는 이런 상태가 오전 9시 넘도록 이어진다고. 대만에는 이처럼 조식을 파는 프랜차이즈가 적잖다. '라야버거'는 원래 햄버거를 파는 패스트푸드 브랜드지만 아침에는 대만 사람들이 즐겨 먹는 또띠아빵 형태의 '딴삥'을 판다. 시간대별로 메뉴를 차별화해 조식과 중·석식 시장을 모두 잡으려는 전략으로, 대만 전국에서 700여 개가 성업 중이다. 우리나라도 최근 아침 식사 시장이 급성장하고 있는 만큼, 조식 전문 프랜차이즈를 특화해봄직하다.

"단수이 카스테라 단명?
그럴 줄 알았습니다!"

 이일동(李日東) 대만 프랜차이즈촉진협회장

Q 대만 프랜차이즈 산업 현황을 알고 싶습니다.

A 대만은 1984년부터 프랜차이즈 산업이 본격 시작해 최근 10년
간 질적·양적으로 급성장했습니다. 매년 6% 정도씩 성장해 5
년 전보다 30% 이상 커졌어요. 현재 협회 회원사는 약 350개,
브랜드는 약 3,000개, 가맹점은 약 18만 개 정도죠. 미국, 유럽
등 해외로도 대만 프랜차이즈가 적극 진출하고 있습니다.

Q 한국에선 대만 단수이 명물인 대형 카스테라가 반짝 인기를 얻었
다가 사라졌습니다.

A 대만에선 이미 10년 전쯤 인기를 끌었던 아이템입니다. 원래
는 일본에서 들어온 유행인데 다시 한국으로 옮겨간 모양이네
요. 당시 대만에선 유사 브랜드가 많아지며 거품이 생겼고 지
금은 거의 다 없어졌습니다. '엉클테츠'라는 1위 브랜드도 가맹

점이 30개 정도밖에 안 남았어요. 카스테라는 메뉴가 하나뿐이어서 오래 못 가더군요. 한국도 오래 못 가 거품이 꺼질 것으로 예상했습니다.

Q 중국 상하이에선 마사지 프랜차이즈 '강진 회관'이 잘나가다 횡령 문제로 좌초됐더군요.

A 저도 강진 회관에 가봤어요. 마사지는 무형의 서비스 상품이어서 품질 관리가 쉽지 않죠. 초기에 매장을 급하게 늘리면 실력 있는 마사지사를 구하기도 어렵고요. 대만에도 '육성집(六星卅)'이란 마사지 프랜차이즈가 있는데, 손님이 마사지사를 지명하고 가장 많이 지명받으면 보너스도 제공하는 식으로 동기부여를 해서 잘되고 있습니다.

Q 한국 프랜차이즈가 대만에서 성공하려면 어떻게 해야 할까요?

A 요즘 대만에도 한국과 일본 프랜차이즈가 많이 들어오고 있습니다. 한국 음식 중에는 양념치킨이 유명하죠. 그런데 그동안 한국 브랜드가 대만에 와서 크게 성공하지 못했습니다. 시장이 성숙되기 전에 너무 일찍 들어온 측면이 있었죠.
지금은 프랜차이즈 시장이 성숙기에 접어들었고, 전문경영팀들도 구비됐으니 환경이 긍정적으로 바뀌었습니다. 서로 시장을 잘 아는 업체에 맡기는 마스터 프랜차이즈 형태로 진출해 상호 대리 방식으로 운영하는 것을 추천합니다.

🎙 나오는 글

"2~3년이면 단물 다 빠질 게 뻔합니다. 그 전에 빨리 다른 사업 준비해서 손 떼야죠."

저가 생과일주스 '붐'이 한창이던 2016년 5월. 향후 업황을 전망해 달라는 질문에 한 생과일주스 프랜차이즈 대표 A씨가 내놓은 답변이다. 요즘 분위기를 보면 아주 틀린 말은 아닌 듯싶다. 동네 생과일주스 전문점마다 길게 늘어섰던 대기 행렬은 이제 찾아보기 어렵게 됐다. 쥬씨·쥬스식스 등 주요 브랜드의 매장 증가 속도도 눈에 띄게 느려졌다.

A씨의 날카로운 통찰력을 감탄하고자 꺼낸 얘기는 당연히 아니다. 감탄은 무슨. 나는 당시 커다란 배신감과 분노를 느꼈다. 어이없을 정도로 무책임한 그 태도 때문이다. 해당 브랜드는 타사 대비 저렴한 창업비용을 앞세워 빠르게 매장 수를 늘려가고 있는 참이었다. 사이트와 홍보 전단지 등을 통해 생과일주스 시장의 장밋빛 미래를 그리며 공격적으로 창업을 유혹했다. 하지만 정작 뒤로는 '어떻게 발을 뺄지'부터 고민하고 있던 셈이다. 가맹 사업을 시작한 지 채 반년도 안 된 시점이었다. 인터뷰에서 그런 말을 할 수 있다는 점이 더 충격으로 다가왔다. 본인 생각이 기사화돼도 별 상관없다는 뜻일까. 내가 따져 묻자 그는 도리어 받아쳤다. "저는 사업가인데요? 돈 벌 생각부터 하는 게 당연하죠."

다행인지 불행인지. 해당 브랜드는 지금도 가맹 사업을 계속하고 있다. 얼마 전엔 핫도그 프랜차이즈도 시작했다. 그러나 축하보다는 우려스러운 마음이 앞서는 걸 막을 도리가 없다. 개인적으로는 언제 망해도 이상하지 않다고 생각한다. 그 말고도 프랜차이즈 업계엔 '치고 빠지기'식 마인드를 갖고 사업에 뛰어드는 이가 부지기수다. 창업 시 가맹비와 인테리어 마진, 계약기간 내 유통마진만으로도 단단히 한몫 챙길 수 있는 현 시장 구조 때문이다. 이들은 시장과 자영업에 대한 이해 없이 그럴 듯한 마케팅으로 사람을 끌어모은다. 최근 프랜차이즈 업계에서 여러 문제점이 불거지고 있지만 '먹튀' 본사에 대한 리스크 역시 지금보다 대중적으로 더 이슈화돼야 할 필요가 있다고 본다.

A씨에 대한 반감과는 별개로 어떤 면에선 그의 말을 귀담아들어야 할 부분도 있다. 바로 '나는 사업가'라는 말이다. 맞다. 프랜차이즈 본사는 가맹점주를 늘 '가족'이라 칭하지만 그야말로 말뿐이다. 이들은 기본적으로 자기 영업이익만을 최우선으로 생각하는 집단이다. 배려나 애정 어린 조언, 적극적인 지원을 기대하는 건 난센스다. 본사를 비난하고 원망하는 것 정도는 가능하겠다. 하지만 그런다고 까먹은 돈이 되돌아오진 않는다. 결국 믿을 건 점주 자신뿐이다.

그렇다면 예비창업자에게 가장 필요한 역량은 뭘까. 업종과 브랜드를 잘 고를 수 있는 '눈'이다. 프랜차이즈가 대세로 자리 잡은 현 자영업 시장에선 더 그렇다. 메뉴 선택이나 레시피, 장비 구입 등에 있어 본사 지침을 그대로 따를 수밖에 없는 때문이다. 그런 점에서 '시작이 반' 아니 '시작이 전부'란 표현도 과하지 않겠다. 먹튀 본사를 가려낼 수 있는 안목, 안정적인 수익을 내는 업종을 고르는 결단력, 지금 본인 상황에 가장 적합한 규모의 사업을 추진할 수 있는 판단력을 길러야 한다.

여기엔 당연히 공부가 필요하다. 예비창업자의 '공부 부족'은 취재하면서도 가장 안타까움을 느끼는 점 중 하나다. 2017년 7월 코엑스에서 열린 '프랜차이즈 창업박람회'에서도 마찬가지로 같은 생각을 할 수밖에 없었다. 전시장은 인산인해를 이뤘고 여러 프랜차이즈 업체가 저마다 부스를 세워 창업을 독려했다. 나는 5시간 넘게 전시장 내 창업 희망자의 모습을 유심히 살폈다. 결론부터 말하자면 '걱정스러웠다.' 본사 직원의 일방적인 설명을 들으며 고개를 한참 끄덕이다 창업비용만 거듭 확인하고 일어서는 이가 대부분이었다. 그런 건 인터넷 검색으로 1분이면 알 수 있는 정보. 킬러콘텐츠는 뭔지, 직영점이나 기존 매장 매출 구조는 어떻게 되는지, 시장 전망과 경쟁 구도는 어떤지, 폐업 시 지원사항은 없는지 등을 꼼꼼히 물어보는 이는 많지 않았다. 본사도 이런 약점을 파고든다. 제품이나 서비스를 내세우기보다는 단순히 저렴한 창업비용으로 예비창업자를 홀린다. '오늘 창업하면 기계 무상 지원', '가맹비 교육비 공짜' 같은 홍보 배너가 발에 채일 정도로 많았다. 공부가 필요한 이유도 여기 있다. 아는 만큼 더 물어볼 수 있기 때문이다.

물론 모자란 공부를 자영업자 탓으로만 돌리기엔 무리가 있다. 애초에 믿을 만한 정보가, 또 그 창구가 너무도 부족하기 때문이다. 이는 기자가 되기 전부터 뼈저리게 느꼈던 점이다. 아버지 역시 25년째 개인사업을 하고 있는 자영업자다. 돈가스부터 화장품, 도넛, 이탈리아 레스토랑, 커피전문점…. 금방 떠오르는 것만 해도 이 정도다. 개중엔 프랜차이즈도 있었고 개인 창업도 있었다. 장사가 잘될 때도, 두 달 만에 간판을 내린 적도 있었다. 나도 짧지 않은 기간 직접 가게 일을 거들었다. 때문에 자영업자의 고민과 노고, 스트레스가 얼마나 큰지 잘 안다.

정보 부족은 가장 큰 애로사항이다. 업체 감언이설이 아닌 중립 입장에서 업계를 바라보는 목소리, 거시적인 시각에서 업종과 트렌드를 아우르는 뉴스, 창업에 도움이 되는 믿을 만한 수치와 정보…? 없었다. 아니, 있다고 해도 찾기가 어렵다. 휴일도 없이 하루하루 생계에 허덕이며 살아가는 자영업자가 이런 노력을 기울이기란 쉽지 않은 일이다.

이번 책이 자영업자와 예비창업자 '열공'의 물꼬가 됐으면 좋겠다. 책은 친절한 족집게 선생님은 아니다. 정답만을 골라 담았다기보단 최대한 다양한 내용과 관점을 소개하고자 노력했다. 현직 기자가 아니면 취재할 수 없는 통계, 또 직접 여러 업체를 돌아다니고 사람을 만나며 얻은 '땀내' 나는 정보로 가득하다고 감히 자부한다. 힘들 수도 있겠지만 꾹 참고 일독을 권한다. 최소한 창업설명회에서 꿀 먹은 벙어리가 되는 일은 없을 것이다.

무엇보다 분명한 건, 책을 쓴 노승욱 선배와 나는 '사업가'가 아니라는 점이다. 창업을 부추기지 않는다. 먹튀도 마진도 없다. 어떻게 보면 저자야말로 이 책을 끝까지 읽은 독자의 '가족'이라고 할 수 있다. 노승욱 선배 어머니도 40년 가까이 식당을 운영해오고 계신 자영업자다. 《프랜차이즈 트렌드 2018》은 창업을 꿈꾸는, 또 장사를 하고 있는 이 땅의

아버지, 어머니를 생각하고 응원하며 쓴 책이다.

국내 자영업자가 600만 명, 가족까지 더하면 2,000만 명가량 된다. 한국인이 돈을 벌고 생계를 유지하는 건 자영업 시장 덕분이란 말도 과언이 아니다. 그런데 주식이나 부동산 관련 책은 불티나게 팔리는 반면 프랜차이즈 책은 서점에서 찾아보기조차 힘들다. 왜 그럴까. 아마 자영업 시장이 '고되고 또 고되다'는 이미지 때문일 것이다. 일확천금의 장밋빛 '로망'을 꿈꾸지 못하는 시장인 것도 사실이다. 하지만 꿈과 희망보다 더 중요한 게 현실이다. 땅에 발을 딛고 있어야 꿈도 꿀 수가 있다. 최근 논란이 많지만 프랜차이즈는 앞으로도 오랜 기간 국민의 생계를 책임질 '농토'다. 이 책이 척박한 토지를 조금이나마 적셔줄 단비가 됐으면 하는 바람이다.

매경이코노미 기자 나건웅

내 돈으로 할 만한 프랜차이즈(프랜차이즈별 예상 창업 비용)

업종	상호	기준 매장	창업 비용(부가세 별도) 가맹비	교육비	인테리어	장비, 기자재	본사 보증금	기타[1]	총계	점포 비용 예상 보증금(상권)	예상 권리금	예상 총창업 비용[4]
세탁	크린토피아 (편의점)	6	300	–	700	258	300	5	1,563	1,000(C)	1,000	3,563
	크린토피아 (멀티숍)	15	300	–	2,500	7,204	300	5	1억 309	2,500(C)	2,500	1억 5,30
치킨	60계	10	1,000	300	1,600		–	400	3,000	1,600(C)	1,600	6,200
	또래오래	10	600	100	1,000	550	100	–	2,350	1,600(C)	1,600	5,550
	네네치킨	10	–	150	1,200	700	200	550	2,800	1,600(C)	1,600	6,000
	bhc	8	700	180	1,280	620	300	420	3,500	1,300(C)	1,300	6,100
	bhc	20	1,000	200	3,200	982	400	420	6,202	5,300(B)	7,950	1억 9,45
	BBQ	8	1,000	280	1,480	850	500	2,870	6,980	1,300(C)	1,300	9,580
	BBQ	30	2,000	380	5,700	2,550	500	4,550	1억 5,680	8,000(C)	1억 2,000	3억 5,68
	페리카나치킨	10	300		1,500	1,000	50	250	3,100	2,500(C)	2,500	8,100
	굽네치킨	10	–	–	1,800	3,600	–	200	5,600	1,600(C)	1,600	8,800
	교촌치킨	15	600	310	2,380	1,065	200	650	5,205	2,500(C)	2,500	1억 205
주점	투다리	12	300	60	2,820		100	–	3,280	2,000(C)	2,000	7,280
	봉구비어	10	300	200	4,000	1,000	–	0	5,500	1,600(C)	1,600	8,700
저가 커피·주스	빽다방	5	300		2,500	1,750	500	1,600	6,650	1,350(B)	2,025	1억 25
	쥬씨	10	500	500	2,000	2,130	200	–	5,330	2,700(B)	3,900	1억 1,93
간편식	봉구스 밥버거	10	500	50	2,250	640	50	670	4,160	1,700(C)	1,700	7,560
	오레시피	10	500	300	1,850	1,700	200	600	5,150	1,700(C)	1,700	8,550
	한솥도시락	15	500	300	2,250	3,482	300	-	6,832	4,000(B)	6,000	1억 6,83
	본도시락	12	1,400	–	1,800	2,015	200	782	6,197	3,200(B)	4,800	1억 4,19
떡볶이	아딸	10	500	200	1,600	1,930	200	850	5,280	2,700(B)	3,900	1억 1,88
	죠스떡볶이	10	1,000	300	2,100	3,135	200	1,000	7,735	2,700(B)	3,900	1억 4,33
김밥	김가네김밥	10	700	300	1,800	2,000	200	500	5,500	2,700(B)	4,050	1억 2,25
	바르다 김선생	15	1,000	400	3,450	4,490	200	1,550	1억 1,090	4,000(B)	6,000	2억 1,09
생활 용품	양키캔들	12	500	50	4,160		100	400	5,210	4,000(A)	8,000	1억 7,21
	다이소	60	1,200	–	1억 380		4,000	6,600	2억 2,180	1억 6,000(A)	2억 4,000	6억 2,18
편의점	CU, GS25, 세븐일레븐, 미니스톱, 이마트24	20	700		본부 지원		–	1,500	2,200	6,700(A) 5,300(B) 3,400(C)	1억 3,400(A) 7,950(B) 3,400(C)	2억 2,300(A) 1억 5,450(B) 9,000(C)
디저트	스무디킹	15	1,000	500	4,800	5,100	1,000	–	1억 2,400	4,000(B)	6,000	2억 2,4
	공차	15	1,500	300	4,500	4,100	1,000	1,000	1억 2,400	4,000(B)	6,000	2억 2,4
	배스킨 라빈스	20 (로드샵)	500	150	5,800	6,200	800	1,200	1억 4,650	6,700(A)	1억 3,400	3억 4,75
	던킨도너츠	20	500	150	4,100	6,500	1,000	2,000	1억 4,250	6,700(A)	1억 3,400	3억 4,35
	망고식스	50	1,000		9,000	1,1,100	1,000	1,500	2억 3,600	1억 3,300(A)	1억 9,950	5억 6,8
중가 커피	커피식스	15	500	200	3,000	2,300	500	500	7,000	4,000(B)	6,000	1억 7,00
	이디야	20	1,000		4,300	3,700	500	1,500	1억 1,000	6,700(A)	1억 3,400	3억 1,10
	마노핀	20	1,000	250	3,600	3,577	1,000	500	9,927	5,300(B)	7,950	2억 3,1
	디초콜릿 커피앤드	15	1,000		2,250	4,280	500	450	8,480	5,000(A)	1억	2억 3,4

업종	상호	기준 매장	창업 비용(부가세 별도)							점포 비용		예
			가맹비	교육비	인테리어	장비, 기자재	본사 보증금	기타1)	총계	예상 보증금(상권)	예상 권리금	총 비
독서실	토즈 스터디센터2)	60	1,000		2억 3,780			–	1,000	5,000(C)	–	2억 9
베이커리	브레댄코	15	500	200	4,000	4,200	1,000	1,032	1억 932	4,000(B)	6,000	2억
	뚜레쥬르	25 (일반형)	500	150	5,000	1억 1,900	1,000	850	1억 9,400	6,640(B)	9,960	3억 6
	파리바게뜨	17 (일반형)	500	150	4,000	8,000	1,500	1,900	1억 6,050	4,500(B)	6,750	2억 7
외식	본죽	10	500	600	1,500	1,640	300	1,540	6,080	2,700(B)	3,900	1억 2
	본죽&비빔밥카페	17	1,500		3,230	2,540	350	1,590	9,210	4,500(B)	6,750	2억
	큰맘할매 순대국	20	500	200	2,400	2,190	300	630	6,220	5,300	7,950	1억 9
	원할머니 보쌈족발	30	1,200		4,500	3,411	300	–	9,411	1억 (A)	2억	3억 9
	하남돼지집	30	2,000	–	5,100	4,000	1,000	점포별 상이	1억 2,100	1억 (A)	2억	4억 2
	그램그램	40	2,500	500	6,200	5,400	100	680	1억 5,380	1억 640(B)	1억 6,000	4억 2
	놀부 부대찌개/보쌈	30	750	500	4,650	3,820	300	550	1억 570	1억 (A)	2억 6,600	4억 7
피자	피자헛	25	2,800		6,000	1억 1,000	2,000	–	2억 1,800	6,640(B)	9,960	3억 8
		50	2,800		1억 2,000	1억 6,000	2,000	–	3억 2,800	1억 640(B)	1억 6,000	7억 2
	피자알볼로	20	1,500	500	3,850	4,200	–	1,050	1억 1,100	3,400(C)	3,400(C)	1억
	도미노피자	25	3,000	200	1억 6,000		500	200	1억 9,900	6,640(B)	9,960	3억 6
	미스터피자	25	3,000	250	5,000	4,760	2,000	700	1억 5,710	7,100(B)	7,100	2억 9
커피	탐앤탐스	30	1,000		6,000	6,078	1,000	1,170	1억 5,248	1억 (A)	2억	4억 5
	엔제리너스	30	1,000	120	7,500	9,000	2,000	–	1억 9,620	1억 (A)	2억	4억
	할리스	40	1,000		7,000	7,800	1,000	1,200	1억 8,000	1억 3,300(A)	2억 6,600	5억
	카페베네	40	1,000		8,000	9,050	500	1,100	1억 9,650	1억 3,300(A)	2억 6,600	5억
패스트푸드3)	맘스터치	25	500	–	3,750	5,250	100	1,800	1억 1,400	7,100(B)	7,100	2억
	써브웨이	25	1,100		5,000	9,000	–	1,010	1억 6,110	1억 1,500(A)	2억 3,000	5억
	롯데리아	60	1,500	240	1억 4,000	2억	–	–	3억 5,740	1억 6,000(B)	2억 4,000	7억
	파파이스	50	1,500	120	7,500	1억		5,500	2억 4,620	1억 3,280(A)	1억 9,920	5억
	버거킹	60	3,000	300	3억 8,000		6,300		4억 7,600	1억 6,000(B)	2억 4,000	8억
여관 모텔	야놀자	20객실	1,500	–	2억 2,000 (객실당 1,100)		1,500	100	2억 5,100	시가		2억 +시
		40객실	1,500	–	8억 4,000 (객실당 2,100)		2,000	120	8억 7,620	약 40억 (B)		약
	여기어때	35객실	1,500	–	6억 3,000 (객실당 1,800)		1,000	–	6억 5,500	약 35억 (B)		약
방탈출 카페	셜록홈즈	40	1,000	200	6,600	4,000	500	760	1억 3,060	6,800(C)	6,800	2억

1) 간판, 홍보물, 이벤트 비용, 초도 상품대 등. 철거 및 외부공사, 전기승압, 가스공사, 화장실공사, 냉난방기공사, 닥트공사 등은 별도임.
2) 토즈스터디센터는 3층 이상 매장 기준
3) 맥도날드는 국내 사업권 매각 완료될 때까지 가맹점 모집 중단함
4) 창업비용은 VAT 별도 기준, 점포비용(보증금+권리금)은 서울 기준
*자료: 각 사 자료와 한국창업부동산정보원의 '서울 주요 상권 임대 보증금, 권리금 산정 방식'을 취합